조선전기 한일관계와 대마도

조선전기 한일관계와 대마도

한문종

경인문화사

머리말

한국과 일본은 선사시대부터 지리적으로 인접하여 활발한 교류를 이어오며 긴밀한 관계를 형성해왔다. 그러나 오늘날에도 우리는 일본을 '가깝고도 먼 나라'로 인식하고 있다. 이러한 인식의 밑바탕에는 식민지 지배의 경험이 남긴 역사적 상처가 여전히 깊게 자리하고 있기 때문일 것이다.

이러한 역사적 배경 속에서 한국의 한일관계사 연구는 오랫동안 충분히 이루어지지 못하였다. 반면 일본에서는 일제강점기부터 활발한 연구가 진행되었지만, 그중 상당 부분은 자국의 침략을 합리화하려는 시각에서 출발하여 사실 왜곡과 편향된 해석을 낳았다. 이에 따라 조선전기 한일관계에 대한 객관적이고 실증적으로 규명하려는 연구의 필요성이 더욱 절실해졌다.

대마도는 지리적으로 한일 양국의 경계에 위치하여 오랜 세월 동안 양국 관계의 중개자 역할을 해왔다. 특히 조선전기의 대일외교는 일본의 중앙 권력인 무로마치 막부(室町幕府)보다도 대마도(對馬島)와의 관계를 중심으로 전개되었다. 조선은 대마도주를 통해 일본의 통교자를 관리하며, 대일외교를 조선 중심의 외교 질서 속에 편입시키고자 하였다. 이러한 체제는 조선전기 한일관계의 구조를 이해하는 데 핵심적 의미를 가지며, 대마도와의 외교관계는 조선의 대일 외교정책이 어떠한 방식으로 형성되고 운영되었는지를 보여주는 중요한 단서가 된다.

이 책은 조선의 건국에서 임진왜란 이전까지의 시기를 대상으로, 조선과 일본 간 외교관계를 대마도와의 교섭을 중심으로 살펴보았다. 먼저 조선 초 대일관계의 형성에 영향을 미친 왜구(倭寇) 대책과 대마도 정벌, 그리고 대마도의 대조선 통교와 무역의 특징을 검토하였다. 이어서 통교왜인에 대한 통제책과 그 제도의 의의를 분석하고, 수직제도(授職制度)와 수도서제도(授圖書制度)의 성격과 변화를 살펴보았다. 마지막으로 조선이 대마도에 파견한 사행(使行)의 종류와 역할을 정리함으로써, 조선전기 대일외교체제가 어떻게 형성되고 유지되었는지를 종합적으로 고찰하였다.

본 연구를 통해 조선과 대마도의 외교관계가 단순한 교린(交隣) 차원을 넘어, 기미관계(羈縻關係)에 기초하고 있었음을 밝히고자 하였다. 나아가 종래 조선의 대일외교를 소극적이고 피동적인 교린외교로 이해하던 시각에서 벗어나, 조선이 주체적이고 능동적으로 외교체제를 형성·운영했음을 실증적으로 규명하고자 하였다.

필자는 오랫동안 조선전기 한일관계, 특히 그 매개 역할을 담당한 한 대마도에 깊은 관심을 가져왔다. 1996년「조선전기 대일외교정책 연구 - 대마도와의 관계를 중심으로 -」라는 제목으로 박사학위논문을 발표한 이후, 이를 보완하여 출판하고자 하였으나 여러 사정으로 출판을 미루는 사이 어느덧 30년의 세월이 흘렀다. 최근 손승철 교수님의 권유로 다시 용기를 내어 출판을 결심하였으나, 여건상 논문을 전면적으로 수정·보완하지 못하고 일부 내용만 보완하는 데 그쳤음을 밝힌다.

부족한 글이지만, 이 책이 세상에 나오기까지 많은 분들의 학문적 도움과 따뜻한 격려를 받았다. 이 자리를 빌려 모든 분들께 깊은 감사의 마음을 전한다. 특히 어려운 여건 속에서도 정성을 다해 훌륭한 책을 만들어주신 경인문화사 한정희 사장님과 편집진 여러분께 진심으로 감사드린다.

2025년 10월
한문종 씀

차 례

제3장 대일 통교통제 정책 • 85

제4장 수직왜인의 구성과 역할 • 117

제5장 수도서왜인의 구성과 역할 • 159

서 론

1. 연구의 목적 및 의의

14세기 말 동북아시아 국제정세는 커다란 변혁을 예고하고 있었다. 중국대륙에서는 1368년에 漢族인 朱元璋이 북방민족인 元을 멸망시키고 明을 건국하였다. 바다 건너 일본에서는 약 60년간 계속되어 온 남북조의 혼란기를 1392년에 足利尊氏의 손자인 足利義滿이 통일하고 室町幕府라 칭하였다. 그리고 한반도에서는 신흥무장인 이성계가 고려를 무너트리고 조선을 건국하였다. 특히 주원장은 중국 중심의 세계질서('유교적' 세계질서)를 창조하기 위하여 주변의 여러 나라를 조공제도에 편입시키려 하였다. 그 결과 조선과 일본은 1403년에 명의 황제로부터 책봉을 받아 중국 중심의 책봉체제에 편입되었다.

조선과 일본의 외교관계는 왜구문제로부터 시작되었다고 해도 과언이 아니다. 1350년(충정왕 2)부터 격심해진 왜구의 침입은 홍건적의 침입과 함께 고려를 몰락하게 하는 주요한 요인의 하나였다. 따라서 왜구문제는 조선조정이 해결해야 할 가장 시급한 문제였다. 이에 이성계는 즉위하자마자 막부장군에게 사신을 파견하여 왜구의 禁制를 요청하였다. 이로써 조선과 일본의 교섭은 시작되었고, 막부장군을 비롯한 지방의 호족들이 왜구의 금제를 약속하고 피로인을 송환함으로써 급진전되었다.

왜구문제는 조선의 다양한 왜구대책과 동북아시아 국제정세의 안정으로 일단락되었다. 그렇지만 일본으로부터 도항하는 왜인의 증가로 조선의 군사적, 경제적인 부담이 가중되었다. 따라서 조선에서는 왜인을 통제하기 위한 여러 가지 대책을 강구하였다. 즉 조선에서는 書契와 文引에 의한 통제, 세견선의 정약, 포소의 제한 등 왜인에 대한 통제책을 실시하는 한편 수직제도와 수도서제도 등의 회유책도 병행하였다. 이를 통해서 조선에서는 일본의 통교자를 조선중심의 외교체제 속에 편입시키고, 특히 대마도주에게 통교상의 여러 가지 특권을 인정해주어 그로 하여금 일본으로부터의 통교자를 총괄하도록 하였다. 그 과정에서 조선의 대일 외교창구는 대마도주로 일원화되었고, 도주는 조일외교에 있어서 특수한 위치를 차지하게 되었다. 그 결과 조선전기의 대일외교는 室町幕府보다 대마도와의 관계가 대부분을 차지할 정도로 대마도의 역할이 중요시되었다. 이러한 점에서 조선과 대마도와의 외교체제에 대한 연구는 조선전기 한일관계의 구조와 성격을 이해하는데 커다란 의의가 있다고 생각한다.

조선전기 한일관계사에 대한 연구는 정치와 외교, 무역, 문화교류와 상호인식 문제에 집중되었으며, 주로 한국보다는 일본에서 많이 행해졌다. 먼저 정치·외교사적인 연구로 이현종의 『朝鮮前期 對日交涉史硏究』(1964)와 田中健夫의 『中世海外交涉史の硏究』(1959)와 『中世對外關係史』(1975), 中村榮孝의 『日鮮關係史の硏究』 上·中·下(1965~69) 등이 있다. 이들의 연구는 조선전기 한일관계의 실상을 파악하는데 많은 기여를 하였지만 다음과 같은 한계점을 가지고 있다.

첫째, 조선전기의 대일외교를 단순히 조선국왕과 일본국왕(幕府將軍)사이에서 행해진 교린 외교체제로 인식하였으며, 일본의 입장에서 편향되게 서술하였다. 특히 대마도와 막부를 구분하지 않고 동일시함으로써 당시 한일관계, 특히 조선과 대마도와의 외교관계에 대한 구체적인 실상을 외면하였다. 최근에 와서 손승철의 『朝鮮後期 對日政策의 性格硏究』(1989)와 민덕기의 『中·近世の朝鮮·日本關係と對馬』(1990)에서 막부와 대마도를 구분하여 조선전기의 대일외교는 막부장군과는 敵禮關係의 교린외교, 대마도를 중심으로 한 지방호족과는 羈縻關係의 교린외교라는 중층적이고 다원적인 외교체제였다고 주장하였다. 이는 조선전기 대일외교에 있어서 대마도를 일본의 막부와 구별하려고 하였던 점에서 종래의 연구보다 진일보한 것이라 할 수 있다. 그러나 이들의 연구는 주로 조선후기의 대일 외교체제에 대해 논하면서 조선전기의 외교체제를 개괄한 것이어서 구체적인 분석이 미진할 뿐만 아니라 극히 소략하여 당시 한일관계의 구조와 성격 및 기미관계 외교체제의 형성과 전개과정을 이해하는데 한계가 있다.

둘째, 외교 제도사적인 면에 치중하여 서계나 문인제도·세견선의 정약 등의 왜인통제책과 수직제도·수도서제도 등의 회유책에 대한 연구는 상당히 진전되었다. 그러나 이들 제도의 연원이나 성격, 실시과정에 대해서는 아직도 미흡한 점이 많다. 또한 통제책이나 회유책의 적용대상인 수직왜인·수도서왜인·세견선의 정약자, 그리고 일본 각 지역의 통교자에 대한 인적 사항이나 지역별 분포 등은 기본적인 사항조차도 정리되지 않은 실정이다. 따라서 조선조정이 행한 교섭의 대상과 외교체제의 실상을 파악하는데 한계점이 있다.

셋째, 종래의 연구는 막부와 대마도를 구분하지 않은 나머지 조선에서 대마도에 파견한 사행에 대해 주목하지 못하였다. 조선전기의 '대마도사행'은 전체 대일사행의 절반 이상을 차지하고 있었다. 특히 이 사행은 조선과 대마도의 외교현안인 문인제도와 계해약조를 정약하였으며, 일본의 국내정세에 대한 정보를 수집해오기도 하였다. 그 결과 조선은 일본과의 외교관계를 원활하게 형성하고 유지할 수 있었다.

넷째, 조선전기 대일외교에 있어서 대마도의 중요성에 대해서는 많이 언급을 하였지만 구체적이고 종합적으로 규명하지 못하였다. 이를 위해서는 대마도의 지리적 위치와 조선의 대일정책 그리고 대마도주의 정치·경제적인 지위, 조선의 대마도인식 등을 종합적이고 유기적으로 검토해야 한다. 이러한 점에서 長節子의 『中世日朝關係と對馬』(1987)는 대마도내에 산재해 있는 사료를 이용하여 조선의 대왜정책과 도주의 도내 지배권 장악과정과의 상호 관련성을 밝혔다는 점에서 주목된다.

그 밖에도 고려말 조선초의 왜구의 실체에 대한 명확한 규명을 하지 못하였으며, 왜인이 조선에 향화 또는 투화한 이후 그들의 정착과정이나 역할에 대한 연구는 전무한 실정이다.

무역에 대한 연구는 田村洋幸의 『中世日朝貿易の硏究』(1967)와 김병하의 『李朝前期 對日 貿易 硏究』(1969)가 있으며, 다른 분야에 비해서 매우 적은 실정이다. 田村洋幸의 연구는 태조대에서 세종대까지 일본 각 지역의 세력을 분석하고 그들과 조선과의 무역관계를 밝혔다는 점에서, 김병하의 연구는 대일무역의 성격을 고찰하고 주요한 교역품을 종합적으로 정리하였다는 점에서 주목된다. 그러나 이들의 연구는 조일무역의 구체적인 실상과 성격을 이해하는데 한계점이 있다. 특히 일본의 통교자들이 주로 무역을 목적으로 도항하였기 때문에 이들에 대한 종합적 연구가 선행되어야 한다고 생각한다.

문화교류와 상호인식에 대한 연구는 田中健夫의 『對外關係と文化交流』(1982)와 이준걸의 『朝鮮時代 日本과 書籍交流 硏究』(1986) 그리고 하우봉의 「조선초기 대일사행원의 일본인식」(1992)이 대표적이다. 특히 하우봉의 연구는 조선전기 대일인식에 대한 선구적인 것이며, 대일사행원의 일본인식을 통해서 대일외교의 성격과 변화과정을 고찰하였다는 점에서 주목된다.

여기에서는 이와 같은 한계점을 염두에 두고 주로 정치·외교사적인 측면에서 조선과 대마도의 외교관계의 구조와 특징을 고찰하고 아울러 조선전기 한일관계에 있어서 대마도의 역할을 규명해보고자 한다.

2. 연구의 방법

본 연구는 조선전기 즉 조선의 건국에서부터 임진왜란 전까지 한일간의 외교관계를 주로 대마도와의 관계를 중심으로 살펴보고자 한다. 그리하여 조선과 대마도와의 외교체제가 기미관계였다는 사실을 밝히고, 나아가 종래 조선의 대일 외교체제가 소극적이고 피동적인 성격을 가진 교린 외교체제였다는 시각에서 탈피하여 주체적이고 적극적인 조선중심의 외교체제였다는 사실을 구체적이고 실증적으로 고찰하고자 한다.

먼저 제1장에서는 조선초기 대일관계의 형성에 커다란 영향을 준 왜구와 그에 대한 고려·조선의 대책을 살펴보고, 이어서 태종 8~10년경을 전후로 하여 왜구가 향화왜인·흥리왜인·사승왜인 등으로 변질되어 조선에 도항하는 과정을 고찰하려고 한다. 아울러서 왜구의 근거지를 무력으로 토벌한 대마도정벌이 이후 조일간의 외교관계의 형성에 어떠한 영향을 끼쳤는가를 규명하고자 한다. 그 이유는 대마도정벌을 계기로 조선초기 대일정책의 근간이 왜구문제에서 왜인에 대한 통교책으로 변화되었기 때문이다. 또한 이때부터 조선조정은 적극적인 대일정책을 전개하여 대마도를 조선중심의 외교체제 속에 편입시키는 기반을 마련할 수 있었다.

제2장에서는 대마도의 대조선 통교와 무역의 특징을 규명하기 위해서 조선의 건국부터 임진왜란 전까지 왜인의 통교기록을 시기별로 정리하고, 일본 각 지역의 대조선 통교의 특징을 살펴보려고 한다. 아울러서 대일 외교체제의 형성과 전개에 밀접한 관련을 가지고 있는 對馬 宗氏의 도내 지배권 장악과정을 살펴보려고 한다. 이는 조선의 왜인 통제책과도 밀접한 관련을 가지고 있었다. 이어서 대마도의 통교자를 島主와 宗氏一族·仁位宗氏·早田氏·島主管下 등으로 나누어서 그들의 통교추이가 어떻게 변화되는가를 고찰하고자 한다. 그리고 이들 통교자가 행한 대조선 무역의 형태와 특징 및 교역품에 대해서도 살펴보려고 한다.

제3장에서는 대일 외교체제의 형성과정과 성격을 규명하기 위한 작업의 일환으로 통교왜인에 대한 통교 통제책의 실시배경과 그 제도의 연원 및 성격 등을 고찰하려고 한다. 아울러서 문인제도와 계해약조에 대한 구체적인 분석을 통해서 그것이 대일관계에 있어서 어떠한 의미를 가지고 있었는가를 살펴보려고 한다. 이를 통해서 조선전기 대일외교에 있어서 대마도주의 역할이나 중요성이 보다 부각될 수 있을 것으로 기대된다.

제4장과 제5장에서는 왜인들에 대한 회유책으로 실시하였던 수직제도

와 수도서제도의 연원과 성격을 살펴보고, 시기에 따라서 수직·수도서제도가 어떻게 변화하는가를 고찰해보려고 한다. 이어서 조선전기 수직·수도서왜인의 지역별 분포와 특징 및 그들이 조일간의 외교관계에서 어떠한 역할을 하였는가를 살펴보고자 한다.

제6장에서는 조일간의 외교관계에서 대마도사행이 갖는 역할과 의의를 규명하기 위해서 일본에 파견한 대일사행을 종합적으로 정리하고, 이어서 대마도와 실질적인 외교교섭을 담당하였던 사행 즉 경차관, 치전·치위관, 선위사, 체찰사, 사물관압사, 수문사, 통신관, 회례관, 보빙사 등의 연원과 성격, 파견목적, 수행임무 등을 고찰하려 한다. 특히 조선의 대지방관인 경차관·체찰사·선위사 등을 대마도에 파견하였다는 사실에 주목하여 당시 조선조정의 대일인식 특히 대마도에 대한 인식이 대일 외교체제를 형성하고 유지하는데 어떠한 역할을 하였는지 고찰하고자 한다.

이상의 논의가 보다 유기적이고 종합적으로 규명될 때 조선과 대마도간의 외교체제의 구조와 성격 및 대마도의 역할을 보다 체계적이고 명확하게 밝힐 수 있으며, 나아가 조선전기 대일외교의 구체적인 실상에 보다 근접할 수 있을 것으로 기대된다. 아울러서 조선전기의 외교체제가 조선후기의 그것에 어떠한 영향을 주었는지도 밝혀질 수 있을 것이다.

제1장

조선초기 왜구 대책과 대마도정벌

1. 머리말

조선초기의 대일관계는 왜구로부터 비롯되었다고 해도 과언이 아니다. 특히 왜구의 근거지이며 경유지였던 대마도와의 관계는 더욱 그러하다. 따라서 왜구문제는 조선초기 대일정책의 근간이 되었다. 이에 조선조정은 일본의 막부장군을 비롯한 지방호족과 외교적인 교섭을 행하는 한편 군비의 증강을 통한 군사적 노력도 병행하였다. 그 중에서도 대마도정벌은 한반도에서 왜구를 근절시키는 중요한 계기가 되었으며, 그 후 대일 외교체제의 형성에 커다란 영향을 끼쳤다. 이러한 점에서 조선초기의 왜구대책과 대마도정벌은 조선전기 한일관계를 이해하는데 매우 중요한 주제라고 생각한다. 이에 대한 기존의 연구는 상당히 많이 진척되었다.[1] 그러나 왜구의 실체와 대마도정벌이 한일관계사에 끼친 영향 등 아직도 규명되어야 할 문제가 많다.

---

1) 고려 말 조선 초의 왜구와 대마도정벌에 대한 대표적인 연구로는 다음과 같은 논문이 있다.
신기석,「高麗末期의 對日關係 -麗末倭寇에 關한 研究-」『사회과학』1, 한국사회과학연구회, 1957; 신석호,「麗末鮮初의 倭寇와 그 對策」『國史上의 諸問題』3, 국사편찬위원회, 1959; 이현종,「倭寇와 對倭政策」『朝鮮初期 對日交涉史研究』, 한국연구원, 1964; 손홍렬,「高麗末期의 倭寇』」『사학지』9 단국대, 1975; 나종우,「高麗末期의 麗日關係 -倭寇를 중심으로-」『전북사학』4, 1980; 青山公亮,『日麗交涉史の研究』明治大學文學部報告書, 1955; 田中健夫,『中世海外交涉史の研究』, 東京大學出版會, 1959; 石原道博,『倭寇』吉川弘文館, 1964; 田中健夫,『倭寇 -海の歴史-』教育社, 1982; 田村洋幸,「鮮初倭寇の系譜について」『朝鮮學報』23, 1962; 李領,「東ジナ海世界における麗·日關係史の研究」 東京大學 綜合文化研究科大學院 博士學位論文, 1995; 손홍렬,「麗末·鮮初의 對馬島征伐」『호서사학』6, 1978; 이은규,「15世紀初韓·日交涉史研究 -對馬島征伐을 中心으로-」『호서사학』3, 1974; 장학근,「朝鮮의 對馬島 征伐과 그 支配政策 -對外政策을 중심으로-」『논문집』18, 해군사관학교, 1983; 中村榮孝,「朝鮮世宗己亥の對馬征伐」『日鮮關係史の研究』上, 吉川弘文館, 1965.

본 장에서는 조선초기 대일관계의 형성에 커다란 영향을 준 왜구의 발생배경과 그에 대한 고려와 조선조정의 대책을 살펴보고, 아울러 왜구가 향화왜인·흥리왜인·사송왜인 등으로 변질되어 조선에 도항하는 과정을 규명하려 한다. 그리고 대마도정벌의 의의를 보다 적극적으로 평가하고, 그것이 조일외교의 형성에 어떠한 영향을 끼쳤는가를 고찰해보고자 한다.

2. 고려 말의 왜구와 그 대책

왜구는 13세기부터 16세기까지 중국 또는 조선의 연해에서 활동한 일본인의 해적집단을 총칭하는 말이다.[2] 그러나 15세기 후반부터 16세기 말까지 활동한 왜구는 주로 중국 및 동남아시아 연안에서 활동하였기 때문에 여기에서는 13세기부터 15세기까지 활동한 왜구를 대상으로 하였다.[3] 왜구는 고려 이전에도 존재하였지만 고려시대의 왜구는 1223년(고종 10)의 '倭寇金州'[4]에서 처음으로 나타난다. 그 후 왜구의 침입은 1350년(충정왕 2)부터 본격화되었으며,[5] 고려 사회를 혼란에 빠트리는 등 커다란 피해를 끼쳤다.

---

2) 中村榮孝, 『日鮮關係史の硏究』 上, 吉川弘文館, 1965, 51쪽.
3) 왜구는 활동시기와 성격에 따라 전기왜구와 후기왜구로 나눌 수 있다. 전기왜구는 13세기부터 15세기에 걸쳐 활동한 왜구로서 주로 한반도와 중국 연안에서 활동하였고, 무역 외적인 측면이 많았다. 후기왜구는 15세기 후반부터 16세기말까지 활동한 왜구로서 주로 중국 및 동남아시아 연안에서 활동하였고, 무역적인 요소가 강하여 '무장상인'이라 칭하기도 하였다.(하우봉, 「조선전기의 대일관계」 『강좌한일관계사』, 현음사, 1994, 260쪽)
4) 『고려사』 권22, 세가 고종 10년 5월 갑자.
5) 『고려사』 권37, 세가 충정왕 2년 2월.
충정왕 2년 2월에 왜구가 固城·竹林·巨濟지방을 침략하였다. 合浦의 萬戶 崔禪, 都領 梁琯 등이 싸워서 격파하고 300여급을 참살하였는데, 왜구의 발흥은 이때부터 시작되었다.

왜구의 발생 요인은 고려의 국내적 요인과 일본의 국내적 요인으로 나눌 수 있다. 먼저 고려의 국내적인 요인으로는 공민왕의 반원정책 추진과 개혁정책의 미숙, 그리고 권문세족의 득세와 토지겸병으로 인한 정치·경제·사회적인 혼란과 왜구에 대한 통제력 약화 등을 들 수 있다. 이와 같이 왜구의 발생 원인에 대한 연구는 고려의 국내적 사정을 지나치게 강조하였다. 그러나 왜구의 주체가 왜인이라는 점과 그들의 침입지역이 조선과 중국의 연안이라는 점을 고려하면 고려보다는 일본의 국내적 사정에서 그 원인을 찾아야 한다고 생각한다.

일본 측의 요인으로는 남북조의 쟁란으로 인한 사회적 불안정과 막부의 지방통치력 약화, 그리고 상업의 진전, 무장 상인과 해적군의 해외활동, 변민들의 해상활동의 자유 등을 들 수 있다.[6] 또한 1350년 경인년 이래 왜구가 창궐하게 된 배경은 구주지방의 정세와 밀접한 관련이 있다. 1349년 足利直冬이 장군 足利尊氏에게 쫓겨 구주로 들어와 세력을 확대하였다. 이에 京都의 足利尊氏는 다다후휴에게 출가를 명하는 한편 구주지역의 무사들에게 다다후유를 토벌하도록 명하였다. 그러나 다다후유는 1350년 2월에 구주지역을 총괄하는 小二頼尙를 공격하기 위해 대규모의 병력을 동원하였다. 이러한 다다후유의 공격에 대응하여 小二頼尙이 가장 먼저 해결해야 할 문제는 군량미의 확보였다. 이를 위해 小二頼尙는 부하인 宗經茂 등에게 군량미를 조달하도록 명하였다. 이에 대마도를 실제로 지배하고 있던 宗經茂는 군량미를 확보하기 위해 대규모로 고려에 침입하였다.[7]

한편 왜구는 남북조의 혼란한 상황을 틈타 대마·일기를 중심으로 한 九

---

6) 이현종, 『朝鮮前期 對日交涉史研究』, 한국연구원, 1964, 9쪽.
한편 일본학계에서는 왜구의 발생 및 발호의 원인에 대해서 森克己의 武裝商人團說과 田中健夫·田村洋幸의 고려 측의 무역 제한과 전제의 문란, 青山公亮의 元寇에 대한 복수설, 기타 對馬나 壹岐 등 구주지방의 경제적인 빈곤 또는 경제적 성장 등 여러 가지 주장이 있다.

7) 李領, 앞의 논문, 119~120쪽.

州와 四國地方의 악당화한 무사들로 구성되었으며,[8] 그들의 근거지는 '三島'라 지칭한 대마·일기·송포지방이었다.[9] 그리고 왜구의 침입 목적은 미곡과 인명 등 경제적인 것이 주를 이루었다. 이 때문에 왜구는 漕船과 조

---

8) 왜구의 주체에 대하여 田中健夫는 다량의 인원, 선박, 馬匹의 해상이동 등을 고려하면 왜구는 일본인만의 해적집단이 아니라 일본인과 고려·조선인과의 연합한 집단일 가능성이 높으며, 특히 고려·조선 측의 연합 구성원을 禾尺(楊水尺)·才人·일반농민·제주도인으로 추정하였다. 특히 그는 倭寇 = 高麗·朝鮮人說의 근거로 다음의 사료를 들고 있다. "判中樞院事 李順蒙上書曰 --- 臣聞 前朝之季 倭寇興行 民不聊生 然其間 倭人不過一二 而本國之民 假著倭服 成黨作亂 是亦鑑也"(『세종실록』 권114, 28년 10월 임술) (田中健夫, 「倭寇と東アジア通商圈」 『日本の社會史』1, 岩波書店, 1987. 147~151쪽). 한편 田村洋幸은 왜구는 남북조시대의 전란에서 패배한 북구주의 무사단과 재지세력인 松浦黨 등의 무장조직, 그리고 전쟁으로 인해 곤궁에 빠진 비조직적인 영세민으로 구성되었다고 주장하였다(田村洋幸, 『中世日朝貿易の硏究』, 三和書房, 1967).

이에 대해 이영은 田中健夫가 倭寇 = 高麗·朝鮮人說의 근거로 제시한 李順蒙의 상서내용은 고려 말에 流民들이 假倭로서 활약하였다는 소문을 근거로 流民에 대한 대책을 강조한 것에 불과하다고 비판하면서, 最盛期의 왜구의 주체는 남북조의 내란이라고 하는 특수한 상황에서 對馬·壹岐를 중심으로 한 구주일대와 四國의 악당화한 武士들이었다고 주장하였다.(이영, 앞의 논문, 151~168쪽)

9) 고려 우왕 3년(1377)에 鄭夢周가 일본에 사신으로 가서 三島 왜구의 침입을 금지하게 하니, 왜인이 오랫동안 칭송하고 사모함이 그치지 않았다(『고려사』 권117, 열전 정몽주전)고 한 기록과 정종 원년(1399)에 '삼도의 왜구가 우리나라의 근심이 된 것은 이미 50년이나 되었다'(『정종실록』 권1, 원년 5월 을유)고 한 기록을 통해서 보면, 고려와 조선에서는 삼도를 왜구의 근거지로 인식하고 있었음을 알 수 있다.

삼도에 대하여 田中健夫는 對馬·壹岐·松浦로 비정한데 비해서, 김병하는 松浦 대신 平戶島를 추가하여 對馬·壹岐·平戶라고 비정하였다.(田中健夫, 『中世海外交涉史の硏究』, 東京大學出版會, 1959, 7~9쪽. 김병하, 『朝鮮前期 對日貿易硏究』, 한국연구원, 1969, 9쪽). 그런데 '對馬·壹岐·上松浦 등지는 사람들의 거주가 한적하다. 토지가 적고 또 심히 척박하여 농사를 지을 수 없어서 기근을 면하지 못하여 도적질을 마음대로 행하고 그 마음도 간사하고 포악하다'(『세종실록』 권104, 26년 4월 기유)고 한 일기도초무관 강권선의 보고 내용과 '對馬·壹岐·上松浦 등지의 왜인이 작당하여 배 50척을 타고 중국연안을 약탈하러 떠났다'(『세종실록』 권115, 29년 2월 병신, 기유, 계축)고 한 향화왜인 也馬沙只의 보고 내용을 고려하면 삼도는 대마·일기·송포를 지칭하였다고 생각한다.

창을 공격하여 미곡과 인명을 약탈하여 갔다. 특히 왜구에게 붙잡혀 간 피로인은 배의 노를 젓는 일이나 잡역에 종사하는 등 왜구의 군사력을 증강시키는데 이용되었으며,[10] 심지어는 일본과 유구·동남아시아 등지에 노예로 매매되기도 하였다. 그리고 조선시대에 들어와서 일본의 지방호족들은 피로인의 송환을 조선과 통교하는 수단으로 이용하기도 하였다.[11]

고려시대에는 1223년(고종 10)부터 1392년(공양왕 4)까지 총 529회의 왜구의 침입이 있었다. 특히 왜구의 침입이 가장 극심하였던 시기는 우왕대(1375~88)로, 14년 동안에 무려 378회(연평균 27회)에 이르렀다. 왜구의 침입지역은 주로 충청·전라·경상도지역에 집중되었다. 그 중 경상도는 일본과 가깝다는 지리적인 조건 때문에, 전라도와 충청도는 곡창지대와 조운의 통로라는 점 때문에 왜구는 이들 지역에 침입하여 약탈을 자행하였다.[12]

왜구의 침입에 대한 고려조정의 대책은 크게 군사체제의 정비와 왜구토벌, 그리고 외교적인 교섭을 들 수 있다. 먼저 고려에서는 충정왕 이후 왜구가 창궐함에 따라 주현군만으로는 방어가 어렵게 되자 연해의 군사력을 강화하기 위해서 지방군인 진수군을 증설하고 기선군의 재건에 착수하였다.[13] 또한 최무선으로 하여금 화약과 화통을 제조하게 하고, 화통도감을 설치하는 한편 京外의 각 사찰에 화통방사군을 설치하였다.[14] 특히 화약의 위력은 1380년(우왕 6)의 진포와 남해싸움에서 입증되었으며, 왜구의 기세를 꺾는 계기가 되었다.

적극적인 대책으로 고려에서는 왜구의 토벌에 주력하였다. 그 대표적인

---

10) 竹越與三郎, 『倭寇記』, 白揚社, 1938, 22쪽.

11) 조선에서는 피로인을 송환해 온 일본의 지방호족에게 상으로 1인당 면포 10필을 하사하였으며, 그들은 피로인의 송환을 계기로 수직왜인·수도서왜인·세견선 정약자가 되어 계속해서 통교하였다.(『세종실록』 권35, 9년 2월 경신. 권63, 16년 3월 임인)

12) 나종우, 「韓國中世對日交涉史硏究」, 단국대학교 박사학위논문, 1992, 96~99쪽.

13) 육군본부 편, 『韓國軍制史硏究』 -조선전기편-, 1968, 103쪽.

14) 『고려사』 권81, 병지1, 五軍. 우왕 3년 10월, 4년 4월.

것은 1376년(우왕 2) 최영의 홍산대첩, 1380년 나세·최무선의 진포대첩, 1381년 이성계의 황산대첩, 1382년 정지의 남해 관음포대첩을 들 수 있다. 그리고 1386년(우왕 12)에 정지는 대마·일기도의 왜구를 토벌할 것을 주장하기도 하였다.[15] 이어서 1389년(공양왕 원년) 2월에는 경상도 원수 박위로 하여금 병선 1백척으로 대마도를 정벌하여 왜적선 3백 여척과 연해의 가옥을 불태웠으며, 원수 김종연·최칠석·박자안 등이 본국 피로 남여 100여 명을 데리고 돌아왔다.[16]

이와 같이 고려에서는 군사체제의 정비와 왜구의 토벌에 주력하는 한편, 일본에 사신을 파견하여 왜구의 금지를 요청하는 등의 외교적인 교섭도 병행하였다. 다음 <표 1>은 고려 말의 대일사행을 정리한 것이다.

〈표 1〉 고려 말 대일사절의 파견 일람표

파견 년대	성명(관직)	파견 대상	파견 목적 및 성과	출 전
1366 (공민왕 15)	金龍(萬戶)	征夷大將軍 (足利義滿)	·왜구의 금지 요청 ·왜구의 금지 약속	『사』 열전46, 우왕3/6 『太平記』『後愚昧記』
1366 (공민왕 15)	金逸 (檢校中郞將)	征夷大將軍 (足利義滿)	·왜구의 금지요청 ·중 梵盪, 梵鏐 등을 보내 보빙, 왜구 금지 약속	『사』 세가41, 15/11임진 『사』 세가41, 17/정 무자 『師守記』
1368 (공민왕 17)	李夏生 (講究使)	대마도	·보빙, 화호 ·왜구의 금지 요청	『사』 세가41, 17/윤9 『對州編年略』 義詮公
1375 (우왕 원)	羅興儒 (判典客寺事)	일본 (征夷大將軍)	·보빙, 왜구의 금지 요청 ·良柔를 보내 보빙	『사』 열전46, 원/2, 2/10 『절요』30, 우왕 원/2,
1377 (우왕 3)	安吉祥 (版典客寺事)	일본 (征夷大將軍)	·왜구의 금지요청, 病死 ·信弘을 보내 보빙, 왜구의 금제 약속	『사』 열전46, 3/6, 3/8, 『절요』30, 3/6, 3/8
1377 (우왕 3)	鄭夢周 (前 大司成)	九州節度使 源了俊	·보빙, 왜구의 금지 요청 ·피로 수백 명을 쇄환하여 왜사 周孟仁과 함께 귀국,	『사』 열전46, 3/9, 4/6, 4/7, 열전30, 정몽주 『老松堂日本行錄』

15) 『東史綱目』 권16, 禑王 12년 2월. 『고려사절요』 권32, 우왕 12년 8월.
16) 『고려사』 권116, 열전29, 박위전.

파견 년대	성명(관직)	파견 대상	파견 목적 및 성과	출 전
			군사 69명을 파견 왜구 포획하도록 함	『절요』 30, 3/9, 4/6, 4/7
1378 (우왕 4)	李子庸 (版圖判書)	九州節度使 源了俊	·왜구의 금지 요청 ·피로 230명 쇄환	『사』 열전47, 4/10. 48, 5/7 『절요』30, 4/10, 5/7
1378 (우왕 4)	韓國柱 (前 司宰令)	大內殿 義弘	·왜구의 금지 요청 ·군사 186명을 파견하여 왜구 포획하도록 함	『사』 열전46, 4/10, 열전47, 5/5 무인 『절요』30, 4/10, 5/5
1379 (우왕 5)	尹思忠 (檢校禮儀判書)	일본	·보빙	『사』 열전47, 5/윤5

* 『사』는 『고려사』, 『절요』는 『고려사절요』

<표 1>을 토대로 고려 말 대일교섭의 특징은 다음 세 가지로 정리할 수 있다. 첫째, 대일사행은 1366년(공민왕 15)에 김용과 김일[17]이 征夷大將軍 足利義滿과 외교적인 교섭을 진행한 이후 1379년(우왕 5)에 윤사충을 파견하여 보빙할 때까지 14년 동안에 파견되었으며, 특히 왜구의 침입이 가장 심하였던 우왕 대에 집중되었다. 둘째, 대일사절의 파견대상이 막부장군을 비롯하여 구주절도사와 대내전·대마도주 등으로 다원화되었으며, 이러한 외교체제는 조선 초기까지 지속되었다. 셋째, 대일사절의 파견목적은 주로 왜구의 금제를 요청하고 피로인을 쇄환하기 위한 것이었다. 이러한 고려조정의 외교적인 노력에 대해 막부장군(征夷大將軍)은 사신을 보내 보빙하고 왜구의 금제를 약속하였으며, 구주절도사·대내전 등은 피로인을 송환하고 군사를 파견하여 왜구를 포획하도록 하는 등의 성의를 보이기도 하였다.[18] 그렇지만 당시 일본은 남북조의 혼란기였고, 또한 막부장군의

17) 김용은 貞治 5년(1366) 9월에 出雲에 도착하여 다음 해 2월에 京都에 入京하였으며(『太平記』『後愚昧記』), 김일은 貞治 6년 4월 초순에 京都에 入京하였다.(『師守記』) 따라서 김용이 김일의 사행보다 먼저 파견되었음을 알 수 있다.(中村榮孝, 앞의 책, 210~212쪽)

18) 九州節度使 源了俊은 우왕 4년과 5년에 피로인 수백 명과 230명을 송환하였고, 중 信弘 등 군사 69명을 파견하여 왜구를 포획하도록 하였다. 信弘은 조양포에서 왜선

통치력이 지방까지 미치지 못하였기 때문에[19] 왜구의 침입은 여전히 계속되었다.

3. 조선 초의 왜구 대책과 왜구의 변질

왜구 문제는 조선이 건국된 후에도 대일정책의 근간이 되었다. 이에 조선정부는 고려 말의 왜구대책을 계승하여 해양방어책을 충실하게 하는 한편 외교적인 노력과 왜구에 대한 회유책을 병행하였다. 먼저 1392년(태조 원년) 왜구의 침입에 대비하여 각도의 기선군과 육수군, 잡역인의 징발을 금지[20]하는 한편 군적을 점검하였다.[21] 또한 수군의 관직을 설치하고 직제를 개편하였으며,[22] 아울러서 병선을 건조하거나 수리하여 왜구의 침입

1척을 포획하고 배에 붙잡혀있던 피로 20여명을 放還하는 등의 전과를 거두기도 하였으나, 동년 11월에 고성군 적전포에서 왜적과 싸우다 패하고 귀국하였다(『고려사』 열전46, 우왕 4년 6월, 7월, 11월. 열전47, 우왕 5년 7월). 또한 大內殿 義弘도 우왕 5년에 朴居士 등 군사 186명을 파견하여 왜구를 포획하도록 하였다(『고려사』 권134, 열전 우왕 5년 5월 무인). 그러나 源了俊과 義弘이 파견한 군사는 그 수가 매우 적어, 왜구문제를 해결하는데 크게 도움이 되지 못하였다.

19) 幕府將軍이나 九州節度使가 왜구를 통제할 수 없었다는 사실은 우왕 2년(1376)에 일본(幕府將軍)이 보낸 답서에 "오직 우리 西海道 一路에서 九州의 亂臣이 할거하여 貢賦를 바치지 않은 지가 또한 20여년이라. 西邊 海島의 어리석은 백성들이 틈을 보아 浸寇함이지 우리가 한 바가 아니다. --- 바라옵건데 九州를 극복하게 되면 하늘에 맹세코 해를 가리켜 海寇를 금지할 것을 약속하나이다."(『고려사』 권133, 열전 우왕 2년 10월)고 한 기록과 동왕 3년 8월에 九州節度使 源了俊이 보낸 서계에 "(고려에 침입하는) 草賊은 도망한 무리들이라 우리의 명령을 준수하지 아니하니 쉽게 금하지 못합니다."(『고려사』 권113, 열전 우왕 3년 8월)고 한 기록을 통해서 확인할 수 있다.

20) 『태조실록』 권2, 원년 9월 기해.

21) 군적의 점검결과 당시 8도의 馬步兵 및 騎船軍이 200,800여명, 子弟 및 鄕驛吏, 諸有役者가 100,500여명에 이르렀다.(『태조실록』 권3, 2년 5월 경오)

22) 『태종실록』 권26, 13년 7월 병술.

에 대비하게 하였다.[23] 특히 이러한 수군의 정비와 병선의 증가는 왜구의 침입을 막는데 커다란 역할을 하였으며,[24] 전략과 전술에도 변화를 가져왔다. 그리하여 종래에는 상륙한 왜구를 육지에서 섬멸하였으나 이제는 '바다에 나아가 왜구를 포획(浮海捕倭)'하는 적극적인 전략으로 변하였다.[25]

한편 조선조정은 왜구를 금지하기 위한 외교적인 노력도 병행하였다. 태조는 즉위한 직후에 중 覺鎚를 일본의 막부장군 足利義滿에게 파견하여 왜구의 금지를 요청하였으며, 의만은 이에 호응하여 鎭西守臣(九州節度使 源了俊)에게 왜구의 금지와 피로인의 쇄환을 명하였다.[26] 이는 조선조정이 막부장군과 행한 최초의 외교적인 교섭이었다. 그 이후 1399년(정종 원년)에 최운사를 막부장군에게 보내 보빙하려 하였으나 도중에 폭풍을 만나 되돌아왔으며, 1402년(태종 2) 7월에 사신을 파견하여 수호와 왜구의 금제, 피로인의 송환을 요청하였다.[27]

또한 조선에서는 막부장군을 비롯하여 구주절도사·대내전·대마도주·일기도주 등에게 사신을 파견하여 왜구의 금지와 피로인의 송환을 요청하였다. 예를 들면 1394년(태조 3)에 회례사 김거원과 최용소를 구주절도사 源了俊에게,[28] 또한 같은 해에는 회례사 박돈지를 大內殿 義弘에게 각각 파

23) 『태조실록』 권4, 2년 7월 무신. 『태종실록』 권11, 6년 4월 신미.
수군의 정비와 병선의 건조 결과 태종 8년(1408)에 전함의 수는 428척에서 613척으로 185척이나 증가하였으며, 軍丁의 수도 총 96,259명 중 수군이 49,337명으로 반 이상을 차지하였다.(李載龒, 「朝鮮前期의 水軍」 『한국사연구』 5, 1970, 116~119쪽)

24) (都評議)使司가 "경인년 이후부터 해구가 침입하여 연해의 州郡이 텅 비었습니다. 근년 이래로 병선을 만들어서 연변을 방어하게 하니 도적이 감히 접근하지 못하였고 거주하는 백성들이 정착하게 되었는데, 이는 전함의 공이 가장 큽니다."(『태조실록』 권11, 6년 2월 갑오)라고 상언한 것으로 알 수 있다.

25) 장학근, 『朝鮮時代 海洋防衛史』, 창미사. 1987, 40쪽.

26) 『善隣國寶記』 卷上, 後小松院明德三年壬申答朝鮮書 (田中健夫編, 集英社, 1995)

27) 『정종실록』 권2, 원년 8월 계해. 『태종실록』 권5, 2년 7월 임진.

28) 回禮使 金巨源은 梵明과 함께 태조 3년 5월에 피로 569명을 쇄환하였다고 기록되어 있으나 동년 7월에는 659명으로 기록되어 있다. 그러나 동년 10월에 피로인의

견하여 화호할 것과 왜구금지, 피로인의 송환을 요청하였다.[29] 朴惇之는 大內殿의 주선으로 막부장군인 足利義滿을 만나 왜구의 토벌을 요청하였는데, 족리의만은 대내전에게 왜구의 토벌을 명하고 피로인 100여명을 쇄환해주었다. 그 외에도 1408년(태종 8)에는 회례관 최재전과 보빙사 김협을 대내전에 파견하였다.[30]

1400년(정종 2)에는 회례사 윤명을, 1401년(태종 원년) 겨울에는 이예를 대마도와 일기도에도 파견하여 왜구의 금제와 피로인의 송환을 요청하였다.[31] 이와 더불어서 조선에서는 1406년 3월에 對馬島守護 宗貞茂에게 미두 2백석을 하사한 것을 비롯하여 여러 차례에 걸쳐 식량을 하사하고 왜구의 금지를 요청하였다.[32]

한편 조선에서는 외교적인 교섭과 함께 왜구에 대한 회유책도 병행하였다. 특히 태조는 항왜나 향화왜에게 관직을 제수하고 왜구의 진압과 피로인 송환에 적극 협력한 지방 세력에게 통교상의 혜택을 주기도 하였다. 그 결과 투항 또는 향화하는 왜인이 급증하였고, 반면에 왜구의 침입은 점차 감소하였다.

다음 <표 2>는 태조~세종대까지 왜구의 침입 건수와 통교자의 내조 건수를 정리한 것이다. <표 2>에서 보면 왜구의 침입은 1392년(태조 원년)부터 1443년(세종 25)까지 50여 년간에 총 186건으로, 연평균 3.6건이었다.[33]

송환에 사의를 표하기 위하여 崔龍蘇를 파견하였는데, 서계에 피로인 7백 명이라 기록되어 있는 것으로 보아 659명을 잘못 기록한 것이라 생각된다. 최용소 역시 귀환할 때에 피로 570명을 쇄환하였다.(『태조실록』 권5, 3년 5월 병인; 권6, 3년 7월 경술; 10월 정축; 권8, 4년 7월 신축)

29) 『태조실록』 권12, 6년 12월 계묘. 『정종실록』 권1, 원년 5월 을유.

30) 『태종실록』 권15, 8년 5월 경오. 권16, 8년 8월 병자.

31) 『세종실록』 권107, 27년 2월 정묘.

32) 『태종실록』 권11, 6년 3월 기미.
그 외에도 조선에서는 태종 7년·10년·11년에는 쌀과 콩 3백석을, 16년에는 2백석을 대마도주에게 하사하였다.(『태종실록』 권14, 7년 10월 기해. 권19, 10년 5월 기묘. 권22, 11년 9월 기사. 권32, 16년 7월 임진)

〈표 2〉 조선초기 왜구의 침입과 통교자의 내조

년대(왕대)	침입 건수	통교 건수	년대(왕대)	침입 건수	통교 건수	년대(왕대)	침입 건수	통교 건수
1392(태조 1)	0	1	1412(태종 12)	0	23	1432(세종 14)	0	17
1393(태조 2)	11	2	1413(태종 13)	1	30	1433(세종 15)	3	24
1394(태조 3)	14	2	1414(태종 14)	0	28	1434(세종 16)	2	38
1395(태조 4)	6	7	1415(태종 15)	1	31	1435(세종 17)	0	28
1396(태조 5)	13	2	1416(태종 16)	1	30	1436(세종 18)	1	34
1397(태조 6)	12	6	1417(태종 17)	3	29	1437(세종 19)	3	58
1398(태조 7)	0	7	1418(태종 18)	1	37	1438(세종 20)	1	61
1399(정종 1)	4	6	1419(세종 1)	9	24	1439(세종 21)	1	66
1400(정종 2)	0	8	1420(세종 2)	3	29	1440(세종 22)	1	16
1401(태종 1)	5	11	1421(세종 3)	4	27	1441(세종 23)	0	18
1402(태종 2)	5	14	1422(세종 4)	4	31	1442(세종 24)	3	37
1403(태종 3)	8	11	1423(세종 5)	2	65	1443(세종 25)	2	39
1404(태종 4)	7	5	1424(세종 6)	2	23	1444(세종 26)	0	27
1405(태종 5)	0	9	1425(세종 7)	2	26	1445(세종 27)	0	15
1406(태종 6)	12	16	1426(세종 8)	5	24	1446(세종 28)	0	18
1407(태종 7)	8	20	1427(세종 9)	0	24	1447(세종 29)	0	17
1408(태종 8)	19	16	1428(세종 10)	1	49	1448(세종 30)	0	12
1409(태종 9)	4	20	1429(세종 11)	0	23	1449(세종 31)	0	14
1410(태종 10)	0	23	1430(세종 12)	1	35	1450(세종 32)	0	37
1411(태종 11)	0	14	1431(세종 13)	1	24	합 계	186	1423

* 위 표는『조선왕조실록』을 토대로 하여 작성하였다.

33) 조선초기 왜구의 침입건수는 학자들마다 약간의 차이를 보이고 있다. 먼저 나종우는 129건(태조 26, 정종 3, 태종 63, 세종 37건)으로 파악하였으며, 田村洋幸은 159건(태조 54, 정종 4, 태종 64, 세종 37건)으로 파악하고 있다.(나종우, 앞의 논문, 96-99쪽 참조. 田村洋幸, 앞의 책, 92-93쪽 참조) 그러한 차이는 나종우의 경우는 왜구의 침입이 확실한 것만을 대상으로 하였으나 田村洋幸은 斬倭, 獲倭를 포함하였기 때문이다. 위의 <표 2>에서는 斬倭, 獲倭 뿐만이 아니라 왜구가 출현하였다는 보고까지 모두 포함하였다.

먼저 왜구의 침입 건수를 왕대별로 보면 태조대 56건(연평균 8건), 정종대 4건(2건), 태종대 75건(4.2건), 세종대 51건(2건)으로 시기가 흐를수록 왜구의 연평균 침입 건수는 감소하는 경향을 보이고 있다. 특히 1410년(태종 10)부터 1418년까지 왜구의 침입은 총 7건으로 급격히 감소하였으며, 1443년(세종 25) 이후에는 왜구가 그 모습을 감추었다. 왜구의 규모는 고려 말보다 축소되어 적게는 1~4척, 많아야 20여척에 불과하였다.[34] 왜구의 침입 지역은 고려시대와는 달리 전라도지방에 집중되었다. 그 이유는 조선의 왜구대책이 삼포에 집중되어서 왜구가 경상도 연안지방에 침입하는 것이 어렵게 되자 전라도의 도서나 연안지방을 약탈대상으로 삼았기 때문이었다.[35]

한편 왜구는 조선조정의 다양한 왜구대책과 동북아시아 국제정세의 안정,[36] 특히 일본 국내정세의 안정으로 점차 평화적인 통교자로 변질되어 갔다. 1395년(태조 4)에 왜인 表時羅 등 4인이 처음으로 투항한 것[37]을 비롯하여 그 다음 해에는 왜적선 60여 척이 경상도 영해 축산도에 와서 항복을 요청하기도 하였다.[38] 그 이후 항왜 또는 향화왜는 계속 증가하여 1410년(태종 10)에는 경상도에 분치한 향화왜인의 수만도 무려 2,000여 명이 넘었다고 한다.[39]

한편 항왜 또는 향화왜인 중에서 藤陸과 非疚時知·林溫 등 왜구의 수

---

34) 나종우, 앞의 논문, 143쪽.
왜구의 창궐기인 공양왕대부터는 왜구의 규모는 적게는 20~30척, 많게는 200~300척으로 대규모화되었다.(田中健夫, 『倭寇と勘合貿易』, 至文堂, 1963, 17쪽)

35) 나종우, 앞의 논문, 140~141쪽.

36) 중국에서는 1391년에 명을 건국한 주원장에 의해 북원이 멸망하고 한족에 의한 지배가 시작되었다. 한반도에서는 1392년에 고려가 멸망하고 조선이 건국되었으며, 일본에서는 남북조의 혼란기(1336~1392)를 북조가 통일함으로써 15세기 동북아시아의 국제정세는 안정되었다.

37) 『태조실록』 권7, 4년 정월 무술.

38) 『태조실록』 권10, 5년 12월 계사.

39) 『태종실록』 권19, 10년 4월 갑진.

령에게는 관직을 제수하여 시위하게 하거나 또는 왜구의 토벌에 종사하도록 하였다.[40] 반면에 관직을 제수받지 못한 항왜나 향화왜인은 경상도·전라도·서북면·풍해도 등 전국 각지의 연해와 산간 등 외방에 분치되었으며,[41] 그들에게는 식량과 의복을 하사하고 3년 동안의 조세와 10년 동안의 요역을 면제해주었다. 그런데 항왜나 향화왜인 중에는 조선에 그대로 정착한 자도 있었지만, 일본으로 돌아가 후에 사송왜인·흥리왜인으로 직접 내조하거나 또는 사송왜인을 파견한 자도 있었다.[42]

한편으로 왜구 중에는 그대로 일본에 거주하면서 후에 수직왜인이 되어 자신이 직접 내조하거나 또는 통교자가 되어 사송왜인을 파견하는 자들도 많이 있었다.[43] 특히 수직왜인 중에는 자신이 왜적의 우두머리로 칭하거나 또는 조선조정이 그렇게 인식하고 있었던 자들이 많았다.[44] 그 외에도 『해동제국기』에 보면 海賊大將 또는 海賊으로 칭하면서 사신을 파견하는 자들이 많이 있었다.[45] 또한 『세종실록』에 보면 1435년(세종 17)부터 1445년까지 일본의 통교자들이 보낸 사송왜인(객왜)의 이름이 다른 시기에 비해서 자세히 기록되어 있는데, 이들 역시 왜구이었을 가능성이 많다. 그리고 왜구의 일부는 대마도주를 비롯한 지방호족의 사송왜인으로 내조하기도 하였다.[46]

---

40) 수직왜인에 대한 자세한 내용은 제4장 참조.

41) 『정종실록』 권3, 2년 3월 갑신. 권4, 4월 병진.

42) 이러한 유형의 대표적인 자는 藤陸·林溫·藤賢·表沙貴·看智沙也文 등이 있다.(자세한 내용은 제4장 참조)

43) 왜구의 우두머리로서 사송왜인을 파견한 대표적인 자로 左衛門大郎을 들 수 있다. 그는 태종 14년(1414)부터 세종 10년(1428)까지 모두 57회에 걸쳐 사송왜인을 파견하였다.(제2장 참조)

44) 그 대표적인 자로는 平茂續·平茂持 등 早田氏를 비롯하여 六郎洒文·藤茂家·彌源司·多羅而羅·阿馬豆·藤九郎·藤影繼 등과 그의 자손이 있다.(제4장 참조)

45) 『해동제국기』「일본국기」에 '海賊大將'이라 칭하면서 통교한 자는 藤安吉·國重·藤原義忠·藤藝秀·源貞義·藤原邦吉 등이 있다.

46) 井大郎은 降倭 張寶의 아들로 1446년에 수직왜인이 되기까지 전까지 대마도주 宗

한편으로 왜구의 일부는 흥리왜인으로 변질되어 내조하기도 하였다. 원래 흥리왜인은 평상시에는 어업에 종사하는 대마도의 어민으로서 어획물을 가지고 생활필수품인 미곡으로 교환하기 위해서 조선에 내조한 자이다.[47] 그러나 이들은 생활이 궁핍해서 해적행위를 하던 자들이었기 때문에 왜구와는 표리관계에 있었다. 따라서 흥리왜인은 배에 병기를 싣고 다니면서 방비를 삼엄하게 하는 곳에서는 무역을 하고 그렇지 않은 곳에서는 약탈행위를 자행하였다.[48] 특히 흥리왜인이 왜구이었다는 사실은 그들이 가지고 오는 물건 중에 중국이나 조선에서 약탈한 물품이 많았던 점과[49], 1396년(태조 5)에 투항한 表時羅가 1423년(세종 5)에 흥리왜인으로 내조한 점으로도 확인할 수 있다.[50] 한편으로 흥리왜인은 사송왜인으로 내조하기도 하였다.[51]

이와 같이 조선초기의 왜구는 조선에 투항 또는 향화하였거나 사송왜

貞盛과 宗彦七盛國의 사자로 1435년(세종 17)부터 1442년까지 거의 매년 내조하였다(『세종실록』 17년 정월 병술. 18년 윤6월 기묘. 20년 4월 기해. 21년 2월 계축. 23년 5월 병오. 24년 8월 무신. 10월 무신).

47) 長節子, 「興利倭船の研究」 『朝鮮學報』 146집, 1993, 23쪽.
또한 長節子는 흥리왜인의 대부분은 대마도인이었다고 주장하면서, 그 근거로 1423년(세종 5)에 대마도 흥리왜인 多羅三甫羅 등 9명, 羅曳 등 9명, 表時羅 등 10명이 4척의 배를 타고 부산포에 도착한 사실과 1425년에 대마도 興利倭船主 所溫田知가 기한이 지난 路引을 가지고 내조한 사실, 1434년(세종 16)에 흥리왜인 兵衛四郎이 조선인을 송환해 온 사실, 그리고 1428년에는 도주 宗貞盛의 사자 宗大郎이 葛根·橡實·魚鹽을 미곡으로 화매하였다는 사실을 들고 있다(『세종실록』 권20, 5년 4월 병인. 권30, 7년 10월 갑술. 권39, 10년 2월 기사. 권63, 16년 정월 계묘).

48) 長節子, 위의 논문, 16~17쪽.

49) 『태종실록』 권32, 16년 9월 을미. 권33, 17년 윤5월 갑자.

50) 『태조실록』 권7, 4년 정월 무술. 『세종실록』 권20, 5년 4월 병인.

51) 흥리왜인 兵衛四郎은 세종 18년과 19년에 宗成職·宗茂直의 사송왜인으로, 多羅三甫羅(三甫羅多羅)는 세종 26년과 문종 즉위년, 원년에 각각 宗貞盛, 宗盛家, 大內殿의 사송왜인으로 각각 내조하였다(『세종실록』 18년 5월 신미. 19년 12월 병자. 26년 6월 기해. 『단종실록』 즉위년 12월 임신. 원년 4월 계유).

인, 흥리왜인, 수직왜인이 되어 직접 내조하기도 하고, 일본에 그대로 머무르면서 사송왜인을 파견하는 통교자로 변질되기도 하였다. 그 결과 <표 2>에 나타난 바와 같이 일본 각지로부터 내조한 통교자는 태조대 27건(연평균 3.9건), 정종대 14건(7건), 태종대 378건(20.4건), 세종대 1,004건(30.3건)으로 태종대에 들어서 급격히 증가하는 경향을 보이고 있다. 특히 1407년(태종 7) 경부터는 이전의 시기보다 그 수가 훨씬 증가하였다.

4. 대마도정벌과 그 의의

고려 말부터 계속되어 왔던 왜구의 침입은 조선조정의 다양한 왜구대책과 일본 국내의 안정으로 1410년(태종 10)부터 급격히 감소하였다. 그 결과 1410년부터 1418년까지 8년 동안 왜구의 침입은 겨우 7건밖에 되지 않았다. 이 시기는 筑前州에 거주하고 있던 도주 宗貞茂가 三根의 佐賀(현 上縣郡 蜂町 佐賀)에 府를 설치하고 상주하면서 도내의 통제를 강화한 때이다.[52] 그러나 1418년(태종 18) 4월에 왜구의 통제에 적극 협력하였던 대마도주 宗貞茂가 죽은 이후부터 왜구의 침입이 다시 증가하기 시작하여 대마도정벌 전까지 약 1년 동안 무려 9건에 이르렀다. 이처럼 왜구의 침입이 급격하게 증가한 배경은 먼저 대마도의 정치적 불안을 들 수 있다. 즉 대마도에서는 종정무를 뒤이어 도주직을 계승한 宗貞盛(都都態瓦)의 나이가 어려서 해적의 우두머리인 早田 左衛門大郞이 도내의 실권을 장악하고 왜구의 침입을 묵인하였기 때문이다. 둘째는 계속되는 흉년으로 생활이 궁

52) 島主 宗貞茂는 筑前州守護代로 筑前州의 宗像(현 福岡縣 宗像郡)에 세거하면서 3년에 한 번씩 도내를 순찰하고 정사를 처리하였다. 그런데 宗貞茂는 도내에서 반란이 자주 일어나서 통치가 제대로 이루어지지 않자 族人인 宗右馬助(仁位郡主 宗賴宣의 아들)를 筑前州守護代로 임명하고 應永 15년(1408) 8월에 대마도에 와서 三根의 佐賀에 府를 설치하고 상주하기 시작하였다.(唐坊長秋 撰, 『十九公實錄』 長松公實錄)

핍해지자 많은 유민들이 부족한 식량을 구하기 위해 조선과 중국의 연안을 자주 침입하였기 때문이었다.

이에 조선에서는 왜구의 침입에 대한 대책을 강구하여야만 하였다. 그러던 중 1419년(세종 원년) 5월에 중국연안을 약탈하러 가던 왜적선 50여 척이 충청도 비인현 도두음곶(현 충남 서천군 동면 도둔리)에 침입하여 병선 7척을 탈취하여 불사르고 군사를 살해한 사건과[53] 왜적선 38척이 해주의 연평곶에 침입하여 병선을 포위하고 식량을 요구하는 사건이 발생하였다.[54] 이 두 사건이 대마도정벌의 직접적인 도화선이 되었다. 당시 왕위는 세종에게 물려주었지만 병권을 장악하고 있던 태종은 왜적의 허실을 틈타 대마도를 정벌할 것을 결심하고 정벌에 필요한 제반조치를 취하였다.[55]

대마도 정벌군은 삼군도체찰사를 중심으로 하여 삼군(중군·좌군·우군) 도절제사와 좌·우절제사 등 '구절제사' 체제로 편성되었다.[56] 삼군도체찰

---

53) 『세종실록』 권4, 원년 5월 신해.

54) 『세종실록』 권4, 원년 5월 정사.

55) 대마도정벌에 대한 비밀을 유지하기 위하여 포소에 머무르고 있는 왜인을 체포하여 深遠處에 분치하는 한편 경상도 각 포에 渡泊하고 있는 왜인이나 상왜를 체포하여 분치하였는데, 그 수가 경상도 335명, 충청도 203명, 강원도 33명으로 총 591명이나 되었으며, 체포 당시 사살당하거나 물에 빠져 죽은 자가 136명이었다(『세종실록』 권4, 원년 6월 갑술, 정축). 또한 대마도정벌 시에 각 포소의 방어가 허술해지는 것을 대비하여 남아있는 병선을 요새에 나누어 주둔시키는 한편 하번갑사·별패 등을 4번으로 나누어 육지에서 왜구를 방어하도록 하였다(『세종실록』 권4, 원년 6월 을해).

56) 三軍都體察使 李從茂 (中軍을 거느리고 諸陳을 통솔)
- 中軍 都節制使 禹搏 : 軍令(士卒之命) 관장
  - 左節制使 李叔畝 : 軍糧(糧草之政) 관장
  - 右節制使 黃象 : 兵船(船艘之政) 관장
- 左軍 都節制使 柳濕
  - 左節制使 朴礎
  - 右節制使 朴實
- 右軍 都節制使 李之實

사 이종무가 이끄는 원정군은 총 17,285명이었는데, 그들은 9절제사를 비롯하여 서울에서 출정을 나간 都將 이하 관군 및 從人이 669명이었고, 나머지 16,616명은 갑사·별패·영진속과 스스로 원정군에 참가한 잡색군 및 원기선군으로 구성되었다. 이들은 각도에서 모은 병선(경기 10, 충청 32, 전라 59, 경상 126) 226척에 나누어 타고 65일분의 군량을 가지고 출발하였다.[57] 대마도 정벌군은 6월 17일에 거제 마산포를 출발하였으나 도중에 역풍을 만나 거제도 남쪽 주원방포로 되돌아 왔다. 6월 19일(임진)에 주원방포를 출발하여 20일(계사) 午時에 선봉 13척이 먼저 대마도에 도착하였다. 이때 대마도인은 앞서 약탈하러 떠난 자들이 돌아오는 것으로 생각하고 술과 고기를 준비하여 대접하려다가 뒤이어 대군이 豆地浦(현 下縣郡 美津島町 土寄)에 이르자 모두 도망가고 50여명만이 대항하다가 패주하였다.

이종무는 대마도를 토벌하기에 앞서 항왜 池門을 대마도주 宗貞盛(都都熊瓦)에게 보내 항복하도록 권고하였다. 그러나 아무런 대답이 없자 대마도내를 수색하여 적선 129척을 포획하고 가옥 1,939호를 불살랐으며, 적병 114급 참수, 21명 포획, 중국인 피로 131명을 탈환하는 전과를 거두었다.[58] 또한 이종무는 豆地浦에 주둔하여 매일 장수들로 하여금 도내를 수색하여 가옥 68호와 왜선 15척을 불태웠으며, 적병 참수 9급, 중국인 피로 남녀 15명과 본국인 피로 8명을 탈환하는 등의 전과를 거두었다.[59]

左節制使 金乙和
右節制使 李順蒙

* 위 표는 『鶴坡實記』 海外日記 영락 17년조의 기사에 의거하여 작성하였다.

57) 『세종실록』 권4, 원년 6월 경인.

58) 『세종실록』 권4, 원년 6월 계사.
이는 『鶴坡實記』에 기록된 전과와는 불태운 가옥의 수에서 상당한 차이를 보이고 있다. 즉 『학파실기』 해외일기 영락 17년에는 적선 포획 139척, 가옥 번소 159호, 적병 참수 163급, 포획 21명, 중국인 피로탈환 146명으로 기록되어 있다.

59) 『학파실기』 해외일기 영락 17년. 『세종실록』 권4, 원년 6월 임인.

그 후 이종무는 尼老郡(현 下縣郡 豊玉町)에 이르러서 삼군으로 하여금 적을 토벌하려 하였다. 그러나 지리에 익숙하지 못한 좌군우절제사 박실이 병력을 이끌고 나아갔다가 복병을 만나 크게 패하고 편장 박무양·박홍신·김해·김희등 3백여 명이 전사하였다. 이에 사기가 오른 적병이 진격하여 오자 우군좌절제사 이순몽과 병마사 김효성, 중군병마부수 이예 등이 힘써 싸워 적병 수백 명을 사살하는 전과를 거두었다.

한편 원정군은 포로들로부터 대마도에 기근이 심하고 식량이 부족하여 부자라고 할지라도 1~2斗의 식량밖에 가지고 있지 못하였다는 사실을 탐지하고, 訓乃串(船越)에 목책을 설치하여 왕래하는 길을 차단하는 등 장기전에 대비하려 하였다. [60] 대마도주 宗貞盛(都都熊瓦)은 원정군이 오랫동안 대마도에 주둔하는 것을 두려워하여 수호와 철군을 간청하는 글을 보내는 한편 7월에는 폭풍이 있을 것이라는 사실을 알려왔다. 이에 이종무는 7월 3일에 군사를 거두어 거제도로 귀환하였다.[61]

그 후에도 중국에 약탈하러 갔던 왜선이 소청도 연해에 출몰하고 또 안흥량에 침입하여 노략질한 사건이 발생하자,[62] 다시 대마도를 정벌하려는 논의가 일어났다. 그러나 조정에서는 명 도독 劉江이 金州衛에 침입한 왜구를 격파하였다는 천추사의 통사 김청의 보고를 듣고 정벌에 대한 논의를 중지하는 한편 여러 장수들에게 전라·경상도의 방비를 엄히 하도록 명하였다.[63]

대마도정벌을 중지한 직후 태종은 병조판서 조말생에게 명하여 "대마도는 원래 경상도의 계림에 속한 조선의 영토지만 해상의 왕래가 불편하여 백성들이 거주하지 않아서 왜노의 소굴이 되었다."라고 전제하고 만약 "卷土來降하면 도주에게는 관직과 녹봉을 주고 島人에게는 의복과 식량을 지

---

60) 『세종실록』 권4, 원년 6월 계사.
61) 『세종실록』 권4, 원년 7월 병오.
62) 『세종실록』 권4, 원년 7월 무신, 정미.
63) 『세종실록』 권4, 원년 7월 을묘.

급하여 비옥한 땅에서 농사를 지으며 살도록 할 것"이라는 내용의 서계를 대마도주 宗貞盛(都都熊瓦)에게 보냈다.[64]

이러한 태종의 요구에 대해 도주 종정성은 都伊端都老를 보내 조선에 항복할 것과 印信의 하사를 요청하였다.[65] 그러나 태종은 '卷土來降'의 요구를 포기하지 않고 12월을 기한으로 회답을 강요하였다. 이에 도주는 時應界都를 보내 "대마도인을 加羅山 등지의 섬에 보내 조선을 밖에서 호위케 할 것(外護)과 도주 자신은 족인에게 守護職을 빼앗길까 두려워서 대마도를 떠날 수 없으니 조선의 주군의 예에 의하여 州名을 정하고 인신을 하사해 준다면 신하의 도리를 지키고 명령에 따를 것이다"라고 답하였다.[66] 이에 태종은 예조판서 허조의 명의로 다음과 같은 내용의 답서를 종정성에게 보냈다.

> 그 서계에 이르기를 "--- 또한 對馬島는 경상도에 속하였으니 모든 보고나 문의할 일이 있으면 반드시 본도(경상도)의 관찰사에게 보고하고 (이를 관찰사가 예조에) 전보하여 시행하도록 하며, (대마도주가) 직접 본조(예조)에 올리지 말도록 할 것이요, 겸하여 청한 인장의 篆字와 하사하는 물품은 돌아가는 사절에게 붙여 보냅니다. 근래에 족하가 관할하고 있는 대관과 만호가 각기 제 마음대로 사람을 보내어 글을 바치고 성의를 표하니 그 정성은 지극하나 심히 체통에 어그러지는 일이다. 지금부터는 반드시 족하가 친히 서명한 서계를 가지고 와야만 비로소 예로서 접대를 허락할 것입니다."하다. 그 인장의 글자는 '宗氏都都熊瓦'라 하였다.[67]

이로써 대마도는 경상도의 속주로 되었으며,[68] 도주는 '宗氏都都熊瓦'

---

64) 『세종실록』 권4, 원년 7월 경신.
65) 『세종실록』 권5, 원년 9월 임술.
66) 『세종실록』 권7, 2년 정월 기묘.
67) 『세종실록』 권7, 2년 윤정월 임진.
68) 1420년(세종 2)에 幕府將軍使(亮倪)에 대한 회례를 위해 파견된 회례사 송희경은 小

의 도서를 사급받은 수도서왜인이 되었다. 그리고 도주관하의 대관·만호 등의 통교자는 도주가 친히 서명한 서계를 지참하도록 함으로써 이를 통해 대마도의 통교자를 제한하려 하였다. 이후 서계에 의한 통제는 다른 지방까지 확대되어 구주지방의 통교자는 구주절도사의 서계를 지참하도록 하였다.69)

대마도정벌은 일단락되었지만, 그것이 이후 한일관계에 끼친 영향은 매우 컸다. 대마도정벌의 의의를 살펴보면, 첫째로 왜구의 소굴이며 경유지였던 대마도를 무력으로 정벌하여 왜구에게 커다란 타격을 줌으로써 왜구의 침입을 근절시키는데 크게 기여하였다.70) 그리하여 1443년(세종 25)이후에 왜구는 한반도에서 그 모습을 감추었다. 둘째는 대마도정벌을 계기로 조선이 왜구에 대한 자신감을 갖고, 대일 외교체제를 주도적으로 정비하거나 운영하는 기반을 마련하였다. 그 결과 조선의 대일정책은 왜구의 침입을 저지하고 억제하는 것에서 일본에서 조선에 들어오는 통교자를 제한하는 것으로 변화되었다. 특히 조선에서는 '서계제'를 실시하여 일본으로부터의 통교자를 제한하고 그들을 조선 중심의 외교체제 속에 편입시키려 하였다. 그 과정에서 대마도주는 조일외교에 있어서 중간세력으로 급부상하였다. 셋째는 대마도가 경상도에 편입됨에 따라 이후 조선에서는 대마도를 조선의 번병으로 또는 번신으로 인식하는 '대마번병의식'과 '대마속주의식'이 일반화되었다.71) 이러한 인식은 태종·세종대에 막부를 조선과 대

貳殿과 대마 早田萬戶(三味多羅)로부터 대마도를 경상도의 속주로 편입시킨 것에 대해 항의를 받았다(『老松堂日本行錄』 2월 28일 卽事, 8월 7일 卽事). 또한 그 이듬해 4월에는 대마도주가 사자를 보내 대마도를 경상도의 속주로 편입시킨 것은 근거가 없으며, 대마도는 일본의 변경이라고 주장하였다(『세종실록』 권11, 3년 4월 무술, 기해). 그 후 1423년 대마도정벌을 주도한 태종이 죽자 조선과 대마도의 관계는 다시 활발해지면서 대마도는 경상도의 속주로부터 벗어나게 되었다.

69) 『세종실록』 권8, 2년 7월 임신.

70) 『세종실록』 권48, 12년 4월 신사.

71) 1452년(단종 즉위) 8월에 치전관 이견의와 치부관 피상의가 가지고 간 서계에는 사

등한 국가로 인식하지 않고 단순히 지방호족의 하나로 파악하려 한 '足利幕府 弱體觀'[72]과 더불어서 대마도를 조선중심의 외교질서 즉 기미관계의 외교체제에 편입시키는 정신적인 기반이 되었다. 아울러서 이러한 인식을 바탕으로 조선에서는 대마도에 대지방관인 경차관·체찰사·선위사 등을 파견하였고, 대마도주에게 관직을 제수하려고 하였다.

5. 맺음말

이상에서 조선초기 대일관계를 규명하는 작업의 일환으로 고려 말 조선초의 왜구대책과 대마도정벌에 대해 살펴보았다. 조선초기 대일관계의 근간은 왜구의 침입을 저지하는 것이었다. 조선에서는 고려 말의 왜구대책을 계승하여 수군과 병선의 증강을 통한 해양의 방어를 충실하게 하는 한편 막부장군이나 구주절도사·대내전·일기도주·대마도주 등에게 사신을 파견

납고 간사한 도적을 금지한 조선의 번병으로 인식하였으며(『단종실록』 권2, 즉위년 8월 갑자), 1461년(세조 7)에는 대마도주에게 하사할 교서에 대대로 남쪽 변방을 지키는 조선의 번병으로 인식하고 있었다(『세조실록』 권25, 7년 8월 을미). 또한 1470년(성종 원년)에 대마도선위사 전양민이 가지고 간 서계에도 그러한 인식이 나타나 있다(『성종실록』 권7, 원년 9월 병자).

1494년(성종 25)에 제포왜인의 난동사건에 대해 사신의 파견을 논의할 때에 부제학 송질이 '대마주는 우리나라의 번신(對馬州乃我國藩臣)'이기 때문에 번거롭게 사신을 파견하지 말고 내조하는 사송왜인에게 통유할 것을 건의한 내용과 1502년(연산군 8)에 제포에 거주하는 수직왜인 仇羅沙也文國助가 양국(대마도와 조선)의 화호를 위해 대마도에 경차관의 파견을 요청하였는데, 그에 대한 예조의 회답에 "너는 우리나라의 爵命을 받아서 백성과 다름이 없는데 어찌하여 너희 섬을 (조선과) 아울러서 양국이라 칭하느냐, 너희 도주도 우리나라에 신하라 칭하였으니 (대마도는) 우리나라의 한 주현에 불과할 따름이다."고 한 것을 통해서 확인할 수 있다(『성종실록』 권287, 25년 2월 병술. 『연산군일기』 권42, 8년 정월 임진).

72) 高橋公明, 「外交儀禮よりみた室町時代の日朝關係」 『史學雜誌』 91-8, 1982.

하여 왜구의 금지와 피로인의 쇄환을 요청하는 등 다원적인 교섭을 진행하였다. 다른 한편으로는 조선에 투항한 항왜의 수령이나 왜구의 진압에 공이 많은 자, 그리고 제련술·조선술 등의 기술을 가진 향화왜인에게 관직을 제수하는 등의 회유책도 병행하였다.

조선조정의 다양한 왜구대책과 일본 국내정세의 안정으로 왜구 중 일부는 조선에 투항 또는 향화하였으며, 일부는 일본에 거주하면서 사송왜인·흥리왜인·수직왜인이 되어 직접 도항하거나 또는 통교의 주체가 되어 사송왜인을 파견하기도 하였다. 그리하여 1410년(태종 10)을 전후로 하여 왜구의 침입은 급격히 감소하였고, 일본 각 지역으로부터 도항하는 '통교자'는 점차 증가하였다.

그러나 1418년(태종 18)에 왜구의 통제에 적극 협력하던 대마도주 宗貞茂가 죽고, 도내의 실권을 장악한 左衛門大郎이 왜구의 침입을 묵인하자, 흉년으로 생활이 궁핍하였던 대마도의 유민들이 조선과 중국의 연안을 자주 침입하였다. 태종은 1419년(세종 원년)에 왜선이 도두음곶과 연평곶에 침입한 사건을 계기로 대마도정벌을 단행하였다. 정벌 결과 대마도는 경상도의 속주로 편입되었으며, 대마도주는 조선으로부터 도서를 사급받은 수도서왜인이 되었다.

대마도정벌의 의의는 ① 왜구에게 커다란 타격을 주어 그들의 침략을 근절시키는 계기가 되었으며, ② 조선조정이 왜구에 대한 자신감을 갖고 대일 외교체제를 주도적으로 정비하고 운영하는 계기가 되었다. 그리하여 서계를 비롯하여 도서·문인제도·계해약조 등의 왜인 통제책을 실시할 수 있었다. 또한 대마도정벌 이후 왜인통제책을 실시하는 과정에서 대마도주는 조일외교의 중간세력으로 급부상하였다. ③ 대마도정벌을 계기로 대마도가 경상도의 속주로 편입됨에 따라 조선에서는 대마도를 동쪽의 울타리로 인식하는 대마번병의식 내지는 대마속주의식이 일반화되었다. 이러한 조선의 대마인식은 대마도를 조선중심의 외교질서 즉 기미관계의 외교체제에 편입시키는 정신적인 기반이 되었다. 이러한 내용을 고려한다면 대마도정벌은 조선조정이 대마도와 기미관계의 외교체제를 실시할 수 있는 배경이 되었으며, 이후 대일 외교체제에 커다란 변화와 영향을 끼쳤다는 점에서 그 의의는 매우 크다고 할 수 있다.

제2장

대마도의 대조선 통교와 무역

1. 머리말

조선초기의 다양한 왜구대책과 외교적인 교섭의 결과 왜구의 침입은 1410년(태종 10)을 전후하여 현저히 감소하였다. 반면에 왜구가 평화적인 통교자로 변질되어 내조함에 따라 일본 각지로부터 통교자가 점차 증가하기 시작하였다. 그 후 왜인의 통교는 삼포왜란 이후 간헐적으로 중단되기도 하였지만 임진왜란 직전까지 계속되었다. 일본의 통교자는 조선과 일본의 외교관계를 형성하고 유지하는데 중요한 역할을 담당하였다. 따라서 통교자의 지역적 분포나 구성에 대한 연구는 조일 간의 외교체제와 무역의 실상을 규명하는데 매우 중요한 의미가 있다고 생각한다. 종래 통교자에 대한 연구는 이현종·김병하·中村榮孝·田村洋幸·田中健夫·長節子 등의 학자들에 의해 행하여져 왔다.[73] 그러나 이들의 연구는 주로 태조~세종대를 연구의 대상으로 삼았거나 교역물품만을 대상으로 하였기 때문에 조일 간의 통교와 무역의 실상을 파악하기에는 한계점이 있다.

따라서 본 장에서는 『조선왕조실록』을 토대로 조선이 건국된 직후부터 임진왜란이 일어나기 직전까지 200여 년간에 걸쳐 조선에 도항한 왜인의 통교 기록을 종합적으로 정리 분석하고, 이를 토대로 대조선 통교의 특징을 규명하고자 한다. 이어서 조일관계에 있어서 대마도의 역할을 이해하기 위해서 대마도주 종씨의 도내 지배권 장악 과정을 살펴보려 한다. 특히 도주의 도내 지배권 확립은 대일 외교체제의 전개와 밀접한 관련을 가지고 있었기 때문에 이에 대한 연구는 매우 중요한 의미가 있다. 아울러서 대마

---

73) 이현종, 『朝鮮前期 對日交涉史硏究』, 한국연구원, 1964; 김병하, 『朝鮮前期 對日貿易硏究』, 한국연구원, 1969; 田中健夫, 『中世海外交涉史の硏究』, 東京大出版會, 1959; 中村榮孝, 『日鮮關係史の硏究』上, 吉川弘文館, 1965; 田村洋幸, 『中世日朝貿易の硏究』, 三和書房, 1967; 田中健夫, 『中世對外關係史』, 東京大出版會, 1975; 長節子, 『中世日朝關係と對馬』, 吉川弘文館, 1987.

도주를 비롯한 대마지방 통교자의 대조선 통교현황을 종합적으로 정리하고, 조일 간의 외교관계에서 대마도의 위치나 역할을 규정해보고자 한다. 또한 대마지방 통교자들이 조선에 도항하여 행한 교역의 특징과 물품에 대해서도 고찰하려고 한다.

2. 조선전기 일본의 대조선 통교 실태

조선전기 한일관계의 성격을 명확하게 이해하기 위해서는 먼저 시기구분에 대한 문제가 선행되어야 한다. 조선전기 한일관계에 대한 시기구분을 가장 먼저 시도한 학자는 三浦周行이며, 이후 田中健夫·北島万次·有井智德·하우봉 등 많은 학자들이 시기구분에 대한 견해를 제시하였다.[74]

---

74) 三浦周行은 조선전기 조일관계를 3기로 구분하였다. 제1기(1392~1419)는 조선이 개국한 이후 창업의 시기로 제도가 정비되지 않았기 때문에, 이 틈타서 도항하는 자가 많았고 또한 그들이 마음대로 행동한 시기이다. 제2기(1419~1510)는 대마도정벌로 왜구에 대한 효과를 거두었지만 그 후 통교자나 항거왜인에 대한 엄격한 제한을 가하여 삼포왜란으로 발전한 시기이고, 제3기(1510~1592)는 일본과의 통교를 철저히 제한해서 조일관계가 悲境에 빠진 시기이다.(三浦周行, 「足利時代に於ける日鮮貿易に觀する一考察」 『靑丘學叢』제4호, 1931. 5~6쪽)

田中健夫는 조일관계의 추이에 따라 4기로 구분하였다. 제1기(1392~1419)는 왜구가 종식되고 조일 간의 우호관계가 시작되어 일본 각지의 통교자가 아무런 제약을 받지 않고 조선에 와서 무역한 시기이며, 제2기(1419~1450)는 대마도정벌 후 계해약조의 성립으로 양국의 무역관계가 궤도에 오른 시기이다. 제3기(1450~1510)는 통교 무역상의 제도가 완비되었지만 무역이 극한에 달하여 조일 간의 경제 발전에 커다란 격차가 생기고 그 결과 삼포왜란이 일어나서 통교무역이 단절된 시기이며, 제4기(1510~1592)는 삼포왜란 이후 대마도의 노력에 의해 조일관계가 점차 회복되었지만 임진왜란이 발발하여 모든 관계가 단절되었다.(田中健夫, 『中世對外關係史』, 東京大學出版會, 1975. 166~167쪽)

양자의 시기구분 중에 대마도정벌과 삼포왜란이 조일관계의 전개에 커다란 영향을 주었기 때문에 이를 전후한 시기 즉 조선건국~대마도정벌, 삼포왜란~임진왜란을 한 시기로 구분을 하는 것은 타당하다고 생각한다. 그러나 대마도정벌부터 삼포왜란까지를 한 시기로 구분하거나 또는 이를 세종대를 전후하여 두 시기로 나누는 것은 문제가 있다. 그 이유는 이 시기에 왜인의 통교에 대한 통제책이 정비되고 확립되는 등 조일관계의 형성과 전개에 커다란 영향을 주었기 때문이다. 특히 田中健夫는 한일관계에 있어서 세종대의 역할을 중시하여 세종대를 한 시기로 구분하고 있으나 어느 왕대를 기준으로 시기구분하 는 것은 모순이라고 생각한다.

北島万次는 조일 간의 통교관계에 입각하여 4기로 구분하였다. 제1기(1392~1422)는 왜구의 종말기를 거쳐 조일 간의 통교관계가 안정되는 시기이며, 제2기(1423~1450)는 통교제도를 정비하고 통제하는 시기, 제3기(1450~1510)는 통교통제에 대한 불만으로 삼포왜인이 난동을 부린 시기, 제4기(1510~1592)는 대마도가 통교관계의 회복을 통해서 통교권을 독점하는 시기이다(北島万次, 「中世の日朝關係」『日鮮關係史を考える』, 歷史學硏究會編, 靑木書店, 1989). 위의 시기구분 중 태종의 죽음과 세종대를 전후하여 시기를 구분하는 것은 모순이다. 또한 3기의 경우도 통교체제의 불만으로 삼포왜인이 난동을 부린 시점이 문종대가 아닌 성종대이기 때문에 문제점이 있다고 생각한다.

有井智德은 태조~선조 대까지 『조선왕조실록』에 기록된 일본관계 사료 중 '왜구대책'과 '왜구 침입' '일본으로부터의 遣使' '통교무역 통제' 등 4항목의 분석을 토대로 3기로 구분하였다.(원래는 4기로 구분하였으나 제4기는 1592년 임진왜란부터 1608년까지이기 때문에 여기에서는 제외하였다.) 제1기(1392~1408)는 왜구의 침입이 계속됨에 따라 왜구대책을 대일정책의 기본으로 한 시기이며, 제2기(1408~1470)는 왜구대책에 대한 성공으로 왜구가 감소하고 통교가 증가하여 통교 무역체제가 완성된 시기, 제3기(1470~1592)는 통교무역 체제의 모순이 나타났지만 그 모순이 회복되는 시기이다(有井智德, 「李朝實錄の日本關係史料の硏究」『靑丘學術論集』제3집, 韓國文化硏究振興財團, 1993). 위의 시기구분 중 왜구의 침입이 감소한 시기인 1408년을 전후로 하여 제1기와 2기를 구분하는 것은 대마도정벌을 계기로 대일정책의 기본이 왜인에 대한 통제책으로 전환되었기 때문에 무리라고 생각한다. 그리고 제3기를 성종 대부터 임진왜란 직전까지로 구분하는 것도 납득할 수 없다. 그 이유는 삼포왜란을 전후하여 조일관계가 크게 변화하였기 때문이다.

하우봉은 대일관계의 성격에 따라 3기로 구분하였다. 제1기(1392~1419)는 조일통교의 성립 내지는 준비기로 중앙정부간에 국교를 체결하고 왜구의 진압에 진력하였다. 제2기(1420~1472)는 대마도정벌 이후 통교체제의 확립기이며, 제3기(1473~1592)는 대일통교의 변천 내지는 쇠퇴기로 통교체제의 모순이 나타나 중앙정부 간의 통교가 단절되고 대마도와의 무역만 유지되었다(하우봉, 「朝鮮前期의 對日關係」『강좌한일관계사』, 현음사, 1994). 위의 시기구분 중 제2기의 경우는 계해약조를 전후하여 통교체제의 정비 확립을 구분할 필요가 있으며, 제3기의 경우도 삼포왜

三浦周行 3기- 1기(1392~1419) 2기(1419~1510) 3기(1510~1592)
有井智德 3기- 1기(1392~1408) 2기(1408~1470) 3기(1470~1592)
河宇鳳 3기- 1기(1392~1419) 2기(1420~1472) 3기(1473~1592)
田中健夫 4기- 1기(1392~1419) 2기(1419~1450) 3기(1450~1510) 4기(1510~1592)
北島万次 4기- 1기(1392~1422) 2기(1423~1450) 3기(1451~1510) 4기(1510~1592)

위의 학자들은 대체로 조선전기 대일관계를 3기 또는 4기로 시기구분하고 있다. 그러나 이들의 시기구분은 부분적으로는 타당성을 가지고 있지만 다른 한편으로는 재고해야 할 부분도 없지 않다. 위의 시기구분을 참조하면서 여기에서는 한일관계의 전개나 형성에 커다란 영향을 준 사건(대마도정벌, 삼포왜란)과 제도의 정비(계해약조, 해동제국기 편찬)를 근거로 하여 5기로 구분하였다.

제1기(1392~1419)는 통교체제의 성립기로, 왜구가 거의 소멸된 반면 일본으로부터 도항하는 통교자가 증가하였다. 제2기(1420~1443)는 통교체제의 정비기로, 대마도정벌 이후 통교자의 증가에 따른 문인제도와 계해약조 등 여러 가지 규정을 정비하였다. 제3기(1444~1471)는 통교체제의 확립기로, 이전에 정비되었던 통교 통제책의 규정을 적용하는 과정에서 나타난 문제점이나 미비점을 보완하여 『해동제국기』에 집대성하였다. 제4기(1472~1510)는 통교체제에 대한 모순이 노출된 시기로 조일관계가 점차 쇠퇴하고 급기야는 삼포왜란이 발발하였다. 제5기(1511~1592)는 통교체제의 붕괴기로, 삼포왜란과 사량왜변·달량왜변 등 왜인의 무력적 행동으로 외교관계의 단절과 회복이 반복되면서 대마도주가 조선과의 통교권을 독점하였지만 결국 임진왜란으로 일본과의 외교관계가 완전히 단절되었다.

란을 전후하여 대일관계의 전개양상이 변화하기 때문에 이를 동일한 시기로 구분하는 것은 문제가 있다고 생각한다.

위의 시기구분에 따라 『조선왕조실록』에 기록된 왜인의 통교 건수를 지역별로 나누어서 정리하면 다음 <표 1>과 같다.

〈표 1〉 각 지역별 대조선 통교 건수

시기 / 지역	제1기 (1392~1419)	제2기 (1420~1443)	제3기 (1444~1471)	제4기 (1472~1510)	제5기 (1511~1592)	소 계
막부	14(3.2%)	7(0.9%)	12(0.9%)	11(0.5%)	26(17.2%)	70 (1.4%)
本州·四國	44(10.2%)	43(5.2%)	91(7.1%)	143(6.5%)	26(17.2%)	347(7.2%)
九州	94(21.7%)	178(21.8%)	184(14.7%)	370(16.9%)	19(12.6%)	845(17.4%)
肥前·壹岐	112(25.9%)	91(11.1%)	355(28.3%)	605(27.7%)	3(2.0%)	1,166(24.1%)
對馬島	155(35.9%)	492(60.1%)	607(48.5%)	1,056(48.3%)	75(49.7%)	2,385(49.3%)
未詳	13(3.1%)	7(0.9%)	5(0.4%)	2(0.1%)	2(1.3%)	29(0.6%)
소 계	432	818	1,254	2,187	151	4,842(100%)

* 이 표는 한문종, 「조선전기 대일 외교정책 연구」(전북대 박사학위논문, 1996, 189~190쪽) <별표 1> 조선전기 각 지역별 통교일람표를 참조하여 작성하였다.
* (%)는 각 시기의 통교 비율이다.

<표 1>에 의하면 조선전기에 일본 각 지방으로부터 통교는 총 4,842건이었으며,[75] 시기적으로는 제4기에, 지역적으로는 대마지방이 가장 활발하게 통교하였다. 그런데 전체 통교의 90.8%가 대마도를 비롯한 肥前·壹岐·九州地方에 집중되어 있었다.

다음의 <표 2>는 위의 <표 1>을 참조하여 각 시기별 연평균 통교 건수를 도표화한 것이다. 이를 통해서 보면 연평균 통교 건수는 제4기가 56.1건으로 가장 많았으며, 제5기가 1.8건으로 가장 적었다. 그리고 제2~4기의 연평균 통교 건수는 전 시기 평균 24.1건보다 많았다.

75) 한편 有井智德은 1392년(태조 원년)부터 1608년(선조 41)까지 일본으로부터의 통교를 총 2,369건으로 파악하였다.(有井智德, 앞의 논문, 323~324쪽. 『李朝實錄』日本關係史料一覽表). 그러나 일람표에는 어떠한 기준으로 통교 건수를 정리하였는지 제시되어 있지 않다.

〈표 2〉 각 시기별 연평균 통교 건수

제 1 기 (1392~1419)	제 2 기 (1420~1443)	제 3 기 (1444~1471)	제 4 기 (1472~1510)	제 5 기 (1511~1592)	전 체 (1392~1592)
15.4건	34.1건	44.8건	56.1건	1.8건	24.1건

제1기의 통교 건수는 다른 시기에 비해서 매우 적었다. 지역별로는 대마지방이 가장 많았으며, 本州 및 四國地方이 가장 적었다. 그러나 각 지역의 통교 비율은 다른 시기에 비해서 그 차가 적었다. 이러한 현상은 이 시기에 왜구의 침입이 감소하였지만 간헐적으로 계속되었고 또한 일본과의 외교체제가 정비되지 않아서 각 지방의 통교자들이 비교적 자유롭게 도항하였기 때문으로 생각된다. 그러나 제2기에는 연평균 통교 건수가 제1기보다 2배 이상 증가하였다. 이는 조선조정의 왜구대책이 결실을 거두어 왜구가 평화적인 통교자로 변질되었기 때문이다. 특히 이 시기에는 대마도의 통교가 급증하였다.

그 후 일본의 통교는 계속해서 증가하여 제4기에 이르러 연평균 통교 건수가 가장 많았다. 그러나 제4기의 후반기인 연산군부터는 통교 건수가 급격하게 감소하고 있다. 그 이유는 사료상의 문제도 있지만 당시 국내외 정세와 밀접한 관련이 있다. 즉 대내적으로는 연산군의 실정으로 인한 정치의 불안정과 재정의 악화, 그리고 왜인 접대제도의 문란으로[76] 조일관계가 크게 악화되었으며, 대외적으로는 일본 국내정세의 불안정으로 후기왜구가 출현하였기 때문에 일본의 통교자가 급격히 감소한 것으로 생각한다.

제5기에는 일본으로부터의 연평균 통교가 1.8건으로 격감하였다. 이는 삼포왜란이후에 일본과의 통교관계가 거의 단절된 상태에 이르렀음을 나타내는 것이다. 이 시기의 통교는 주로 대마도와 본주·사국지방의 통교자

76) 『중종실록』 권1, 원년 9월 기유.

들에 의해 주도되었는데, 본주·사국지방의 통교는 대마도의 위사일 가능성이 많다.

다음에는 각 지역별 통교의 특징을 살펴보자. 本州·四國地方은 기내의 막부장군을 비롯하여 山陽道·東山道·南海道·山蔭道·北陸道등지의 지방 호족들이 전체의 8.6%인 417건을 통교하였다. 이 중 막부장군의 통교는 1.4%인 70건으로[77] 이는 조선이 막부장군에게 파견한 사행 18회[78]에 비하면 상당히 많은 것이었다. 물론 삼포왜란 이후 막부장군의 통교는 대마도의 위사일 가능성이 있지만 조선에서는 이들을 막부장군의 사신으로 접대하였음을 고려할 때 막부장군과의 외교체제에 대해서 다시 검토해 볼 필요가 있다고 생각한다. 본주·사국지방의 통교 비율이 가장 높은 시기는 제5기이다. 이는 삼포왜란 이후 중소 통교자의 통교가 폐지되자 막부장군을 비롯하여 左武衛·畠山殿·大內殿 등의 사신이 많이 도항하였기 때문이었다. 그러나 이 시기는 통교가 거의 단절된 상태이기 때문에 그 의미는 크지 않다고 생각한다.

구주절도사를 비롯하여 小貳殿·大友殿·菊池殿 등 구주지방의 통교는 총 845건으로 전체의 17.4%를 차지하였다. 시기적으로는 제1, 2기가 통교 비율이 가장 높았으며, 그 이후 점차 감소하여 제5기가 가장 낮았다. 특히 태조대에 통교 비율이 55.6%를 차지할 정도로 집중되어 있다.[79] 이는 태조가 왜구의 금제와 피로인의 송환에 적극 협력한 구주절도사 源了俊 등 구주지방의 호족을 통교상 우대하였기 때문이었다. 그 후 구주지방의 통교는 점차 감소하여 제3기부터 5기까지는 평균 통교율 17.4%보다 낮아졌다.

---

77) 幕府將軍의 통교는 70건으로 전체의 1.4%를 차지하였다. 시기별로는 제1기 14건(3.2%), 제2기 7건(0.9%), 제3기 12건(0.9%), 제4기 11건(0.5%), 제5기 26건(17.2%)이다.

78) 조선에서 막부장군에게 파견한 사행에 대하여는 제6장 참조.

79) 태조대에 일본으로부터의 통교는 27건으로 本州·四國 5, 九州 15, 肥前·壹岐 2, 對馬 2, 미상 1건이었다.

肥前·壹岐地方은 왜구의 근거지인 일기·송포가 위치한 곳으로 이 지방의 통교는 상·하송포와 일기지방에 거주하는 호족이 주축이 되었으며, 전체의 24.1%에 달하는 1,166건이었다. 시기적으로는 제1·3·4기에 비교적 활발하게 통교하였으며, 제2기와 5기는 급격히 감소하는 경향을 보이고 있다. 특히 제5기는 3건밖에 통교하지 않았다.

대마도지방의 통교는 전체의 49.3%인 2,385건으로 다른 지방에 비해서 월등히 많은 비중을 차지하고 있었다.[80] 그 요인은 첫째로 조선조정이 대일외교에서 대마도의 역할을 중요시하였기 때문이다. 즉 조선에서는 대마도를 남쪽의 번병으로 인식하고 혹시 있을지도 모를 왜구의 침입을 미연에 방지하기 위해서 대마도주를 비롯한 대마도의 통교자를 우대하였던 것이다. 이러한 사실은 조선의 대일사행 65회중 33회를 대마도에 파견하였다는 사실로도 확인할 수 있다. 둘째는 조선과 가장 근접한 위치에 있는 대마도의 지리적인 조건과 전 섬의 약 90%가 산지로 농사지을 땅이 부족하여 식량이나 생활필수품을 대마 이외의 지역으로부터 조달해야 하는 자연적인 조건 때문이었다.

한편으로 대마도의 통교가 차지하는 비율은 모든 시기에 걸쳐 다른 지역보다 훨씬 높았다. 시기적으로는 제2기가 60.1%로 가장 높았으며, 제1기가 35.9%로 가장 낮았다. 그 외의 시기는 대체로 평균 통교율 49.3%와 커

80) 田中健夫는 『조선왕조실록』(태조~세종대)과 『海東諸國紀』, 『朝鮮送使國次之書契覺』에 기록된 통교자의 수를 정리한 결과 각 지역별 통교자의 평균비율을 本土·四國 22.6%, 九州 26.5%, 肥前·一岐 27.6%, 對馬 23.7%로 분석하였다. 그 결과 대마도의 통교자는 전체 통교자의 23.7%에 달하며 이는 대마도가 갖는 특수사정 등이 전혀 무시된 결과였다고 주장하였다.(田中健夫, 『中世海外交涉史の硏究』, 東京大學出版會, 1959, 68쪽) 田中健夫의 주장은 단순히 통교자의 인원수만을 가지고 도출한 결론이라는 한계점을 가지고 있지만 <표 1>과는 상당한 차이가 있음을 알 수 있다. <표 1>의 경우에도 통교자들이 가지고 온 물품의 수량 등을 고려하지 않고 단순히 통교 건수만을 정리한 한계점을 가지고 있다. 그럼에도 불구하고 조선전기 대일 외교관계에 있어서 대마도가 차지하는 비중이 매우 크다는 사실을 확인할 수 있다.

다란 차이가 없다. 특히 제1기에 통교율이 낮은 이유는 왜구의 침입과 밀접한 관련이 있다. 즉 왜구의 침입이 계속되던 시기인 태조·정종대에 대마도의 통교가 각 2회, 5회밖에 되지 않았다는 사실로도 쉽게 유추가 가능하다. 이는 결국 대마도가 다른 지역에 비해서 늦게까지 왜구로서 활동하였기 때문이라 생각한다. 그러나 왜구의 침입이 감소하는 1409년(태종 9)을 전후하여 대마도의 통교는 점차 증가하기 시작하여 제2기에는 그 비율이 60.1%에 달하였다. 이는 대마도정벌 이후 대일정책의 근간이 되는 왜인통제책 즉 서계·문인제도·고초도조어금약·계해약조 등의 제도를 정비하는 과정에서 대마도의 역할을 인정하고 그들을 우대하는 한편 대마도주를 통하여 조선에 도항하려는 관하의 왜인을 통제하려고 하였기 때문이었다.

이와 같이 제2기에 대마도의 통교가 다른 지역에 비해 압도적으로 많았음에도 불구하고 田中健夫는 세종대의 통교무역자에 대해 언급하면서 이 시기에 비전·일기·대마도에 비해서 구주의 통교무역자가 갖는 비율이 높은 것은 대마도정벌 후에 대마도의 세력이 쇠퇴하고 博多를 중심으로 한 구주지방의 무역자가 진출한 사정을 반영한다.[81]고 주장한 부분과는 상당한 차이를 보이고 있다. 이러한 田中健夫의 주장은 대마도정벌 후에 일시적으로 대마도의 통교가 감소하고 구주지방의 통교가 증가하는 상황을 세종대 전 시기로 확대 해석한 것이라 생각한다. 이는 앞에 제시한 <표 1>을 통해서도 알 수 있다. 즉 세종대인 제2기에 九州地方의 통교는 21.8%로 제1기와 비슷하지만 대마지방의 통교는 35.9%에서 60.1%로 이전의 시기보다 훨씬 증가하였다. 이는 대마도정벌 후에 대마지방의 통교자가 이전의 시기보다 활발하게 조선에 도항하여 무역하였다는 사실을 나타내는 것이라 할 수 있다.

81) 田中健夫, 앞의 책, 69쪽.

3. 대마 종씨의 도내 지배권 확립 과정

중세부터 근세 말까지 대마도를 지배하고 있던 종씨는 한일관계에서 매우 특수한 위치를 차지하고 있었다. 종씨의 세계에 대하여는 平知盛의 後裔說과 宗氏帝裔說(宗氏帝系說)이 있다.[82] 그러나 이는 근세에 편찬한 가보류나 사서류에 기록된 신화나 전설에 근거한 것이어서 그 진위를 확인할 수 없다. 또한 통설에 의하면 대마도와 종씨와의 관계는 寬元 4년(1246)부터 시작한다. 당시 대마의 在廳官人인 阿比留氏가 大宰府의 명에 따르지 않았기 때문에 平知盛의 손자인 重尙이 대재부 小貳 武藤氏의 명을 받아 군사를 이끌고 대마도에 가서 阿比留氏를 토벌하고 武藤氏로부터 對馬國地頭의 관직을 받아 대마도 종씨의 시조가 되었다는 것이다.[83]

이에 대해 長節子는 對馬在廳關係文書와 기타 사료를 검토한 결과 阿比留征服說이나 종씨를 平知盛의 후예라고 하는 설은 종씨의 지배가 확립된 이후에 조작된 것이며, 종씨는 大宰府 在廳官人 惟宗氏의 한 支流인 對馬在廳官人 惟宗氏가 武士化한 것이라고 주장하였다.[84]

종씨 이전의 대마의 정세를 살펴보면, 豆酘의 多久頭神社의 梵鍾 銘文에 의하면 寬弘 5년(1008)에 이미 大宰府 在廳官人으로 阿比留氏가 존재

82) 平知盛의 後裔說은 종씨의 시조인 知宗의 아버지가 平相國 淸盛의 제3자인 平知盛이라는 것이다. 源平爭亂에서 平知盛이 전사하자 유모가 어린아이인 知宗을 데리고 탈출하여 武藤資頼의 양자가 되었고, 후에 大宰府의 병권을 장악하고 3州 2道를 관할하였다. 知宗은 유모의 성을 따라서 唯宗判官이라 칭하였는데, 이가 바로 대마도를 토벌한 重尙의 아버지다.(『十九公實錄』)

宗氏帝裔說은 惟宗判官 知宗과 島津氏의 딸 사이에서 태어난 重尙이 후에 대마도를 평정하여 대마종씨의 시조가 되었다는 것인데, 바로 惟宗判官 知宗이 安德天皇의 후손이라는 것이다. 이 설은 대마도의 마지막 藩主인 宗重正에 의해서 공식화되었다.(『宗氏家譜』『寬永諸家系圖傳』『寬政重修諸家譜』)

83) 長節子, 앞의 책, 11쪽.

84) 長節子, 앞의 책, 9~10쪽.

하고 있었다. 그런데 建久 6년(1195)의 '御神寶料物內京進并博多交易算用目錄'에는 재청관인 중에 阿比留氏 외에 藤原氏와 惟宗氏가 추가되었다.[85] 1세기 후인 延慶 3년(1310) '正八幡宮政所下文'에는 재청관인 10명이 기록되어 있는데, 여기에는 藤原氏가 보이지 않고 阿比留氏와 惟宗氏만이 보이고 있다.[86] 그런데 서명의 순서가 전과는 달리 惟宗氏가 가장 먼저 기록되어 있다. 이로써 보면 12세기 말부터 14세기 초에 걸쳐서 재청관인 유종씨의 세력이 아비류씨를 앞지를 정도로 성장하였음을 알 수 있다. 그 후 재청관인 유종씨는 13세기 중엽 이래 對馬國地頭代로서 막부계의 현지 최고책임자이었다. 특히 유종씨는 막부의 세력과 결합하여 宗氏라 칭하고 종씨의 지위를 상승시켜 아비류씨를 누르고 대마도의 최고책임자가 되었다.[87]

그 후 종씨는 1449년(寶德 원년)경에 平氏로 改姓하였으며, 1461년경부터는 조선과 통교할 때도 평씨 성을 사용하였다.[88] 그 후 1469년(應仁 3년)에 잠시 惟宗氏를 사용하기도 하였다. 특히 유종씨가 평씨로 개성한 때는 소이씨가 대내씨와의 싸움에서 패하여 대마도로 망명한 시기로, 유종씨는 평씨로의 개성을 통해서 그동안 유지해왔던 소이씨와의 관계를 청산하려고 하였다. 그리하여 1477년(文明 9) '順叟大居士卽月大姉肖像并序'에 종씨가 白河帝의 손자인 平知盛의 후손이었다는 설을 공식적으로 표명하였다.

다음 <표 3>에 의하면 대마도에서 고려와 통교한 것은 1049년(문종 3)

85) 「御神寶料物內京進并博多交易算用目錄」 建久 6年 5月 5日付.

86) 貞享四年宗家判物寫『享祿以前八郡御舊判寫』 與良郡須藻村俵幾左衛門所持分 正八幡宮政所下 講師良圓申 延慶 三年 六月三日條에 正大宮司 惟宗氏를 필두로 大宮司 9명의 서명이 기록되어 있다. 大宮司 9명 중 2명은 惟宗氏이며, 나머지 7명은 阿比留氏이다.(이 사료의 원문은 長節子의 앞의 책, 6~7쪽에 수록되어 있음)

87) 長節子, 앞의 책, 7~8쪽.

88) 대마도 宗氏가 처음으로 平姓을 사용하여 통교한 것은 세조 7년(1461)에 '對馬州平朝臣 宗彦九郎貞秀'이다.(『세조실록』 권24, 7년 4월 정해)

부터 1368년(공민왕 17)까지 9건이었다. 그 중 7건은 문종대(4건)와 선종대(3건)에 집중되었다. 이 시기 통교의 특징은 주로 對馬島官이나 對馬島勾當官이 사신을 파견하였으며, 파견 목적이 표류인의 송환이나 토산물을 바치기 위한 것이었다. 이러한 고려와 대마와의 관계는 12세기 후반에 이르러서 진봉선에 의한 무역으로 정례화 되었다.[89] 특히 1169년(의종 23)에서 1263년(원종 4)까지 약 1세기 동안 계속된 진봉선무역은 일시적인 私獻貿易이 아니라 외교의례의 형식을 갖춘 정례적인 교역체제이었으며, 진봉과 회사라는 조공무역의 성격을 가지고 있었다.

한편으로 진봉선 무역체제에서 외교문서인 첩장의 수수는 고려의 금주방어사 - 대마도, 전라주도안찰사(경상도안찰사) - 太宰府當使(太宰 小二資賴)로 이어졌지만 실제로 진봉선 무역을 행한 것은 對馬島司였다.[90] 그리고 고려의 경우 대마도와의 교역은 원칙적으로 대일외교의 창구인 동남해도부서가 관장하고 있었으며, 그의 권한을 넘어서는 일은 중앙정부에 연락하여 지시를 받았지만 대부분 금주에서 전결하였다. 이때까지의 대마도의 대고려 통교는 在廳官人 阿比留氏가 담당하고 있었다. 그러나 여원연합군의 일본정벌과 일본의 국내사정 등으로 진봉선 무역체제가 폐지됨에 따라 아비류씨의 통교도 단절되었다.

89) 고려시대 진봉선 무역에 대한 연구는 다음의 논문이 있다.
나종우, 「韓國中世對外交涉史硏究」(제2장 고려전기의 한일관계) 단국대 박사학위논문, 1992; 李領, 「東ジナ海世界における麗·日關係史の硏究」(제2편 中世前期の高麗と日本) 東京大綜合文化硏究科 大學院 博士學位論文, 1995.

90) 이영, 위의 논문, 28~29쪽.

〈표 3〉 대마도의 대고려 통교 일람표

년대(왕대)	통교 내용	전거
1049(문종 3)	대마도관이 首領 明任을 보내 표류인 金孝 등 20명을 송환함, 고려에서 예물을 하사	『사』 세가7, 문종 3/11 무오 『절요』4, 문종 3/11
1051(문종 5)	대마도에서 사신을 보내 죄를 피해 도망간 고려인 良漢 등 3명 압송	『사』 세가7, 문종 5/7 기미 『절요』4, 문종 5/7
1060(문종 14)	대마도에서 표류인 位孝南을 송환함, 고려에서 예물을 하사	『사』 세가8, 문종 14/7 계축 『절요』5, 문종 14/7
1082(문종 36)	대마도에서 사신을 보내 토산물을 바침	『사』 세가9, 문종 36/11 병술 『절요』5, 문종 36/11
1085(선종 2)	對馬島勾當官이 사신을 보내 柑橘을 바침	『사』 세가10, 선종 2/2 정축 『절요』6, 선종 2/2
1086(선종 3)	對馬島勾當官이 사신을 보내 토산물을 바침	『사』 세가10, 선종 3/3 기묘 『절요』6, 선종 3/3
1087(선종 4)	대마도 元平 등 40여명이 와서 진주·수은·寶刀·우마를 바침	『사』 세가10, 선종 4/7 경오 『절요』6, 선종 4/7
1368(공민왕 17)	대마도만호가 사신을 보내 토산물을 바침	『사』 세가41, 공민왕 17/7 기묘 『절요』28, 공민왕 17/7
1368(공민왕 17)	대마도만호 崇宗慶이 사신을 보내 朝見함, 고려에서 쌀 1천석을 하사	『사』 세가41, 공민왕 17/11 기묘 『절요』28, 공민왕 17/11

* 『사』는 『고려사』, 『절요』는 『고려사절요』

그 후 1368년(공민왕 17) 7월에 對馬島萬戶가 사신을 보내 토산물을 바침으로써 통교가 재개되었으며, 동년 11월에는 대마도만호 崇宗慶이 사신을 보내자 그에게 쌀 1천석을 사급하였다.[91] 여기에 기록된 대마도만호 崇宗慶이 대마도주 宗經茂라면 이는 대마도주가 고려와 통교관계를 맺은 최초의 기록이라 할 수 있다.[92] 특히 宗慶(宗經茂)에게 쌀 1천석을 사급한

91) 『고려사』 권41, 세가 공민왕 17년 11월 병오. 對馬島萬戶崇宗慶 遣使來朝 賜宗慶米一千石.

92) 長節子는 앞의 책 39~40쪽에서 『고려사』공민왕 17년에 등장하는 萬戶 崇(宗)宗慶을 宗經茂(刑部丞)로 비정하였으며, '만호'가 자칭이 아니라면 왜인이 수직한 최초의 기록이며, 역대 도주 중 유일한 예라고 하였다.

이유는 고려조정이 대마도와의 외교적인 교섭을 통하여 왜구의 금압을 요청하기 위한 것이었다고 생각한다.

그 이후 대마도의 통교는 1397년(태조 6)까지 단절되었다. 그 이유는 왜구의 창궐과 연관이 있지만, 다른 한편으로는 대마도의 정치적인 상황과도 관련이 있다고 생각한다. 즉 그 시기에 대마도에서는 도내의 통치권을 둘러싸고 대마도주와 그에 저항하는 세력들 사이에서 정권 쟁탈전이 있었기 때문에 사신을 파견하지 못하였던 것이다. 이러한 사실은 1399년(정종 원년) 對馬島都總管 宗貞茂의 사신이 가지고 온 다음의 서계에 명백하게 나타나 있다.

> 그 서에 이르기를 陪臣 刑部侍郎 宗貞茂는 정승 합하에게 삼가 글을 올립니다. (중략) 50년 전에 우리 조부가 일찍이 이 땅의 도주가 되어서 이르기를 '감히 귀국의 큰 은혜를 저버릴 뜻이 없다.'고 하였습니다. 그 후 官에서 파견한 酷吏가 탐욕스런 마음을 방자하게 하였는데, (이같이) 좌우에서 죄를 얻은 자가 어찌 斧鉞의 베임을 면하였겠습니까? 이러한 무리들이 지난해에 이르러 한사람도 남지 아니하였으니 이는 하늘이 패망하게 한 것입니다. (그리하여) 지금은 불초한 제가 조부의 직을 맡았습니다. 이에 저의 역량을 헤아리지 못하고 외람되게 정성을 바칩니다.[93)]

위의 서계에 나타난 것처럼 1349년경의 도주는 宗貞茂의 조부인 宗經茂였으나 그 이후 '관'(小貳殿?)에 의해서 파견된 관리('酷吏')'에 의해서 정권의 찬탈이 있었으며, 1398년에 다시 종정무가 정권을 되찾아서 도내의 통치자가 되었음을 알 수 있다. 이 사건이 바로 대마도주의 직을 둘러싼 제1, 제2의 정변이다.[94)] 즉 제1정변은 1374년(고려 공민왕 23)경에 宗澄茂가 宗經茂로부터 정권을 탈취한 사건이며,[95)] 제2정변은 1398년(태조

---

93) 『정종실록』 권2, 원년 7월 기사.
94) 도주직을 둘러 싼 제1·2의 정변에 대하여는 長節子, 앞의 책, 44~46쪽.

7)에 종정무가 다시 宗賴茂로부터 정권을 되찾은 사건이다. 특히 위의 인용문에서 '酷吏'라고 표현되었던 宗澄茂·宗賴茂는 이후 오랜 동안 대마도주와 대립하고 있었던 인위 종씨이다.

이와 같이 대마도에서 대마 종씨(도주가)와 인위 종씨가 서로 대립하고 있었기 때문에 도주를 비롯한 대마지방의 통교자들이 조선에 도항하지 못하였던 것으로 생각된다. 그 반면에 도주의 통제권 밖에 있던 여러 세력들이 왜구로서 조선의 연해에 침입하여 인물과 미곡을 약탈하여 갔다. 이러한 사실을 고려해 볼 때 왜구 침입과 통교자의 도항은 대마도주의 정치적 안정 즉 대마도주가 도내에서의 제 세력을 어느 정도 장악하고 있는가와 밀접한 관련이 있음을 알 수 있다. 이는 도주인 宗貞茂가 도내의 통제력을 강화하기 위하여 佐賀에 상주한 1408년경부터 왜구의 침입은 급격히 감소한 반면, 대마도로부터 도항하는 통교자가 점차 증가하고 있는 사실을 통해서도 확인할 수 있다.

참고로 대마 종씨의 가계표를 작성해보면 다음과 같다.

---

95) 黑田省三은 제1의 정변을 부정하여 仁位 宗氏가 정통한 도주직의 계승자이고, 宗貞茂는 찬탈자라고 주장하였다. 그리고 정종 원년(1399)에 조선에 서계를 보낸 이유는 찬탈자인 宗貞茂가 조선조정으로부터 도주로 인정을 받으려고 한 때문이었다고 주장하였다.(黑田省三, 「宗氏の承統と對馬守護の職稱」 『朝鮮學報』55, 1970)

〈표 4〉 대마 종씨의 가계표

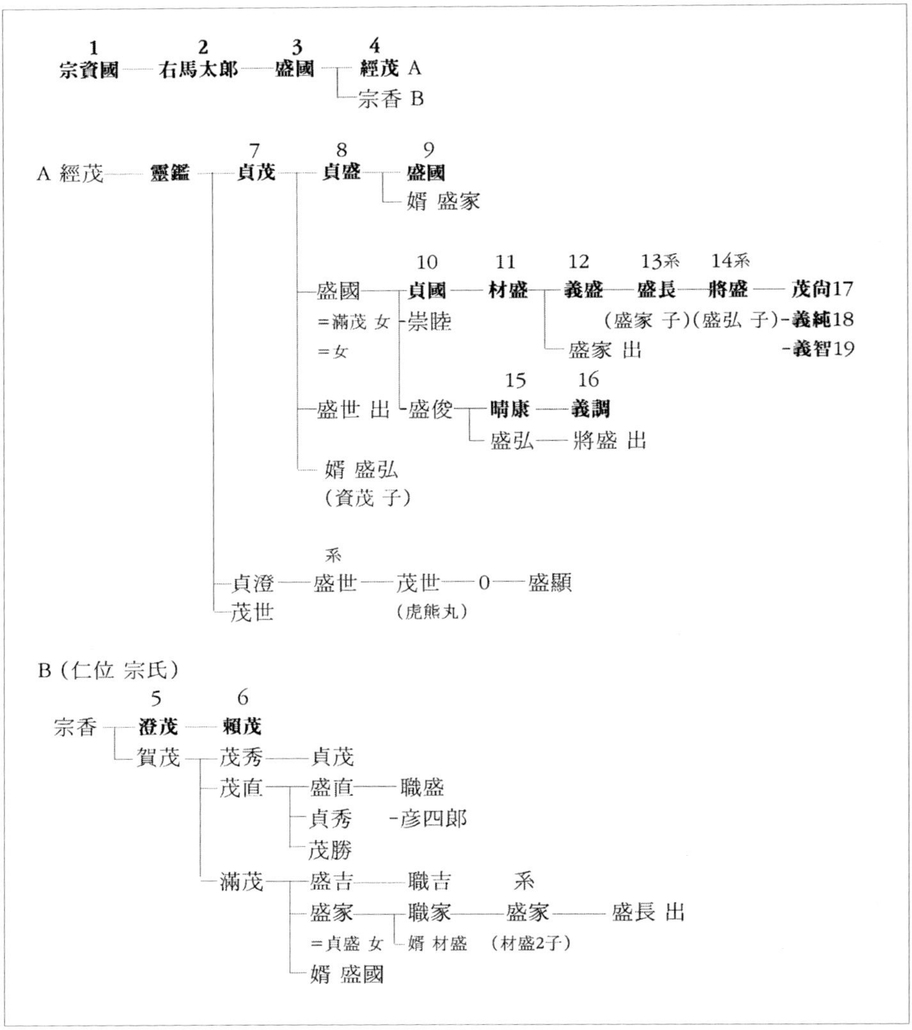

* 고딕체는 島主, 숫자는 島主 재임순서.

* 위의 가계표는 長節子의 宗氏系圖와『新對馬島誌』의 宗氏略系를 참조하여 재작성하였다.(長節子,『中世日朝關係と對馬』吉川弘文館, 1987, 191쪽. 新對馬島誌編纂委員會 編『新對馬島誌』思文閣, 1964)

4. 대마도의 대조선 통교자

대마도가 처음으로 조선과 통교한 시기는 1397년 5월경이다. 즉 태조 6년 5월에 영해부 축산도에 투항한 항왜 중 군선을 약탈하여 도망간 상만호의 처벌을 요청하기 위하여 전사재소감 박인귀를 대마도에 파견하였다.[96] 그때 박인귀가 가지고 간 서계는 대마도주가 변장에게 보낸 서계에 대한 답서의 성격을 띠며 문화좌정승 조준이 對馬島守護 李大卿에게 보낸 것이었다. 그러나 답서에는 도주가 보낸 서계의 내용이 기록되어 있지 않다. 다만 추측해보면 대마도주가 군선을 약탈해서 도망간 상만호에 대한 처벌에 협력할 것을 암시하는 내용이 아니었을까? 그래서 조선에서는 대마도주인 宗賴茂에게 상만호에 대한 처벌을 요청하는 내용의 서계를 보냈을 것이라고 생각된다. 이것이 대마도가 조선과 통교한 최초의 기록이다.[97] 그 후 1398년(태조 7) 정월에는 대마도의 사인이 일본국 사자 및 일기, 패가대 사인과 함께 내조하였으며,[98] 대마도의 사자가 단독으로 내조한 것은 같은 해 4월이다.[99]

그 이후 대마도의 통교 건수는 시기가 지날수록 점차 증가하였으며 임진왜란 직전까지 총 2,385건으로 전체의 49.3%에 달하였다. 대마지방의 통교자를 대마도주와 도주일족·인위 종씨·조전씨·도주관하 및 기타 중소 통교왜인으로 나누어서 각 시기별 통교 기록을 정리해보면 위의 <표 5>와 같다. <표 5>를 통해서 각 시기별 연평균 통교횟수를 살펴보면 제1기

---

96) 『태조실록』 권11, 6년 5월 정사.
상만호는 지울주사 이은을 붙잡아 도망갔던 왜구의 首魁 相田於中이라고 생각한다.(『태조실록』 권11, 6년 정월 병진)

97) 長節子는 李大卿은 宗大卿의 誤字이고 宗大慶은 宗賴茂로 추정하였으며, 이는 대마도주가 조선과 통교한 최초의 기록이라고 하였다.(長節子, 앞의 책, 43~44쪽)

98) 『태조실록』 권13, 7년 정월 기유.

99) 『태조실록』 권13, 7년 4월 계사.

〈표 5〉 조선전기 대마도 통교자의 통교 건수

시기 / 통교자	제1기 (1392~1419)	제2기 (1420~1443)	제3기 (1444~1471)	제4기 (1472~1510)	제5기 (1511~1592)	전 체
對馬島主	81(52.3%)	238(48.4%)	292(48.2%)	472(44.7%)	67(89.3%)	1,150(48.2%)
島主一族	23(14.8%)	71(14.4%)	82(13.5%)	157(14.9%)	1(1.3%)	334(14.0%)
仁位 宗氏	2(1.3%)	59(12.0%)	113(18.6%)	123(11.6%)	0(0%)	297(12.5%)
早田氏	11(7.1%)	83(16.9%)	21(3.5%)	35(3.3%)	0(0%)	150(6.3%)
島主管下·기타	38(24.5%)	41(8.3%)	99(16.3%)	269(25.5%)	7(9.4%)	454(19.0%)
소 계	155(100%)	492 (100%)	607(100%)	1,056(100%)	75(100%)	2,385(100%)

* 이 표는 한문종, 「조선전기 대일 외교정책 연구」(전북대 박사학위논문, 1996, 191~192쪽) <별표 2> 대마지방의 통교일람표를 참조하여 작성하였다.

5.5회, 제2기 20.5회, 제3기 21.7회, 제4기 27.1회, 제5기 0.9회로 시기가 지날수록 점차 증가하는 경향을 보이고 있으며, 가장 많이 통교한 시기는 제4기의 성종대이다.

1) 대마도주

<표 5>에 나타난 바와 같이 대마도주의 통교는 1,150회로 대마도 전체의 48.2%에 달할 정도로 많은 비중을 차지하고 있다. 시기별로는 제1기부터 제4기까지의 통교는 전체비율 48.2%와 커다란 차이가 없었다. 이는 대마도주가 조선과 지속적이고 안정적으로 외교관계를 유지하였음을 나타내는 것이라 할 수 있다. 그리고 그 배경에는 왜구의 재발을 방지하고 일본으로부터 내조하는 통교자를 통제하기 위해서는 대마도주의 정치적 안정이 절대적으로 필요하다는 조선조정의 인식이 바탕이 되었다고 생각한다. 이에 조선에서는 대마도주에게 서계·문인제도·세견선·세사미두 등 여러 가지 특권을 주고 일본으로부터의 통교자를 통제하려 하였다. 반면에 대마도주는 조선으로부터 받은 특권을 이용하여 도내에서의 정치·경제적 지배력을 확고히 할 수 있었다.

이와 같이 대마도주를 통해서 대일관계의 안정을 꾀하려는 조선의 대일 외교정책과 조선조정으로부터 부여받은 여러 가지 특권을 이용하여 도내에서의 정치·경제적 지배권을 확립하려는 대마도주의 의도가 잘 부합되었다. 이 때문에 조선과 대마도주간의 외교관계는 1510년 삼포왜란이 일어날 때까지 안정적으로 유지될 수 있었으며, 대마도주의 통교가 다른 통교자보다 월등히 많았고 또 우대를 받았다.

그 후 대마도인의 통교가 중단되고 그것이 도주에게 집중된 제5기에는 대마도주의 통교 비율이 89.3%로 급격히 증가하였다. 그러나 이 시기는 다른 시기에 비해서 대마도주의 통교 비율이 매우 높았지만 통교 건수는 다른 시기에 비해서 급격히 감소하여 거의 단절 상태에 이르렀다.

다음에는 宗賴茂부터 宗義智에 이르기까지 역대 대마도주의 통교 현황을 살펴보자.

〈표 6〉 대마도주의 통교 현황

통교자	통교기간 및 통교건수	통교 시의 직칭	도서 년대	세견선 및 세사미두
宗賴茂?	1397 1	對馬島守護李大卿		
宗貞茂	1399~1418 74	對馬島都總管, 對馬島守護, 刑部少輔 (權)對馬島太守, 對馬州牧		
宗貞盛	1418~1457 300	都都熊丸, 對馬島守護, 島主, 太守	1420	50선, 200석(1443)
宗成職	1443~1468 140	對馬島太守, 島主, 對馬州太守 平原朝臣	1450	7선, 15석 50선, 200석
宗貞國	1446~1495 446	對馬州代官, 太守, 刑部少輔 對馬州平朝臣 刑部少輔		50선, 200석
宗材盛	1468~1509 115	宗貞秀, 刑部少輔, 對馬州太守 對馬州平朝臣 宗貞秀		7선, 15석 50선, 200석
宗義盛	1496~1521 22	對馬州平朝臣 宗彦七盛順 對馬州太守		25선, 100석(1512)
宗盛長 | 宗義智	1522~1592 53	對馬島主, 對馬州太守		30선, 100석(1544)

* 이 표는 『조선왕조실록』을 참조하여 작성하였다.(이하 표7, 8, 10, 11도 같은 자료를 참조하였다.)

대마도주의 대조선 통교의 특징을 살펴보면 첫째, 통교할 때의 직칭이 '對馬島守護' '對馬州太守' '對馬島主' '對馬島都總管' '對馬州牧'[100]등으로 매우 다양하였으나, 주로 '대마도수호' '대마주태수' '대마도주'를 사용하였으며, 특히 성종대 이후에는 '대마주태수'가 주를 이루었다.

둘째, 도주직을 계승하기 전과 후의 직칭을 구분하여 사용하였으며, 도주직을 계승하기 전에는 兒名 또는 假名을 사용하여 통교하였다. 그 사례를 살펴보면, 宗成職은 1452년(단종 즉위년)에 도주직을 습직하였는데,[101] 그 이전인 1443년(세종 25)에는 아명인 '千代熊丸'으로 칭하며 2차례 통교하였다.[102] 또한 宗義盛은 도주직을 습직하기 전에는 '對馬州平朝臣 宗彦七盛順'[103]으로 통교하였으나 1509년(중종 4) 습직한[104] 이후에는 '對馬島主' '對馬島太守'로 통교하였다. 한편으로 宗材盛은 1491년(성종22) 8월에 盛貞에서 材盛으로 개명하였으나 그 후 도주직을 습직하기 전까지 조선과의 통교에서는 宗貞秀라는 이름을 사용하였다. 그러나 습직한 이후부터는 '對馬州太守 平朝臣 宗材盛,'[105] 對馬島主 宗材盛[106]으로 통교하였다.

셋째, 도주직의 계승을 전후하여 세견선과 세사미두의 수에 있어서 차이가 있었다. 즉 도주직을 계승하기 전에는 세견선 7척과 세사미두 15석을

100) 『태종실록』 권8, 4년 12월.

101) 『단종실록』 권2, 즉위년 7월 병오.
慶尙道觀察使 奉書于承政院以啓曰 對馬島主宗貞盛 六月二十二日死 其子成職 嗣貞盛爲島主.

102) 『세종실록』 권99, 25년 2월 갑인. 권102, 동년 12월 임진.

103) 『연산군일기』 권20, 2년 12월 기해. 권54, 10년 6월 임신.

104) 宗義盛의 습직 시기에 대하여는 宗材盛이 은퇴한 1505년(연산군 10)과 그가 죽은 1509년으로 異見이 있다.(『國史大辭典』,吉川弘文館, 1987, 宗義盛(長節子 집필) 그러나 宗義盛이 조선에 통교할 때에 사용하였던 명칭과 『중종실록』의 기사를 종합해보면 宗材盛이 죽은 후인 중종 4년(1509)에 습직하였음을 알 수 있다.(『중종실록』 권8, 4년 4월 계미)

105) 『연산군일기』 권19, 2년 11월 기유. 이후 주로 사용.

106) 『연산군일기』 권44, 8년 5월 무자. 권53, 10년 5월 갑인.

사급 받았으나 계승한 후에는 계해약조에 의하여 세견선 50척과 세사미두 200석을 사급 받았다.[107]

넷째, 도주 중에서 가장 먼저 통교한 자는 宗賴茂이다. 그는 6대 도주로 앞의 <표 4 (대마 종씨의 가계표)>에 의하면 仁位 宗氏이었다. 그러나 종뢰무의 경우는 통교의 내용이나 대상이 불확실하였다. 따라서 구체적이고 명확한 통교기록은 1399년(정종 원년) 7월에 對馬島都總管 宗貞茂가 사신을 보내 토산물과 말 6필을 헌상한 것이 아닐까 한다.[108]

다섯째, 도주 중에서 가장 활발하게 조선과 통교한 자는 宗貞盛과 宗貞國이다. 종정성은 조선과 문인제도·고초도조어금약·계해약조를 정약하는 등 조선의 통교 통제책에 적극적으로 협력하였으며, 이러한 통제책을 이용하여 도내의 반대세력을 억압하고 지배권을 강화해 갔다. 종정국은 역대 도주 중 가장 빈번하게 조선과 통교하였으며, 도주에게 주어진 제 특권을 이용하여 도내의 일원적 지배를 이룩하였다. 또한 그는 관하인의 수도서·세견선의 정약·수직 등을 조선조정에 적극 주선함으로써 통교권의 확대를 꾀하기도 하였다.

여섯째, 宗貞盛과 宗成職은 도서를 사급받은 수도서인이었다. 특히 종정성은 대마도정벌 후에 조선으로부터 '宗氏都都熊瓦'라는 도서를 사급받은 대마도 최초의 수도서왜인이었다. 그리고 종성직은 자신의 도서('成職')와 兒名圖書('虎熊丸')를 동시에 사급 받았는데,[109] 이는 대마도주가 자신의 도서와 아명도서를 구청하여 사급받은 최초의 기록이라 할 수 있다. 또한 宗成職은1465년(세조 11)에 '對馬州太守 平原朝臣 宗成職'이라 하여 조선과의 통교에서 평성을 처음으로 사용하기 시작하였다.[110]

---

107) 『해동제국기』일본국기 대마도 宗貞秀.
108) 『정종실록』 권2, 원년 7월 기사.
109) 『단종실록』 권4, 즉위년 11월 병술.
日本國對馬州太守宗彦六成職 請成職圖書 及兒名千代熊圖書 從之.
110) 『세조실록』 권35, 11년 3월 경술.

일곱째, 삼포왜란 이후에는 도주의 이름을 사용하지 않고 다만 '對馬島主' 또는 '對馬州太守'라는 직칭을 사용하여 통교하였다. 그리하여 1522년부터 1559년까지 실록에 등장하는 도주의 이름은 宗盛長 뿐이다.[111] 이는 대마도의 정치 상황에 대한 조선조정의 정보 부족과 대마도주의 잦은 교체 때문이었다고 생각한다.

2) 도주의 일족

앞의 <표 4> 대마 종씨의 가계표에 의하면 도주의 일족은 도주와 인위 종씨를 제외한 자들로 沙彌靈鑑을 비롯하여 16명이 통교하였다.[112] 이들의 통교는 대마 전체 통교의 14%인 334건이며, 시기별로는 제1~4기까지는 별다른 변화를 보이지 않았으나 제5기에는 통교가 단 1건밖에 없을 정도로 급감하였다. 그 이유는 삼포왜란이후 대마도주를 제외한 중소 통교자의 통교를 폐지하였기 때문이었다.

---

111) 그러나 宗盛長의 재임기간은 1522년부터 1525년까지이며, 그 후에는 宗將盛(1526-38) 宗晴康(1539-52) 宗義調(1553-65) 宗茂尙(1566-68) 宗義純(1569-78) 宗義智(1579-) 순으로 재임하였다.

112) 위의 가계표에는 나타나 있지 않지만 조선왕조실록에 도주의 일족으로 기록되어 있는 자들도 여기에 포함하였다. 宗俊과 宗右는 宗貞茂의 자이며, 宗彦四郎盛化도 역시 宗貞茂와 관련이 있는 것으로 생각된다.(『태종실록』13년 6월 갑인, 『세종실록』원년 3월 무신) 而老古老는 宗貞茂의 동생이며(『태종실록』16년 4월 무자), 崇統은 崇睦의 제자로 國分寺住持職을 계승한 자이며(『성종실록』13년 2월 무진), 盛重은 도주 宗盛長의 형이다.(『중종실록』 권48,18년 5월 임진).

〈표 7〉 도주 일족의 통교 현황

통교자	통교기간 및 통교건수		통교 시의 직칭	도서 년대	수직 년대	세견선	세사 미두
沙彌靈鑑	1400-1401	6	沙彌靈鑑, 對馬州守				
宗貞盛母	1420-1424	4	都都熊丸母, 宗彦六母, 宗公慈親				
宗茂世	1413-1424	8	對馬島近江守, 太宰府近江守, 宗右馬茂世				
宗貞澄	1415-1432	12	西都京兆尹, 筑州府京兆尹, 管領筑前州太宰				
宗盛世	1434-1443	9	宗彦次郎盛世, 對馬島宗彦次郎	1449?			
宗茂世	1446-1478	47	宗虎熊丸, 宗彦八郎茂世, 關西路九州侍所	1449		3선	10석
宗資茂	1412-1436	4	右衛門佐, 越中守, 伊奈郡主越中守				
宗盛弘	1445-1502	108	對馬州代官, 越中守, 左衛門尉	1445		4선	15석
宗俊	1413-1520	6	對馬州代官, 篠栗山城守, 宗貞茂 子				
宗彦四郎盛和	1442	1					
宗祐	1413	1					
宗盛國	1425-1448	4	宗彦七盛國, 對馬州宗彦七	1434		7선	
宗盛俊	1468-1505	5	對馬州守護代官, 豊唐二郡太守, 越中守, 能登守, 豊崎守			3선 증선청	
崇睦	1476-1480	1	國分寺住持僧	1473		3선	
崇統	1482-1502	1	利山國分寺(新)住持	1485		3선	
而老古老	1416	1	宗貞茂 弟				
盛重	1495	1	司猛, 島主 宗盛長 兄		1495		

위의 <표 7>을 통해서 도주 일족의 조선 통교의 특징을 살펴보면 첫째, 도주일족 중에서 처음으로 통교한 자는 沙彌靈鑑이었으며, 그가 헌상한 물품은 말이 대부분을 차지하였다.[113] 둘째, 도주의 일족 중에서 가장 활발하게 통교한 자는 宗盛弘이다. 그는 1445년(세종 27)부터 1502년(연산군 8)까지 57년간에 걸쳐 108회를 통교하였다. 그는 통교 시에 對馬島左衛門

113) 沙彌靈鑑의 통교 6건 중에 말을 헌상한 것은 5건이나 되었다.

尉[114] 對馬州代官[115] 對馬州宗右衛門尉盛弘[116] 對馬州越中守[117]라는 직칭을 사용하였으며, 1470년(성종 원년)부터는 주로 대마주월중수라 칭하고 통교하였다. 세견선 4척과 세사미두 15석을 정약 받았다. 특히 宗盛弘은 다른 통교자보다 통교 기간이 매우 길었으며, 통교 건수도 도주의 일족 중에서 가장 많았다. 셋째, 이들 중에 세견선 정약자는 6명, 수도서왜인은 6명, 수직왜인은 1명, 세사미두를 사급받는 자는 2명이었다.

3) 인위 종씨

인위 종씨는 대마 종씨의 가계표(<표 4>)에 나타난 바와 같이 종씨의 일족으로 시조는 地頭代代官인 宗香(法名)이다. 이들은 도주 宗盛國(3대도주, 法名 妙意) 이후 대마도주와 대립하고 있었으며, 특히 宗澄茂·宗賴茂는 도주 宗經茂로부터 정권을 탈취한 1374년경부터 종정무에게 다시 정권을 빼앗긴 1398년까지 25년간 도내에서 막강한 세력을 유지하고 있었다. 그 후 1401년에 宗賀茂는 도주 종정무가 소이씨를 따라 구주로 출병한 틈을 타서 반란을 일으켰으며, 1402년 말에 宗五郎이 반란을 꾀하려다 발각되기도 하였다.

이와 같이 인위 종씨의 계속되는 반란에도 불구하고 그들의 자손은 여전히 도주대관(수호대관)·佐須郡主로 활약하며 세력을 유지하고 있었기 때문에 도주가 도내의 권력을 장악하는데 커다란 장애가 되었다.[118] 따라서 대마도주는 인위 종씨의 세력을 약화시켜 도내에서의 지배권을 확립하려 하였다. 이를 위해 대마도주는 인위 종씨의 세력과 혼인관계[119]를 맺는

114) 『세종실록』 권107, 27년 2월 임자.
115) 『단종실록』 권1, 즉위년 6월 갑자.
116) 『세조실록』 권33, 10년 7월 갑술. 권34, 9월 을묘. 6회.
117) 『성종실록』 권3, 원년 2월 계해. 이후에는 주로 이 명칭을 사용하여 통교함.
118) 長節子, 앞의 책, 92~103쪽.
119) 도주 가와 인위 종씨와의 대표적인 혼인관계를 살펴보면, 먼저 宗盛國이 인위 종

한편 조선의 왜인통제책을 이용하여 인위 종씨의 대조선 통교를 제한하려 하였다.

인위 종씨는 宗滿茂를 비롯하여 宗盛親에 이르기까지 12명이 총 297건을 통교하였으며,[120] 이는 대마도 전체 통교 건수의 12.5%에 달하는 것이었다. 이들의 통교는 제2~4기에 집중되었으며, 그 비율이 가장 높은 시기는 제3기로 18.6%이었다. 특히 제3기에 인위 종씨의 통교가 다른 시기에 비해서 많았던 이유는 조선의 왜인통제책에 대응하여 수도서 또는 세견선의 정약을 통해서 독자적인 통교권을 확보하였기 때문이라 생각된다. 제1기와 5기에는 통교가 거의 없거나 단절되었다.

다음 <표 8>은 인위 종씨의 통교 기간과 통교 건수, 통교 시의 직칭 등을 정리한 것이다.

<표 8>을 통해서 인위 종氏의 통교상의 특징을 살펴보면 다음과 같다.

첫째, 인위 종씨 중에서 가장 활발하게 통교한 자는 宗盛家이다. 그는 宗滿茂의 아들로 그동안 대립하고 있었던 도주와의 관계를 청산하고 도주 宗貞盛의 딸과 혼인함으로써 도주의 지배권 확립에 큰 역할을 하였다. 宗盛家는 이를 배경으로 1441년(세종 23)부터 1473년(성종 4)까지 71회 통교하였으며, 통교 시에 對馬州仁位郡宗信濃守盛家[121] 또는 對馬州 宗盛家[122]라고 칭하였다. 특히 그는 1452년에 3선을 증선하여 세견선 7척을 정약받고 세사미두 20석을 사급받았다.

씨의 宗滿茂의 딸과 혼인하였으며 그 사이에서 태어난 宗貞國이 도주가 되었다. 또한 宗貞盛은 자기의 딸을 인위 종씨의 宗盛家와 혼인시켰으며, 도주인 宗材盛은 宗盛家의 딸과 혼인하였다. 특히 宗貞國대에 이르러서 도주 가와 인위 종씨의 대립관계가 청산되고 협력관계로 전환되었다.

120) 宗盛親은 가계표에는 나와 있지 않지만 長節子의 仁位家系圖에는 宗盛家의 족친으로 기록되어 있다.(長節子, 앞의 책, 129쪽 참조)

121) 『세조실록』 권34, 10년 8월 을유. 『성종실록』 권35, 4년 10월 기묘.

122) 『세종실록』 권92, 23년 3월 계묘. 『세조실록』 권34, 10년 8월 을유.

〈표 8〉 인위 종씨의 통교 현황

통교자	통교기간 및 통교건수	통교 시의 직칭	도서 년대	수직 년대	세견 선수	세사 미두
宗滿茂	1416-1438 4	惟宗信濃守, 仁位郡主				
宗茂直	1429-1445 53	上總守	1433			
宗茂秀	1433-1437 2	宗大膳, 宗出羽茂秀				
宗盛家	1441-1473 71	仁位郡信濃守	1444?		7선	20석
宗盛吉	1463 1	護軍, 上護軍	1463	1464		15석
宗職吉	1490 1	司直		1490		
宗職家	1468-1502 31	仁位郡 民部少輔宗四郞職家			4선	
宗茂勝	1478-1496 34	刑部少輔, 對馬州代官, 伊豫守	1474			
宗盛直	1448-1467 40	對馬島主宗右馬助盛直, 對馬州代官			?선	
宗職盛	1470-1476 10	四郞宗職盛				
宗彦七郞	1464 1	對馬州代官				
宗貞秀	1461-1483 43	宗彦九郞貞秀, 出羽守, 對馬州代官 嘉善同知中樞院事	1460	1481	5선	
宗盛親	1499-1510 7	對馬州代官 平朝臣 兵部少輔				

둘째, 인위 종씨 중에는 대마도대관으로 통교한 자가 5명이나 되었다. 대마도대관은 도주를 대신해서 사무를 처리하는 자로 '對馬島守護代' 또는 '對馬島地頭代'라고도 칭하였다. 그런데 이들의 통교가 주로 도주 가와의 대립 관계가 청산된 종정국 때부터라는 점을 고려하면 그들은 도주와 협력 관계를 유지하면서 조선과 통교하였음을 알 수 있다.

셋째, 인위 종씨 중에는 수도서인 5명, 세견선 정약자 4명, 수직인 3명, 세사미두를 사급받은 자가 2명이나 있었다. 宗貞秀는 對馬州平朝臣 宗彦九郞貞秀, 對馬州 出羽守 宗貞秀 또는 對馬州 宗出羽守貞秀로 칭하였다.[123] 특히 종정수는 1481년(성종 12) 6월에 대마도대관으로 적왜를 참수

123) 『세조실록』 권24, 7년 4월 정해. 『성종실록』 권33, 4년 8월 계유. 권111, 10년 11월 기유.

하고 생포해서 보내는데 크게 활약한 공으로 '가선동지중추부사'에 제수되었으며,[124] 1460년에 도서와 세견선 5선을 정약받았다.

넷째, 인위 종씨 중에서 가장 먼저 통교한 사람은 宗滿茂이며, 처음으로 '唯宗氏'라 칭하고 통교하였다.[125]

4) 조전씨

조전씨는 대마도의 대표적인 왜구의 우두머리로서 左衛門大郎을 비롯하여 4대에 걸쳐 12명이 통교하였다. 早田氏는 좌위문대랑이 1414년(태종 14)에 '對馬島 豆地浦萬戶'로 처음 통교한 것을 시작으로 4대에 걸쳐 모두 12명이 내조하였다.

참고로 『조선왕조실록』과 『해동제국기』의 기록을 토대로 조전씨의 가계표를 작성해보면 다음과 같다.

〈표 9〉 조전씨의 가계표

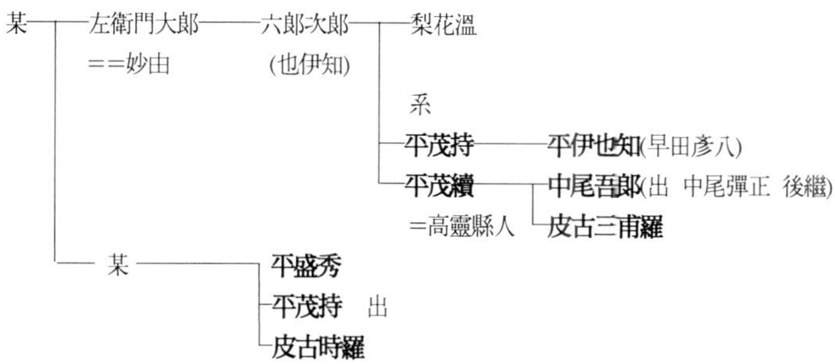

* 고딕체는 수직왜인

---

124) 『성종실록』 권129, 12년 5월 무자. 권130, 12년 6월 기미. 권132, 12년 8월 경오.
125) 『태종실록』 권31, 16년 5월 기해. 對馬州唯宗信濃守宗滿茂使人 獻禮物 求般若經.

조전씨의 통교는 대마도 전체 통교의 6.3%를 차지하며, 시기적으로는 제2기에 집중되어 있다.

〈표 10〉 早田氏의 통교 현황

통교자	통교기간 및 통교건수		통교 시의 직칭	도서 년대	수직 년대	세견 선수	세사 미두
左衛門大郎	1414-1428	57	豆地浦萬戶, 都萬戶, 賊萬戶				
六郎次郎	1429-1444	45	對馬島都萬戶	1429			
妙由	1430	1	六郎次郎의 母				
早田光軌	1438-1450	4	日本國僧				
梨花溫	1445	1	對馬島都萬戶				
平茂持	1451-1463	4	護軍, 上護軍		1452		15석
平茂續	1453-1494	22	護軍, 上護軍, 兼司僕, 僉知中樞		1453		
平盛秀	1456-1458	3	護軍		1456		
皮古時羅	1464-1483	5	司直, 護軍	1469	1464		10석
中尾吾郎	1478-1490	6	護軍		1468		
早田彦八	1451-1494	9	副司果, 護軍, 僉知		1470		
皮古三甫羅	1479-1489	5	司猛, 副護軍, 護軍		1479		

조전씨의 대조선 통교의 특징은 첫째, 조전씨 중에서 가장 활발하게 통교한 자는 좌위문대랑이다. 그는 대마도의 대표적인 해적의 우두머리로서 조선의 왜구대책에 따라 통교자로 전환하여 1414년 윤9월에 對馬島 豆地浦萬戶 早田으로 처음 통교[126]한 이래 1428년(세종 10)까지 계속해서 사신을 파견하였다. 특히 그의 통교는 대마도주 종정무가 죽은 1418년부터 급증하여 1428년까지는 도주를 훨씬 능가하였다.[127] 이는 도주 종정성이

126) 『태종실록』 권28, 14년 윤9월 임술.

127) 대마도주 宗貞茂가 죽은 태종 18년(1418) 4월이후부터 세종 10년까지 도주인 宗貞盛의 통교는 35회이었으나 같은 시기에 左衛門大郎의 통교는 46회에 이르렀다.

아직 나이가 어려서 좌위문대랑이 도주를 대신해서 실권을 장악하고 조선과 통교하였기 때문이다. 그리하여 좌위문대랑은 통교 시에 대마도주라는 직칭을 사용하기도 하였다.128)

둘째, 조전씨 중에는 萬戶 또는 都萬戶라고 칭하고 통교한 자가 左衛門大郞·六郞次郞·梨花溫 등 3명이나 있었다. 그런데 이들이 고려 말 조선 초에 존재하였던 무관직의 하나인 만호라고 칭하고 통교하였다는 점은 매우 특기할 만하다.

셋째, 조전씨 중에서 平茂持가 1452년(단종 즉위년)에 처음으로 수직왜인이 된 것을 비롯하여 平茂續·平伊也知·中尾吾郞·皮古三甫羅·平盛秀·皮古時羅 등 7명이 수직왜인으로 통교하고 있다는 점이다. 이는 조전씨의 성격과 왜구의 변질 과정의 일 단면을 잘 나타내주는 자료라고 할 수 있다. 즉 대마도의 대표적인 해적인 조전씨가 왜구→통교자→수직왜인으로 변질되어 가는 과정을 웅변적으로 보여주는 것이라 생각한다.

5) 도주 관하 및 기타 중소 통교자

이들은 앞에서 언급한 제 유형에 속하지 않은 자들로 대마도 내의 관직이나 만호·도만호 등을 사용하여 통교한 자와 수직왜인·흥리왜인 그리고 기타 중소 통교왜인이 있었다. <표 5>를 통해서 보면 이들의 통교는 454건으로 대마도 전체의 19.0%에 달하였으며, 시기별 통교 비율은 제1기와 4기가 비교적 높았고 2기와 5기가 낮았다.

---

128) 『세종실록』 권34, 8년 11월 경인. 그가 대마도주라 칭하고 통교하였던 것은 그때까지도 대마도의 실권을 장악하고 있었다는 증거라고 생각된다.

〈표 11〉 도주 관하 및 기타 중소 통교자의 통교 현황

통교자	통교기간 및 통교건수		통교 시의 직칭	도서 년대	수직 년대	세견 선수	세사 미두
永生(源榮,榮)	1413-1418	3	對馬州代官, 對馬州守護代官				
宗요	1418	1	篠栗山城守				
佐沙仇里	1418	1	宗貞茂代官				
野馬多老重久	1423	1	對馬州代官				
宗朝茂	1453-1456	3	宗幡摩守朝茂				
秦盛幸	1460-1486	23	關處鎭守	1457		1선	
宗茂友	1461-1468	3	佐護郡代官, 宗大膳助茂友				
宗茂次	1461-1486	18	上津郡追浦伯耆守	1473		1선	
宗國吉	1469-1494	18	佐須奈代官, 宗石見守國吉				
信忠	1470	1	宗見駿河守				
乘永	1470	1	桂川修理大夫				
家次	1472-1482	8	古河山城守				
國長	1476-1502	15	橘氏立石右京亮	1476		1선	
宗大膳國幸	1478-1502	26	宗大膳亮國幸, 立石藏人尉				
宗三郎茂家	1479-1504	14	西海道筑州對馬二州守護				
宗茂國	1479-1499	9	豆豆南天道山藤阿比留治				
宗家文愁戒茂久	1481	1	下天堂山主			1선	
宗國勝	1490-1502	3	對馬州平朝臣				
宗國久	1494-1502	4	佐護郡代官, 幡摩守	1465		1선	
職次	1502	2	古河山城守 藤原朝臣				
宗大膳亮國成	1502	1					
宗松壽親次	1502-1537	2	對馬州平朝臣				
藤六(藤陸,疚六)	1405	1	對馬島萬戶				
林溫(羅可溫)	1413-1417	4	倭萬戶, 對馬島守護萬戶				
表沙貴	1418	1	(司正)				
藤賢	1450-1451	2	(散員)				
兵衛時	1413	1	和田浦萬戶				
兵衛沙衛門	1413	1	和田浦萬戶				
表溫時羅	1414	1	和田浦千戶				

통교자	통교기간 및 통교건수	통교 시의 직칭	도서 년대	수직 년대	세견 선수	세사 미두
沙斤多羅	1414-1418 2	豆地浦萬戶, 豆地要里浦都萬戶				
守助丞	1416-1419 3	和田浦萬戶, 都萬				
正欣	1419 1	海副那都萬戶				
表阿時	1419 1	都萬戶				
和知難洒毛	1423-1556 6	護軍		1450		
井大郎	1436-1460 13	護軍, 大護軍, 上護軍		1446		
藤茂家(邊沙也文)	1444-1462 6	護軍		1450		
平茂永	1449-1450 2	護軍		1449		
中尾彈正	1450-1457 6	護軍		1450		
三未仇羅	1451 1	護軍		1451		
看智沙也文	1453-1456 2	副司果, 司直		1439?		
井可文愁戒	1453-1475 6	司正, 護軍	1465	1456		10석
六郎洒文	1453-1477 12	護軍	1459	1453		10석
平茂家	1454 1	護軍		1444		
又四羅盛數	1456-1495 15	護軍	1458	1456		10석
時難洒毛(洒也文)	1459-1490 7	護軍		1468		
皮古汝文	1459-1488 5	護軍, 大護軍, 僉知	1460	1458		
源茂崎	1460-1466 2	司直, 護軍		1455		
多羅而羅	1462-1495 21	護軍, 僉知中樞	1460	1462		10석
皮古仇羅	1468-1489 9	護軍	1465	1465		10석
井家文助藤原職家	1469-1484 23	護軍		1469		
都羅馬都	1472 1	司正		1472		
仇羅洒毛	1473-1493 7	司正, 司直, 護軍		1482		
愁戒仇羅	1475-1478 3	副司果, 司果, 護軍		1475		
平國忠(皮古沙文)	1476-1492 12	上護軍, 僉知中樞, 嘉善行護軍		1474		
助國次	1477-1484 9	副護軍, 護軍, 僉知中樞		1477		
宗彥八(郎)	1477-1492 4	司正, 護軍		1477		
可文	1477-1485 2	司猛, 護軍		1477		
彌源司	1479 1	司正		1479		
四郎三郎	1479-1493 2	司直, 司果		1479		

통교자	통교기간 및 통교건수		통교 시의 직칭	도서 년대	수직 년대	세견 선수	세사 미두
所溫皮古破知	1479-1491	6	司正, 司直, 副護軍, 護軍		1470		
五羅仇羅	1481-1496	4	司正, 司猛		1481		
宗家吉	1485-1486	2	司猛		1485		
次郎仇郎	1487-1492	2	司直, 護軍		1487		
皮孔古羅	1490-1495	2	護軍		1490		
四郎十郎	1491	1	司果		1491		
吾都音甫	1494		司猛		1494		
三甫羅而羅	1494	1	司直		1494		
源盛滿	1558	1	副護軍, 上護軍		1555?		

통교자	통교기간 및 통교건수		통교 시의 직칭	통교자	통교기간 및 통교건수		통교 시의 직칭
宗五郎	1402	1		乙四郎(藤四郎)	1437-38	2	
宗九郎	1402	1		老鱗三郎兵衛	1438	1	
宗和殿	1402	1		馬多而羅	1438	1	
宗烏	1403	1		羅沙也文	1439-43	2	
宗府郎	1403	1		表安時羅	1439	1	
無羅加多	1412	1	興利倭人	表溫古老	1440	1	
兵衛三甫羅	1414	1		宗熊二郎丸	1442	1	
二溫都老(土萬)	1415-1416	3		沙而文古羅	1443	1	
兵衛郎	1416	1		表安而羅	1444	1	
藤次郎	1417-1431	7	船匠	愁弄可	1444	1	
有溫	1418	1		馬都音甫	1444	1	
三未多羅	1420	1		郎可沙豆老	1444	1	
佐文多羅	1422	1		崇泰	1448-56	2	倭僧
藤次郎母	1422	1		彌音甫	1450	1	
熊壽	1422	1		孔古老	1451	1	
三未三甫羅	1423-1434	2	船匠	中尾仇難而羅	1453	1	
波知羅沙門	1423	1		宗賀茂	1456	1	
吾羅時羅	1425	1	島主使人	表阿時羅	1461	1	

통교자	통교기간 및 통교건수	통교 시의 직칭	통교자	통교기간 및 통교건수	통교 시의 직칭
所溫田知	1425 1	興利倭船主	表仰古羅	1466 1	
愁溫都老	1426 1		馬助可次	1468 1	
皮古老古	1427 1		望古羅	1469 1	
吾都音甫侍	1428 1	小童	永書記	1474 1	
四郎左衛門	1428 1	島主使人	仇難都老	1475 1	
兵衛四郎	1428 1	興利倭人	阿可羅多羅沙也	1493 1	
宗右京亮茂秋	1428 2		職宣	1497 1	
宗貞直	1432 1		盛種	1502 1	
宗四郎	1433 1		平時羅	1507 1	
宗茂氏	1433 1		洒文愁戒	1514 1	
宗勘解由	1434 1	對馬州住	老古羅汝毛	1534 1	
都時羅(藤時羅)	1435-1436 2		源成	1534 1	
宗石見守	1436 1				

위의 <표 11>을 통해서 도주관하 및 기타 중소통교자의 특징을 살펴보면 첫째, 통교 시에 직칭을 사용하지 않아서 그들의 실체나 계보를 파악할 수 없는 자가 많았다. 이들은 주로 제1기와 2기에 통교한 자들이 많았으며, 대부분 1~2회밖에 내조하지 않았다. 이는 조선과 대마도 간의 통교체제가 정비되지 않았기 때문에 나타난 현상이라 생각된다. 그리고 제1기에 통교한 자들이 제2기에는 도주와 도주일족의 사송왜인으로 내조하는 경향이 나타났다.[129]

둘째, 천호·만호·도만호[130]등의 관직을 사용하여 통교한 자가 많았으

129) 도주의 사인으로 내조한 자는 吾羅時羅·四郎左衛門·兵衛四郎·宗堪解由 등을 들 수 있다. 특히 四郎左衛門은 5회나 내조하였다.(『세종실록』18년 12월 정해, 20년 2월 을해, 7월 무술, 9월 계미, 23년 정월 기유).

130) 만호는 무관직의 하나로 고려 충렬왕 때에 元의 병제에 따라 설치되었으며, 조선 초에는 각 도의 여러 진에 배치된 종4품의 군직이었다. 이에는 만호·부만호·천호·백호 등이 있었으나 점차 정리되었다.

며, 이들은 모두 제1기에 집중되어 있었다.[131] 특히 이들은 왜구와 밀접한 관련을 가지고 있었다. 이는 항왜로서 관직을 제수받고 대마도로 돌아갔던 藤六과 林溫이 만호라 칭하고 통교하였던 사실[132]과 왜구의 두목인 早田氏의 左衛門大郎·六郎次郎·梨花溫 등이 만호 또는 도만호라 칭하고 통교하였던 사실을 통해서 확인할 수 있다. 따라서 만호·도만호라 칭하고 통교한 자들은 평화적인 통교자로 전환한 왜구의 우두머리일 가능성이 크다고 생각한다.[133]

셋째, 對馬州管領·對馬州守護代·對馬州代官·篠栗山城守關處鎭守·佐護郡代官·上津郡追浦伯耆守 등 대마도의 관직을 사용하면서 통교하는 자가 제3기와 4기에 집중되어 있었다. 이들은 대마도주의 특송인이거나 도주 관하로서 신분을 명확히 알 수 있는 자들이 대부분이었으며, 그 중에는 삼포항거왜인에 관한 제반 업무를 관장하는 자도 있었다.

넷째, 이들 중에는 수직왜인이 많이 있었으며, 주로 제3기와 4기에 통교하였다.[134] 특히 수직왜인 중에는 왜구의 우두머리나 그의 일족이라고 생각되는 자가 매우 많았다.[135] 이는 아마 조선에서 왜구나 그의 일족에게 관직을 하사하고 친조하도록 하는 한편 혹시 있을지도 모를 왜구의 침입

131) 表溫時羅는 千戶라 칭하였으며, 兵衛時, 兵衛沙衛門은 萬戶, 그리고 正欣, 表阿時 등은 都萬戶라 칭하였으며 沙斤多羅, 守助丞은 만호와 도만호를 같이 사용하였다.

132) 藤六은 태종 5년에, 林溫은 동왕 13년과 17년에 각각 만호라 칭하고 통교하였다. (『태종실록』 5년 5월 계해, 13년 8월 갑오, 17년 5월 계사).

133) 왜구의 우두머리로서 萬戶라 칭하고 내조한 경우는 都仇羅의 경우에서도 찾아볼 수 있다. 禮曹啓 一岐州上萬戶都仇羅 本强賊也 今親來朝 請賜米豆二十石及衣笠靴 從之(『세종실록』 권98, 24년 12월 기축).

134) 수직왜인의 통교는 299건으로 대마도의 전체 통교의 12.5%를 차지하고 있다. 이를 시기별로 보면 제1기 5건(3.2%), 제2기 1건(0.2%), 제3기 86건(14.2%), 제4기 205건(19.4%), 제5기 2건(2.7%)이었다.

135) 조선에서 賊首로 인식하고 있었던 자나 그의 자손들이 수직왜인으로 통교한 예는 조전씨의 平茂持·平茂續등을 비롯하여 阿馬豆(又四郎盛數)와 姪 宮內守延, 六郎洒文과 子 都羅馬豆·彌源司 등을 들 수 있다.

에 대비하는 기미책의 일환이었으며, 바로 이 점이 조선전기 대마도와의 외교체제가 기미관계였음을 나타내는 대표적인 사례의 하나라고 생각한다. 특히 수직왜인 중에는 아버지의 관직을 계승하여 통교하는 자가 매우 많았다.136)

5. 대마도의 대조선 무역의 형태와 물품

1) 대마 무역의 형태

조선전기의 대일무역은 쌍무적인 무역이라기보다는 일본인들의 일방적인 요청에 의해 전개되었다. 즉 일본국왕사를 비롯한 통교자들이 조선에 도항하는 주요한 목적이 교역을 통한 경제적 이익에 있었기 때문에 매우 적극적이었다. 그 반면에 조선의 통교 목적은 경제적 이익의 추구가 아니라 왜구금지와 피로인의 쇄환, 정치적으로 그들을 복속시키는데에 있었기 때문에 교역은 부수적인 것에 불과하였다. 따라서 교역 면에서 볼 때 조선은 소극적이고 수동적이었으며, 일본은 적극적이고 능동적이었다.137)

대마도의 무역은 대마도주를 비롯하여 도주일족·인위 종씨·조전씨·도주관하 및 기타 중소 통교자들에 의해 행해졌다. 그런데 대마도 무역왜인의 상당수는 평화적인 통교자로 전환한 왜구들이었다. 따라서 이들은 평화시에는 상왜로서 무역에 종사하였지만 혼란기에는 왜구로 변하여 약탈을 자행하기도 하였다.

대마도의 대조선 무역의 형태는 ① 진상과 회사 ② 공무역 ③ 사무역 그리고 ④ 밀무역으로 구분할 수 있다. 먼저 진상과 회사는 대마도주를 비

---

136) 수직왜인에 대한 것은 제4장 참조.
137) 하우봉, 「朝鮮前期의 對日關係」『강좌 한일관계사』, 현음사 1994, 287쪽.

롯한 대마지방의 통교자들이 조선에 도항하여 국왕을 알현하고 토산물을 바치면 그에 대한 회사품을 하사받는 사행무역의 일종이다. 따라서 대마지방의 통교자들이 진헌하는 물품에 대한 회사는 '待遠人之道 厚饋'라는 대의명분에 입각하여 후하게 하사해주었기 때문에 통교자의 이익이 매우 컸다. 특히 전체통교의 49.3%에 달한 대마지방의 통교는 진상과 회사가 교역의 주요한 부분을 차지하였다. 그러나 대마도주를 제외한 대마지방의 통교자는 다른 지역의 통교자들에 비해 그 규모가 매우 영세하였던 것 같다.

공무역은 진상과 회사라고 하는 사행무역이 점차 규모가 커지면서 무역의 형태로 발전한 것으로 통교자가 가지고 온 진상품이 너무 많거나 또는 개인적으로 가지고 온 물품 중 동랍·단목(소목)·후추 등 국가에서 필요한 물건을 공조나 군기감·의영고 등의 관청에서 구매하여 주는 것이다.[138)]이는 관무역이라고도 하는데, 왜물고가 있는 경상도 화원현에서 주로 행해졌다. 특히 대마도주의 세견선은 대표적인 공무역선이었다.

사무역은 통교자가 진상하는 물품과는 별도로 사송왜인이 개인적으로 가지고 온 물품을 조선 관리의 감독 하에 정해진 장소인 서울의 동평관과 삼포, 그리고 경상도 화원현에 있는 왜물고에서 개별적으로 교역하는 것이다. 그런데 사무역은 개인을 상대로 하였고, 가격에 제한을 받지 않고 시세에 따라서 매매할 수 있었기 때문에 공무역보다 이익이 많았다. 또한 교역의 장소가 분산되어 있어서 그들에 대한 감독이 소홀해지자 밀무역이 성행하게 되었다. 특히 1429년(세종 11)에는 왜관을 출입하는 상인이 통사나 사령과 공모하여 금제품을 밀무역하는 등의 폐단이 발생하자 왜관에서의 무역은 금란관과 녹사가 감시하고, 포소에서는 차사원이 매매를 감시하는 한편, 금제품(금·은·채화석·11승 이상 저마포·표피·동전 등)을 정하여 금란관 2인을 왜관에 배치하여 엄중하게 감시하게 하는 등의 금방조건을 실시하였다.[139)]

---

138) 『세종실록』 권23, 6년 정월 신축.

이같이 사무역에 대한 폐단이 계속되자 1457년(세조 3)에는 사무역을 금지하고 공무역만을 허가하였다. 그러나 공무역만으로는 통교자들이 가지고 온 물품을 모두 매매할 수 없었고, 그들이 가지고 온 물품이 관청에서 필요한 것이 아니었기 때문에 1485년(성종 16)에 다시 사무역을 부활하였다. 그후 사무역에 대한 폐단이 계속해서 발생하자 1494년에 다시 사무역을 폐지하고 공무역으로 환원하였다.[140]

한편 사송왜인에 의한 사무역과는 성격이 약간 다르지만 대마도의 흥리왜인이 그들이 잡은 고기나 소금 등을 가지고 와서 식량 등으로 교환하여 가는 물물교환 형태의 사무역도 널리 행하여졌다. 흥리왜인은 단순히 교역을 목적으로 하였기 때문에 도서나 서계를 소지하지 않고 대마도주의 문인을 소지하고 도항하여 삼포에서 무역을 행하였다.

①~③의 무역은 합법적인 것이었지만 ④의 밀무역은 금·은 등의 금물을 포소나 왜물고·동평관 등 지정된 장소 이외에서 일본의 통교자와 조선의 상인이나 민간인이 몰래 매매하는 불법적인 것이었다. 따라서 다른 형태의 무역에 비해서 이윤이 매우 많았지만 그 규모나 성격을 파악하기가 어렵다.

2) 대마 무역의 물품

시기구분에 따라 대마도의 대조선 무역의 특징을 정리하면 다음과 같다. 먼저 제1기(1392~1419)는 조선과 통교를 시작하였지만 교역은 제대로 이루어지지 못하였던 것 같다. 이 시기의 대마도인이 가지고 온 주요한 교역품은 말과 소목·후추·공작 등을 들 수 있다. 그 중에 말은 1399년(정종 1)부터 1408년(태종 8)까지의 주요한 교역품이었으며, 소목·후추·공작 등의 남방물산은 爪蛙國 사신으로부터 빼앗은 약탈품이었다.[141] 이로써 보

139) 『세종실록』 권44, 11년 6월 기축.

140) 김병하, 앞의 책, 26~28쪽.

면 이 시기의 대마 무역은 왜구에 의한 약탈 무역적인 성격을 띠고 있었음을 알 수 있다. 한편으로 이 시기에 조선에서 사급한 주요한 물품은 미두와 포가 가장 많았으며, 그 외에 법화경·인삼·호표피·소주 등이 있었다.

제2기(1420~1443)는 교역의 규모가 질적, 양적으로 확대되었다. 그들이 가지고 오는 물품은 후추·단목뿐만이 아니라 유황·주홍·백동·감초·진피·서각·침향·백단향·목향·기린혈·빈랑·장검·환도·전족 등 매우 다양하였으며, 그 양도 많은 경우에는 수천 근에 이르렀다.[142] 『조선왕조실록』에는 이 시기에 대마도인이 가지고 온 물품의 수량과 종류 등이 비교적 자세하게 기록되어 있다. 그 중에는 유황이나 동철·장검 등 일본 국내의 생산품도 있었으나 남방의 물산인 단목이나 후추 등을 대량으로 가지고 왔던 것으로 보아 대마도가 유구 등 동남아시아의 여러 나라와 활발하게 중개무역을 한 것으로 생각된다.

제3기(1444~1471)는 제2기와 별다른 변화를 보이지 않고 있는 것 같으나 이전의 시기와 달리 교역의 물품이나 수량에 대한 기록이 거의 나타나지 않고 토산물을 헌상하였다는 기록만 보일 뿐이다.

제4기(1472~1510)는 교역의 품목이 금·동철·주홍·단목·후추 등으로 줄어들었지만 그 수량은 매우 많았다. 그리고 이 시기는 대마도주의 황금과 주홍·동철무역과 수직왜인 皮古三甫羅·平茂續 등의 동철 사무역이 대규모로 행해졌으며, 또한 대마도주가 구주지방의 병란 등을 이유로 면포나

---

141) 태종 6년에 對馬島守護 宗貞茂가 소목·후추·공작 등을 헌상하였는데, 이는 왜구가 爪蛙國使 陳彦祥의 배를 전라도 군산도에서 약탈하여 헌상한 것이었다.(『태종실록』 권12, 6년 8월 정유. 9월 임오).

142) 그 예로 세종 5년에 三未三甫羅는 단목 3백근과 유황 1천근을 헌상하였으며, 대마주대관 野馬多老重久는 단목 1,200근, 동 520근을 헌상하였다.(『세종실록』 권20, 5년 6월 임자. 을해) 또한 左衛門大郎은 세종 3년에는 유황 1천근, 단목 2백근, 주홍 10근을, 5년에는 유황 2,300근, 동철 300근, 후추 20근을, 8년에는 유황 2천근을 각각 헌상하였다.(『세종실록』 권13, 3년 10월 정미. 권20, 5년 6월 갑자. 권33, 8년 7월 무술).

동전·호표피를 구청하는 경우가 많았다. 특히 황금 무역은 1482년(성종 13)부터 1492년까지 10여년 동안에 집중적으로 행해졌는데, 그 양이 무려 684挺이 넘었다.143) 그 값을 면포로 환산하면, 시기에 따라서 차이가 있지만 면포 76,608필(금1정의 가격은 면포 112필)이나 되었다.144)

또한 이 시기에는 동철무역이 대규모화되어 1500년(연산군 6)에 대마도주 특송이 가지고 온 동철의 가격이 무려 면포로 11만 5천필이나 되었다고 한다.145) 그리고 平茂續과 皮古三甫羅 등 수직왜인이 다량의 동철을 가지고 와서 개인적으로 헌상하면서 무역을 요청하는 경우도 있었다.146)

이와 더불어서 이 시기에는 대마도주가 여러 가지 이유를 들어 면포나 동전·호표피 등을 요청하는 경우가 많았다. 1476년(성종 7)에는 宗貞國의 특송이 삼포 항거왜인의 송환을 이유로 면포 1만필을 요청하여 면주 1천필, 면포 3천필을 사급받았다.147) 그 이후 도주의 면포구청은 1502년(연산

---

143) 이 시기 대마도주의 황금·주홍·동철 무역을 살펴보면, 1482년(성종 13)에 도주특송에게 하사한 황금·주홍의 가격이 면주 1,426필·면포 3,206필 28척 4촌이었다. 1484년에는 황금 45정(매정 42文目, 圓金 2挺포함)·동철 12태, 1485년에는 황금 60정·주홍 527리, 1488년에는 황금 62정(사급 면포 6,212필)·주홍(494필 16척 9촌), 1489년에는 황금 70정·주홍 1,360리, 1490년 1월에는 황금 82정·주홍 524리(사급 면포 9,294필 32척), 12월에는 26근 40문(134정) 주홍 300리·동철 1천근(사급 면포 합계 10,906필 26척), 1492년에는 황금 39근 60문(231정)·주홍 100리(사급 면포 15,245필)을 가지고 와서 무역하였다.(『성종실록』 권137, 13년 1월 경오. 권162, 15년 1월 갑진. 권174, 16년 7월 기유. 권211, 19년 1월 갑진. 권224, 20년 1월 병자. 권236, 21년 1월 기사. 권249, 21년 12월 갑술. 권263, 23년 3월 신사).

144) 1489년(성종 20) 정월에는 금 1정에 면포 112필을 사급하였으며, 동년 2월에는 금 1양에 면포 25필을 사급하였다.(『성종실록』 권224, 20년 정월 병자. 권225, 20년 2월 무오)

145) 『중종실록』 권6, 3년 8월 병자.

146) 1489년에 皮古三甫羅는 개인적으로 동철 4,911근을 헌상하고 그 대가로 면포 1,339필을 하사받았으며, 平茂續은 개인적으로 동철 1,760근을 헌상하고 면포 480필을 하사받았다.(『성종실록』 권235, 20년 12월 경자·신축)

147) 『성종실록』 권63, 7년 1월 병인. 갑술.

군 8)과 1503년, 1506년(중종 원년)에도 계속되었으나 그들의 요청을 받아들이지 않고 약간의 면포만 특사하였다.[148)]

한편 조선에서는 대마도주에게 소목의 종자를 구해줄 것을 요청하였는데, 이에 대해 대마도주는 소목의 종자를 구하러 유구에 갈 때 필요한 선박의 건조와 비용 등을 이유로 동전 1만민을 요청하기도 하였다.[149)] 그 외에도 1504년(연산군 10)에는 대마도주 宗材盛이 호표피 1천장을 구청하였는데, 조선에서는 전례가 없다는 이유로 거절하고 약간의 면포만 사급하였다.[150)]

한편으로 대마도의 통교자가 가지고 온 물품 중에는 광산물이나 소목·약재 등 국가에서 필요로 하는 물품도 있었으나 그 대부분은 향료 등 사치품이나 기호품이 많았다. 이에 조선에서는 왜인들에게 사치품을 진상하지 말도록 유시하기도 하고,[151)] 또 교역의 축소에 대해 자주 논의하기도 하였다.

제5기(1511~1592)는 삼포왜란 이후 대마도주의 세견선이 반감되고 수직·수도서왜인의 통교가 폐지됨으로써 대마도의 대조선 무역은 점차 쇠퇴하여 갔다. 1557년(명종 12)에는 수직·수도서왜인이 진상하는 물품의 수량이 너무 많아지자 硯箱 1-2개·단목 30근·후추 50근으로 제한하였다. 그리고

---

148) 1502년(연산군 8)에는 도주가 면주 1천필의 사급과 동철 13,500근의 공무역을 요청하였는데 이때에 면주 200필을 사급하고 동철 200근의 공무역을 허용하였다. 1503년에는 도주 종재성이 백저포 1천 필을 구청하였으나 거절하고 30필만 특사하였고, 1506년(중종 원년)에도 대마도주가 면주 3천 필과 동철무역을 요청하였으나 200필을 특사하고 동철은 삼분의 일만 공무역을 허용하였다.(『연산군일기』 권42, 8년 1월 임진. 권49, 9년 4월 계해. 『중종실록』 권1, 원년 11월 정축).

149) 『성종실록』 권151, 14년 2월 신사.
대마도주의 동전요청에 대해 조선에서는 본국에서 생산되는 물품이 아니라는 이유로 거절하였으며, 대신에 면주 5백필·면포 1천필·흑마포 30필·미두 2백석을 사급하였다.(『성종실록』 권153, 14년 4월 을축)

150) 『연산군일기』 권53, 10년 5월 갑진.

151) 『성종실록』 권190, 17년 4월 임진.

문인 발급 시에 그 수량을 기록하여 이를 초과한 자는 되돌려 보냈다.[152]

한편으로 이 시기에 대마도주는 폐지되었던 심처왜의 수직·수도서왜인의 통교를 부활하는 과정에서 통교권을 본인들에게 돌려주지 않고 자신의 사송선으로 이용함으로써 대조선 통교권을 장악하였다. 이러한 사실은 대마의 사료인 『朝鮮送使國次之書契覺』에 잘 나타나 있다. 이에서 보면 대마도주와 그의 관하, 일족들이 대마도주의 세견선 30선을 비롯하여 일본 각지의 수직·수도서왜인(합계 81~82명)의 통교권을 가지고 통교하였음을 알 수 있다.[153]

다음에는 조선전기에 대마도인에게 하사한 회사품과 그들이 구청한 물품을 살펴보면, 먼저 미두 등의 식량을 들 수 있다. 대마도는 전 섬의 90% 이상이 농사를 지을 수 없는 산지이기 때문에 부족한 식량을 본토나 조선에서 가져와야만 하는 실정이었다. 그런데 거리상으로 일본의 본토보다는 조선이 훨씬 가까웠기 때문에 조선으로부터 부족한 생활필수품을 가져갈 수밖에 없었다. 이와 같은 대마도의 자연적 지리적 여건 때문에 미두는 조선에서 대마도인에게 회사하는 주요한 물품이 되었다. 특히 조선에서는 대마도주를 비롯한 대마도지방의 호족들에게 세사미두를 사급하였는데, 1년에 사급한 세사미두가 340석이나 되었다.[154] 그 외에도 대마도에 기근이 들었거나 식량이 부족하여 대마도주가 미두를 사급을 요청하였을 때에는 수시로 미두를 하사하였다.

마포(정포)·저포(백저포, 흑저포)·면포·면주 등의 직물 또한 조선의 주요한 회사품이었다. 그 중 면주와 저마포는 주로 태종대의 회사품이었으며, 그 수는 대체로 25필 이하였다.[155] 그러나 세종대에 와서 그 양이 급

152) 『명종실록』 권23, 12년 12월 기유.

153) 제5장 조선전기의 수도서왜인 참조.

154) 『해동제국기』 「일본국기」 대마도조에 의하면 세사미두 정약자는 대마도주를 비롯하여 12명이었으며, 1년 동안에 지급되는 세사미두의 양은 도주 200석을 포함하여 모두 340석이었다.

격하게 증가하였고, 목면의 재배가 전국으로 확대되는 1436년(세종 18) 이후에는 면포가 주요한 회사품이 되었다. 특히 조선의 직물은 일본의 그것에 비하여 질이 좋았으며, 일본 국내에서의 수요가 매우 많았기 때문에 면포를 요구하는 경우가 많았다. 특히 1482년(성종 13)부터 1492년 사이에 대마도주가 금·주홍·동철의 무역을 통해서 회사받은 면포는 무려 76,608필이나 되었다. 이에 따라 성종대에는 면포의 부족을 이유로 대마도인이 가지고 오는 물품에 대한 값을 면포와 마포·면주를 삼분해서 지급하기도 하였다.[156]

대장경·대반야경·법화경 등의 불경 역시 대마도주를 비롯한 지방호족이 구청하는 주요한 물품이었다. 특히 고려대장경은 가장 우수한 불경으로 당시 일본까지 널리 알려져 있었다. 따라서 일본에서는 고려 말부터 대장경을 구청하였으며, 조선조에 들어와서는 막부장군을 비롯하여 구주탐제·대내전·대마도주 등의 지방호족들이 다투어서 대장경을 구청하였다. 조선전기에 대마지방의 대장경구청 사례를 정리하면 <표 12>와 같다.

<표 12>를 통해서 보면 대마도의 대장경과 대반야경·법화경의 구청은 1412년(태종 12)부터 1487년(성종 18)까지 모두 20회(태종 6, 세종 10, 세조 1, 성종 3회)이었으며, 그 중 사급받은 것은 11회이었다. 특히 세종대에는 10회 구청에 7회를 사급하여 가장 많은 구청과 사급이 행해졌다. 그리고 구청자는 3명을 제외하고는 모두 대마도주이다.

---

155) 태종 16년에 대마도주 宗貞茂가 불탑의 건립비용을 요청하자 면주와 저포를 합해서 50필을 하사하였다. 이는 태종대에 대마도에 하사한 가장 많은 수량이었다. (『태종실록』 권32, 16년 7월 경술).

156) 『성종실록』 권266, 23년 6월 경신.

〈표 12〉 대마도의 대장경구청 일람표

구청 년대	구청자	구청 내용	사급 내용	출전
1412(태종 12)	도주 宗貞茂	법화경		태종 12/5 신해
1413(태종 13)	도主 宗貞茂		장경 사급 감사	태종 13/3 신사
1416(태종 16)	惟宗信濃守 宗滿茂	반야경		태종 16/5 기해
1416(태종 16)	도주 宗貞茂	대장경	成帙以給	태종 16/8 기묘
1416(태종 16)	和田浦萬戶 守助丞	대반야경		태종 16/10 을유
1417(태종 17)	和田浦萬戶 守助丞	대반야경		태종 17/윤5 기사
1418(세종 즉)	都都熊丸(宗貞盛)	대반야경.범종		세종 즉/윤5 임인
1428(세종 10)	도주 宗貞盛	대반야경 2부	1부 사급	세종 10/8 계사, 11/3 갑술
1434(세종 16)	도주 宗貞盛	대장경	거절	세종 16/3 임오
1435(세종 17)	도주 宗貞盛	대반야경	사급	세종 17/2 무신
1437(세종 19)	도주 宗貞盛	대반야경	거절	세종 19/2 을해
1437(세종 19)	도주 宗貞盛	묘법연화경	사급	세종 19/2 경인
1441(세종 23)	도주 宗貞盛	법화경	사급	세종 23/1 기유
1444(세종 26)	도주 宗貞盛		대반야경 1부 사급	세종 26/윤7 기해
1445(세종 27)	도주 宗貞盛	대장경	대장경 1부 사급	세종 27/5 정해
1449(세종 31)	도주 宗貞盛	대장경	대장경 1부 사급	세종 31/8 병인
1464(세조 10)	도주 宗成職		법화경 1부 사급	세조 10/2 기해
1480(성종 11)	도주 宗貞國	대장경		성종 11/5 을미
1486(성종 17)	도주 宗貞國	손실된 대장경	거절	성종 17/4 임오
1487(성종 18)	도주 宗貞國	비로법보 1장	대장경 사급	성종 18/2 정축

* 이 표는 『조선왕조실록』을 참조하여 작성하였다.

6. 맺음말

이상에서 조선전기 조선과 대마도 간의 통교와 무역의 실상을 규명하기 위하여 대마지방 통교자의 구성과 특징, 무역의 형태와 교역품 등에 대해서 살펴보았다. 이를 정리해보면 다음과 같다.

먼저 일본으로부터의 통교자는 1409년(태종 9)경부터 점차 증가하기 시작하는데, 그 배경은 왜구의 변질과 통교자에 대한 교역상의 우대 때문이었다. 그리고 시기적으로는 제2기부터 급증하기 시작하여 제4기에 가장 많이 도항하였으며, 제5기에는 통교가 거의 단절되었다. 지역적으로는 대마지방의 통교가 전체의 49.3%로 가장 많았으며, 그 다음이 비전·일기, 구주, 본주·사국 순이었다. 특히 대마도는 조선과 일본의 중간에 위치한 지리적인 조건과 농경지의 부족으로 섬 밖에서 식량을 구해와야만 하는 자연적인 조건 그리고 조일 외교에 있어서 중간자적 역할을 인정받음으로써 조선과 활발하게 통교할 수 있었다.

조선시대 한일 관계에 있어서 대마도를 지배하고 있던 대마 종씨는 매우 특수한 위치를 차지하고 있었다. 대마 종씨 이전에는 在廳官人인 阿比留氏가 도내의 지배권을 장악하고 문종·선종 대에 고려와 활발하게 통교하였다. 그러나 12세기 후반부터 약 1세기 동안 행하여졌던 아비류씨의 진봉선 무역은 여몽연합군의 일본정벌과 일본의 국내사정으로 중단되었다.

그 후 13세기 중엽에 재청관인 유종씨가 무사화한 대마 종씨가 도내의 세력을 장악하고, 1368년(공민왕 17)에 비로소 고려와 통교하기 시작하였다. 그러나 3대 도주인 宗盛國 이후 대마 종씨 내에서 도주 가인 종씨 본종과 서류인 인위 종씨간의 치열한 정권 쟁탈전이 전개되었다. 그 과정에서 인위 종씨의 宗澄茂과 宗賴茂가 도주직을 찬탈하였다. 그 후 1399년(정종 원년)에 宗貞茂가 도주직을 다시 되찾기 전까지 대마지방의 통교는 거의 단절되었다. 그 후에도 도주와 인위 종씨의 대립은 계속되었고, 이는 도주의 도내 지배권 확립에 커다란 장애가 되었다. 따라서 宗貞茂를 비롯한 역대의 대마도주는 인위 종씨의 세력을 약화시키기 위하여 그들과 혼인관계를 맺는 한편 조선의 왜인통제책을 이용하여 그들의 대조선 통교를 제한하려 하였다. 그 결과 宗貞國 대에 이르러 도주와 인위 종씨는 대립관계에서 협력관계로 전환하였고, 도주는 도내의 지배권을 확고하게 장악할 수 있었다.

대마도의 통교자는 대마도주·도주의 일족·인위 종씨·조전氏·도주 관하 및 기타 중소 통교왜인으로 구성되어 있었다. 그 중 대마도주의 통교는 대마 전체의 48.2%로 가장 많았으며, 또한 지속적이며 안정적으로 유지되었다. 이는 조선에서 조일관계에 있어서 대마도주의 역할을 중시하고 그를 우대하였기 때문이었다.

대마도주의 대조선 통교의 특징은 ① 통교 시에 '대마도수호' '대마주태수' '대마도주' 등을 혼용하였으며, 성종 이후에는 주로 '대마주태수'를 사용하였다. ② 도주직을 계승하기 전과 후에는 통교 시에 사용하는 직칭이나 세견선, 세사미두의 수에서 구분이 있었다. ③ 도주 중에서 가장 먼저 통교한 자는 宗賴茂이며, 가장 활발하게 통교한 자는 宗貞國이었다. ④ 도주 중에 宗貞盛과 宗成職은 도서를 사급받은 수도서왜인이었다. 특히 종정성은 도내 최초의 수도서왜인이었으며, 종성직은 아명도서를 사급받기도 하였다. ⑤ 삼포왜란 이후에는 통교 시에 도주의 이름을 사용하지 않고 다만 '대마도주' 또는 '대마주수호'를 사용하였다. 특히 이 시기는 도주의 통교 비율이 다른 시기에 비해 높았으나 상대적으로 통교는 격감되어 거의 단절 상태에 이르렀다.

도주 일족의 통교는 제1~4기까지는 별다른 변화를 보이지 않고 있으나 제5기에는 단 1건밖에 없었다. 도주 일족 중에서 沙彌靈鑑이 처음으로 통교하였으며, 宗盛弘이 가장 활발하게 통교하였다. 특히 도주와 도주일족의 통교를 합하면 대마도 통교의 62.2%에 달하였다.

인위 종씨는 제1기에는 거의 통교하지 않았으나 제2기부터 급격히 증가하여 제3기에 가장 활발하게 통교하였다. 특히 인위 종씨는 도주와 대립하고 있었기 때문에 그들의 통교는 대마도주의 도내 통치력과 상당한 관련이 있었던 것으로 생각된다. 인위 종씨의 대조선 통교의 특징은 ① 인위 종씨 중에는 세견선 정약자와 수도서·수직왜인이 많았는데, 이는 독자적인 통교권을 확보하기 위한 노력의 결과였다. ② 도주 宗貞國 이후에는 대마도주와의 대립관계를 청산하고 대마도대관으로 통교한 자가 많았다.

조전씨는 왜구의 우두머리가 통교자로 전환한 대표적인 예로, 이들의 통교는 제2기에 집중되었다. 특히 左衛門大郞의 통교는 도주의 그것을 능가하였으며, 일족 중 7명이 수직왜인이었다. 이는 왜구의 변질과정(왜구→통교자→수직왜인)과 조전씨의 성격을 단적으로 보여주는 것이었다.

도주관하 및 중소 통교왜인의 통교는 제1기와 제4기가 비교적 높았고 제2기와 제5기가 낮았다. 이들의 통교는 ① 통교자의 관직이나 계보가 명확하지 않은 경우와 천호·만호·도만호 등을 칭하면서 통교한 자가 많았는데, 이들은 아마 왜구가 통교자로 전환한 자들이었다고 생각한다. ② 제3기 이후에는 도주의 특송이나 관하로 신분이 확실한 자들이 대부분이며, 통교도 지속적으로 유지되었다. 이는 그들이 도주관하로 흡수되어 가는 사정을 반영하는 것이라 할 수 있다. ③ 수직왜인이 많이 포함되어 있었으며, 이들의 통교는 주로 제3기와 제4기에 집중되었다.

대마도지방 통교자들이 행한 대조선 무역의 형태는 ① 진상과 회사 ② 공무역 ③ 사무역 ④ 밀무역으로 나눌 수 있다. 이 중 ①~③의 무역 형태는 합법적인 무역이었으며, ④는 불법적인 무역이었다.

대마도의 대조선 무역의 특징을 보면 제1기는 주로 진상과 회사에 의한 교역이 주를 이루었으나 그 규모는 매우 작았다. 대마도인이 가지고 오는 물품은 말과 소목(丹木)·후추·공작 등이었으며, 그 중 말을 제외한 남방물산은 왜구에 의한 약탈품이었다. 제2기는 교역의 규모가 질적·양적으로 확대되었고 품목도 다양해졌다. 이 시기 대마도는 유구 등 동남아시아의 여러 나라와 중개무역을 통하여 단목·후추 등을 다량 가지고 왔다. 제3기는 제2기와 커다란 변화가 없었으며, 제4기는 교역의 물품이 금·동철·단목·후추·주홍 등으로 줄어들었지만 그 양은 대규모화되었다. 특히 이 시기에 대마도주를 중심으로 대규모의 황금·주홍·동철무역이 행하여졌다.

또한 도주는 여러 가지 이유를 들어서 조선에 면포나 동전·호표피 등을 구청하는 사례가 빈번하였다. 제5기는 삼포왜란이후 대일관계가 쇠퇴함에 따라 대규모 교역도 줄어들었으며, 수직·수도서왜인이 진상하는 물품의 양도 제한하였다.

대마지방 통교자들이 구청하거나 회사받은 물품은 미두 등의 곡물, 정포(마포)·저포·면포·면주 등의 섬유제품과 화문석·호표피 등의 장식품, 인삼·오미자 등의 약재, 대장경·서적 등의 문화재를 들 수 있다. 그 중 중요한 회사품은 역시 식량과 섬유제품이었다. 대장경의 경우는 주로 대마도주에 의한 구청과 사급이 이루어졌다.

일본지방 통교의 절반가량이 대마지방의 통교라는 사실을 감안하면 조일 간의 무역에 있어서 대마도의 역할은 매우 컸다고 생각된다. 특히 조선에서는 통교자에 대한 통제를 통해서 대일 외교체제를 형성하고 전개하는 한편 통교자를 통해서 금·동철·유황·단목·후추 등 국가에서 필요로 하는 물품을 손쉽게 조달할 수 있었다.

제3장

대일 통교통제 정책

1. 머리말

대마도정벌로 왜구 문제가 일단락된 후 조선의 대일외교의 근간은 일본으로부터 도항하는 왜인을 통제하는 것이었다. 이에 조선에서는 서계·행장·노인·문인·세견선 제한 등 여러 가지 제도를 정비하여 왜인의 통교를 제한하려 하였다. 그 중 문인제도와 세견선의 정약은 조선이 일본과 외교관계를 형성하고 유지하는 중요한 요소였다. 그리고 통제책의 정비 과정에서 대마도주는 조일외교의 중간세력으로 급부상하였다. 이와 같이 조선의 왜인에 대한 통제책은 그 시행과정에서 대마도주와 밀접한 관련을 가지고 있었으며, 양국관계를 형성하고 유지하는 데 매우 중요한 역할을 하였다. 그럼에도 불구하고 이에 대한 구체적인 연구는 매우 미진하다.[157)]

본 장에서는 조선전기 대일 외교체제의 형성과정과 성격을 규명하기 위한 작업의 일환으로 통교통제책의 실시 배경과 연원 및 내용을 살펴보고, 아울러서 통교통제책이 대일관계에서 어떠한 의미를 가지고 있었는지를 규정해보고자 한다.

2. 통제책의 실시 배경

조선초기의 왜구대책과 외교적인 교섭의 결과 왜구는 점차 사송왜인·흥리왜인·향화왜인 등 평화적인 통교자로 전환되어 갔다. 그리하여 1410년

---

157) 왜인의 통교 통제책에 대한 연구는 다음과 같은 논문이 참고된다.
中村榮孝, 「室町時代の日鮮交通と書契及び文引」上·下, 『史學雜誌』42-10·43-11, 1931 (『日鮮關係史の研究』上, 吉川弘文館, 1965. 所收); 이현종, 「入國倭人」『朝鮮前期對日交涉史研究』, 한국연구원, 1964; 하우봉, 「朝鮮前期의 對日關係」『강좌한일관계사』, 현음사, 1994.

(태종 10)을 전후하여 왜구의 침입은 급격히 감소하였으며, 반면에 일본 각지로부터 도항하는 왜인은 점차 증가하기 시작하였다. 그러나 이 시기에는 아직 도항왜인에 대한 제 규정이 정비되지 않았기 때문에 그들이 해안지방을 마음대로 왕래하여 무역을 하거나 항왜들과 접촉하여 군사상의 비밀을 정탐하는 등 많은 치안상의 폐단이 야기되었다.

또한 조선에 도항하는 왜인은 사행의 성격을 띠고 있었기 때문에 그들이 조선에 도항해서 귀환할 때까지의 접대비용을 조선이 부담하였다. 그런데 왜인들이 가지고 온 물품을 다 팔지 못하였다는 등의 이유로 오랫동안 체류하는 폐단이 발생하였다. 이에 조선은 접대비용을 줄이기 위해서 그들이 가지고 온 물품을 대신 매매해주었으며, 이는 조선의 막대한 재정적 부담을 초래하였다.

이와 같이 통교자의 증가는 조선의 치안상의 혼란과 재정적 부담을 가중시켰기 때문에, 조선에서는 이후 왜구의 재발을 방지하고 통교자를 통제하는 것이 대일정책의 기본이 되었다. 그리하여 대마도정벌 이후부터 본격적으로 왜선이 도항하여 정박할 수 있는 포소를 제한하고 아울러 서계·문인제도·계해약조 등의 제도를 정비하였다. 또한 사선의 정수와 승선인원, 체류기간, 과해량, 급료, 각종 연회의 장소와 횟수에 이르기까지 접대규정을 상세하게 정비하여 접대비용을 절감하고 왜인들의 횡포와 무질서한 행동을 규제하였다.[158] 이러한 통제와는 달리 왜구의 진압이나 피로·표류인 송환에 협력한 자 그리고 외교상의 공로자들을 회유하기 위하여 수도서제도와 수직제도를 실시하였다.

조선조정이 통교체제를 정비한 이유는 ① 통교자의 증가에 따른 치안·경제상의 부담과 ② 대마도정벌 이후 왜구에 대한 자신감, ③ 일본에 국내정세에 대한 지식의 확대 등을 들 수 있다. 특히 조선초기 대일사행을 통

---

158) 통교왜인에 대한 접대규정은 1471년(성종 2)에 편찬된『해동제국기』「조빙응접기」에 집대성되어 있다.

해서 얻은 일본의 국내정세와 막부장군-지방호족과의 세력관계, 해적의 분포[159] 등에 대한 정보를 토대로 대일 외교체제를 정비할 필요성을 느꼈다. 이에 조선에서는 대마도의 정치, 경제적 안정이 왜구의 재발을 방지하고 일본으로부터의 통교자를 효과적으로 통제할 수 있다고 인식하고, 대마도주에게 도주의 서계·문인제도·세견선·세사미두 등 여러 가지 특권을 부여하여 그를 조선의 외교체제 속에 편입시키려 하였다. 반면에 대마도주는 조선으로부터 부여받은 제 특권과 권익을 이용하여 도내의 정치, 경제적인 지배권을 확립할 수 있었다.

3. 통제책의 내용

왜인에 대한 통제책은 그들이 조선에 도항하기 전과 후의 통제책으로 나눌 수 있다. 전자는 왜인이 정박하는 포소의 제한과 서계·도서·문인·세견선의 정약에 의한 통제가 있다. 그중 포소와 세견선 제한은 조선조정이 직접 통제하였지만 서계·문인에 의한 통제는 대마도주를 통한 간접적인 통제였다. 후자는 삼포에 도항한 후 조선으로부터 접대를 허락받은 왜인이 일본으로 돌아갈 때까지의 체류기간이나 상경도로의 지정, 留京日數와 교역 장소의 제한 등이 있다. 여기에서는 도항 전의 통제책에 대해 살펴보려 한다.

159) 1429년(세종 11)에 통신사 박서생이 사행을 마치고 귀환하여 올린 계에는 對馬에서 兵庫에 이르기까지 왜적의 분포와 지배계통을 분석하고, 실정막부 장군과의 수호는 왜구를 금지시키는데 그다지 도움이 되지 못하기 때문에 왜구를 통제할 능력이 있는 서일본지방의 제후들과 직접 교섭하여 왜구를 통제하는 것이 효과적이라 지적하고 있다.(『세종실록』 권46, 11년 12월 을해).

1) 포소의 제한

포소의 제한은 일본으로부터 조선에 도항하는 왜선의 정박장소를 제한하는 것으로, 원래는 흥리왜인에 대한 통제에서 비롯되었다. 흥리왜인은 조선의 연안을 마음대로 왕래하면서 무역을 행하고 다른 한편으로 해변의 각 고을에 안치된 향화왜인과 교통하거나 병선의 허실을 탐지하는 등 치안·경제상의 폐단을 야기하였다. 또한 흥리왜인은 그 상당수가 고려 말 조선 초의 왜구가 통교자로 전환한 자들이었기 때문에 교역이 여의치 못할 경우 조선의 연안을 약탈할 가능성을 내포하고 있었다. 이에 조선에서는 1407년(태종 7)에 흥리왜인이 도항하여 무역할 수 있는 장소를 부산포와 내이포(제포)의 2개의 포소로 제한하였다.[160] 이러한 면에서 볼 때 포소의 제한은 조선조정의 경제적인 부담보다는 치안상의 부담을 해결하기 위해서 실시한 제도이었다고 할 수 있다.

그 후 포소의 제한은 흥리왜인뿐만 아니라 조선에 도항하는 모든 통교자에게 확대 적용되었다. 그리하여 1418년(태종 18)에는 항거왜인과 사송왜인·흥리왜인의 교잡, 그리고 통교왜인의 증가와 그에 따른 폐단을 제거하기 위하여 염포와 가배량에 왜관을 설치하고 그곳에 경상도의 흥리왜인을 안치하였다.[161] 그 결과 태종대에 이르러서 왜인들이 도항할 수 있는 포소는 부산포·염포·내이포·가배량 등 4포로 정해졌다. 그러나 1419년에 왜구의 소굴인 대마도를 정벌한 직후 대마도와의 외교관계가 일시 단절되었고 포소도 자연 폐쇄되었다. 그 후 대마도주가 항복과 印信의 하사를 요청하는 사신을 파견함으로써 대마도와의 외교관계가 다시 재개되었다. 대마도정벌을 단행하였던 태종이 죽자 1423년(세종 5)에 다시 부산포와 내이포를 개항하고[162] 이어서 1426년에 염포를 추가로 개항하였다.[163] 이로써

160) 『태종실록』 권14, 7년 7월 무인.
161) 『태종실록』 권35, 18년 3월 임자.
162) 『세종실록』 권20, 5년 4월 병인.

이른바 '삼포'가 개항되었으며, 그곳에는 각각 왜관이 설치되었다. 그리고 상경왜인의 접대를 위해 서울에 동평관이 설치되었다.

한편 일본 각지로부터 사송선·흥리선의 왕래가 빈번해짐에 따라, 이들 선박이 한 포소에 집중되는 폐단을 방지하기 위하여 삼포에 나누어 분박하도록 하는 규정이 마련되었다. 특히 대마도주의 세견선 50척은 부산포와 내이포에 각각 25척씩 분박하도록 하였다.[164] 또한 삼포윤박제를 실시하여 대마도에서 오는 선박은 내이포·부산포·염포 순으로 나누어 정박하도록 하였다.[165]

조선에서는 삼포에 항거하는 왜인이 계속해서 증가하자 1434년(세종 16)에 도주에게 서한을 보내 그들을 쇄환해 가도록 명령하였다. 이에 대해 대마도주는 관하 60인을 그대로 삼포에 거주할 수 있도록 요청하였다.[166] 그 후 1436년에 대마도주가 내이포 253명, 염포 96명, 부산포 29명의 항거 왜인을 쇄환해 갔는데, 이때에 조선에서는 도주가 요청한 60인보다 많은 206명을 삼포에 머물도록 허락하였다.[167] 그런데 도주가 거주하기를 요청한 관하 60인은 후에 60호의 의미로 바뀌어서 내이포 30호, 부산포 20호, 염포 10호로 배당되었다.

이와 같이 삼포는 왜인들의 到泊處·접대처·무역처·거류지로서의 기능을 담당하였다. 그러나 삼포는 1510년(중종 5) 삼포왜란으로 폐쇄되었다. 1512년 임신약조로 외교관계가 재개되었지만 삼포 중 내이포(제포)만이 개항되었으며, 이는 조선후기 단일 왜관제의 효시가 되었다. 그 후 대마도주의 요청에 의해 1521년(중종 16)에 부산포를 추가로 개항하여 2포가 되

---

163) 『세종실록』 권31, 8년 정월 계축.
164) 『세종실록』 권80, 20년 2월 기사. 권89, 22년 4월 신축. 『해동제국기』 「조빙응접기」 三浦分泊條.
165) 『세종실록』 권96, 24년 5월 경신.
166) 『세조실록』 권40, 12년 12월 갑인. 권41, 13년 2월 기유.
167) 『세종실록』 권71, 18년 3월 을미.

었으며, 이때에도 대마도의 세견선 25척을 부산포 13척, 제포 12척으로 나누어 분박하도록 하였다.[168] 1544년(중종 39) 사량왜변으로 통교가 단절되어 포소가 폐쇄되었고, 3년 후인 1547년 정미약조로 다시 부산포만을 개항하였다. 그 후 대마도주가 반복해서 제포의 개항을 요청하였지만 허가하지 않고 임진왜란이 일어날 때까지 그대로 부산포만을 개항하였다.

2) 서계에 의한 통제

서계는 원래 조선의 예조와 일본의 통교자가 주고받았던 일종의 외교문서이다. 따라서 조선에 오는 사송왜인은 서계를 지참하여야 했다. 그러나 대마도정벌 이후부터 서계는 일본으로부터 도항하는 통교자에 대한 통제 수단으로 이용되었다. 즉 1419년(세종 원년) 9월에 도주 宗貞盛(都都熊瓦)이 예조에 서계를 보내 조선에 항복할 뜻을 전하면서 인신의 하사를 요청하였다.[169] 그에 대해 예조판서 허조가 도도웅와에게 보내는 답서에 대마도를 경상도의 속주로 삼고 도주에게 도서를 사급하여 도주 관하의 통교자는 도주가 친히 서명한 서계를 지참하도록 하였다.[170] 이것이 이른바 '대마도주의 서계제'로 대마도로부터 도항하는 모든 통교자는 도주가 친히 서명한 서계를 지참하여야만 접대를 허락받고 무역을 행할 수 있었다.

---

168) 『중종실록』 권42, 16년 8월 갑진.
169) 『세종실록』 권5, 원년 9월 임술.
170) 『세종실록』 권7, 2년 윤정월 임진.
그 서계에 이르기를"(중략) 또한 대마도는 경상도에 속하였으니 모든 보고나 문의할 일이 있으면 반드시 본도(경상도)의 관찰사에게 보고하고 (이를 관찰사가 예조에) 전보하여 시행하도록 하며, (대마도주가) 직접 본조(예조)에 올리지 말도록 할 것이요, 겸하여 청한 인장의 篆字와 하사하는 물품은 돌아가는 사절에게 부쳐 보냅니다. 근래에 족하가 관할하고 있는 대관과 만호가 각기 제 마음대로 사람을 보내어 글을 바치고 성의를 표하니 그 정성은 지극하나 심히 체통에 어그러지는 일이니 지금부터는 반드시 족하가 친히 署名한 서계를 가지고 와야만 비로소 예로서 접대를 허락할 것입니다."하다. 그 인장의 글자는 "宗氏都都熊瓦"라 하였다.

이 서계제는 1414년(태종 14)에 대마도주가 조일외교의 중간세력으로 등장[171]한 이후 이를 공식적으로 인정해주는 것이었다. 그 후 조선에서는 서계에 의한 통제를 다른 지방에까지 확대 적용하여 구주지방의 통교자는 구주절도사의 서계를 가지고 온 자에 한해서 접대를 허락하였다.[172]

이같이 조선이 대마도주나 구주절도사에게 도서를 사급하여 관하인의 통교를 제한하려 한 이유는 대마도의 지리적 위치와 구주절도사의 지배력을 중요시하였기 때문이라 생각한다. 즉 대마도는 지리적으로 조선과 일본의 중간에 위치하여 조선에 도항하는 왜인이 반드시 거쳐야만 하는 곳이었으며, 또한 고려 말부터 왜구의 소굴로 인식되고 있었다. 西國에서 아시카가정권을 대표하는 세력인 구주절도사[173]는 今川貞世(了俊)를 비롯하여 源道鎭(涉川滿頼), 源義俊 등이 고려 말 조선 초에 통교하여 왜구의 금압과 피로인의 송환에 적극 협력하였다.[174]

따라서 조선에서는 그 지역을 대표하는 대마도주와 구주절도사에게 도서를 사급하고 이를 통해 그들 관하의 통교자를 간접적으로 제한하려고 하였던 것이다. 반면에 대마도주와 구주절도사는 '서계제'를 이용하여 그 지역에서 자신의 지배력을 강화하려 하였다. 이와 같이 조선에서는 대마도주와 구주절도사를 통하여 일본의 통교자를 이원적으로 통제하려 하였다.

---

171) 조선에서는 항왜 池溫을 대마도주 宗貞茂에게 보내 일본국왕 및 對馬島·大內殿·小二殿·九州節度使 등 10개 처 이외의 사송왜인을 조선에 보내지 말도록 요청함으로써, 도주가 조일외교에 있어서 통제자로 등장하기 시작하였다.(『태종실록』 권28, 14년 8월 정미).

172) 『세종실록』 권8, 2년 7월 임신.

173) 九州節度使는 고려 말의 今川貞世(源了俊) 이래 關西省探題·九州牧右武衛將軍·九州府探題·鎭西節度使·九州伯·九州都督·九州都元帥右武衛·九州都督府探題·九州總管·右武衛殿 등으로 칭하며 통교하였다.(『해동제국기』 일본국기 右武衛殿).

174) 源了俊은 1394년(태조 3)과 1395년에 각각 659명, 570여명의 피로인을 송환하였으며, 源道鎭은 태종 6년에 사신을 파견하여 왜구의 금압에 적극 협력할 뜻을 전하고 아울러 피로인을 송환하였던 것이다.(『태조실록』 권6, 3년 7월 경술. 권8, 4년 7월 신축. 『태종실록』 권11, 6년 2월 무자).

서계에 의한 통제는 대마도주나 구주절도사의 지배력 강화에는 도움이 되었지만, 통교자의 제한이라는 측면에서는 그다지 효과를 거두지 못하였던 것 같다. 그 이유는 대마도주의 정치적 불안정[175]과 구주절도사의 지배력 약화[176], 그리고 조선의 철저하지 못한 통제책 때문이었다. 따라서 조선조정에서는 서계제를 보완하기 위한 대책으로 문인제도를 실시하였다.

3) 문인(행장·노인)에 의한 통제

① 행장·노인·문인의 연원

『大明律直解』[177] 兵律 關津 私越冒度關津條와 詐冒給路引條에 보면 노인과 문인은 주로 국경의 요새나 나루터(關津)의 통행을 제한하기 위한 군사적인 목적으로 사용되었으며,[178] 양자는 같은 의미를 가지고 있었다.

---

175) 이 시기에는 도주인 宗貞盛이 아직 나이가 어려서 적수인 左衛門大郎이 도내의 실권을 장악하고 있었기 때문에 도주의 서계에 의한 통제는 강력하게 시행될 수 없었다.

176) 구주지방에서는 應永 30년(1423, 세종 5)에 筑前守護 小貳滿貞이 九州探題 涉川義俊(源義俊)을 격파한 이래 실정막부의 권력을 배경으로 축전지방에 진출하려는 외래세력인 大內氏와 그의 진출을 저지하려는 재지세력인 小貳·大友·菊池氏와의 대립이 격화되었다. 이 싸움에서 小貳滿貞이 구주탐제 涉川義俊을 격파하였으며, 의준은 1424년에 京都에 소환되었다.(橫山浩一·藤野保 編, 『九州と日本社會の形成』, 吉川弘文館, 1987, 139~141쪽).

한편 구주절도사가 구주지방에서 정치적인 권력을 잃자 서계발행권의 분산이 행하여져 志佐·佐志·薩摩州·石見州·大友殿 등으로부터 서계와 문인을 받아 위조하여 오는 자가 많아짐에 따라 조선에서는 大內殿에 사신을 보내 이를 금지하도록 요청하기도 하였다.(『세종실록』 권85, 21년 4월 을미)

177) 『大明律直解』는 중국 명대의 법률인 『大明律』을 漢文吏頭로 직해한 책으로, 조준의 명에 의해 고사취·김지등이 편하여 정도전·당성 등이 수정하여 1395년(태조 4) 서적원에서 간행하였다. 그 후 1446년(세종 28)에 다시 평양감영에서 중간하였다.

178) "무릇 문인이 없이 사사로이 관진을 건너는 자는 장 80에 처한다. … 만약 문인이 있으나 다른 사람의 이름을 가칭하여서 관진을 건너는 자는 장 80에 처한다."(『大明律直解』 권15, 兵律 關津 私越冒度關津條)

"무릇 노인을 발급하지 않아야 할 사람에게 (路)引을 발급하고 軍이 民이라 사칭

반면에 戶律 市廛 私充牙行埠頭條[179]에 보면 노인은 객상의 활동을 통제하기 위하여 사용되었음을 알 수 있다. 또한 '六典에 경외의 문인을 고찰하고 조세를 징수하는 법이 기록되어 있다'[180]는 『세종실록』의 기록에 의하면 문인은 상인에게 세를 징수하기 위해서 사용되었음을 알 수 있다. 그런데 『경국대전』에는 행장이나 문인은 나타나지 않고 노인만 기록되어 있으며, 그 적용 대상은 국내인은 물론 왜인까지 확대되어 있었다. 이를 종합해 보면 노인은 상인에 대한 징세와 통제, 그리고 군사적인 목적 이외에도 조선에 도항하는 왜인들에 대한 통제의 수단으로 사용되었다.[181]

『조선왕조실록』에서는 행장·노인·문인 중에 행장이 가장 먼저 사용되었다. 즉 1406년(태종 6)에 서북면 백성들이 압록강을 넘어 몰래 마필을 매매하는 것을 금지시키기 위해서 압록강을 왕래하는 상인과 승려에게 행장을 소지하도록 하였다.[182] 그 후에도 동·서북면에 출입하는 행상은 서울은 한성부, 외방은 도관찰사나 순문사의 印信行狀을 소지하도록 하고, 그것을 소지하지 않은 자는 도둑으로 논죄하였다.[183]

그 후 행장은 노인으로 바뀌어 1411년(태종 11)에는 商賈의 本役 도피

하고 民이 軍이라 사칭하여 만약 僞名으로 인의 발급을 청구한 자와 받은 인을 다른 사람에게 넘겨주는 자는 모두 장 80에 처한다. … "(『大明律直解』 권15, 兵律 關津 詐冒給路引條)

179) "무릇 城市鄕村의 여러 중매인과 항구의 중매인은 모두 충분한 재산이 있는 人戶로 충당하고 관에서 印信을 찍은 문부를 지급하고 客商船主의 주소, 본관, 성명, 路引의 字號, 물화의 수량과 종류를 부기하고 매월 관에 가서 검사를 받게 한다." (『大明律直解』 권10, 戶律 市廛 私充牙行埠頭條)

180) 『세종실록』 권89, 22년 5월 경술.

181) 『경국대전』 예전 대사객조에 "왜인이 포소에 도착하면 변장이 서계와 도서·노인을 살펴서 (정약한)세견선의 수(歲朝數)에 의하여 서울로 올려 보낸다."라는 조문과 호전 잡세조에 "행상에 노인을 지급하고 세를 거둔다"는 조문, 그리고 병전 노인조에 "무릇 군사는 휴가를 얻어서 귀향하는 자에게 본조(병조)에서 노인을 지급한다."는 조문이 있다.

182) 『태종실록』 권11, 6년 2월 을축.

183) 『태종실록』 권14, 7년 10월 기축.

를 방지하기 위해서 상고 중에 노인이 없는 자는 그 재화를 몰수하도록 하였다.[184] 그 이듬해에는 서북면에 왕래하는 상인은 소재 관사에서 물화의 수량과 품목을 기록한 노인을 발급받고 매매하는 고을의 관사에 이를 제출하여 장부에 기록하고 背書에 인을 찍어서 매매를 허가받도록 한 西北面路引法이 제정되었다.[185] 또한 1428년(세종 10)에 '문인이 없이 관진을 건너는 자는 장 80을 쳤으니 지금부터 죄를 짓고 달아나는 자 이외에는 모두 명령을 어긴 것으로 논죄하라'[186]고 한 기록을 보면 『대명률』에 보이는 문인이 조선에서도 그대로 사용되었음을 알 수 있다.

특히 조선시대에는 상인들로부터 원래 월세와 행장세(문인세)를 포나전으로 징수하였다.[187] 그런데 이들 상인에게 징수한 세의 명목을 노인세[188]·행장세[189]·문인세[190]등으로 칭하였던 것으로 보아 노인과 문인·행장이 같은 의미로 혼용되고 있음을 알 수 있다.[191] 다만 사용된 순서는 행

184) 『태종실록』 권21, 11년 2월 임진.
185) 『태종실록』 권23, 12년 4월 정사.
186) 『세종실록』 권39, 10년 정월 신축.
187) 『태종실록』 권32, 16년 8월 신사. 『세종실록』 권89, 22년 5월 경인.
188) 『태종실록』 권27, 14년 5월 계미. 『경국대전』호전 잡세조.
189) 『태종실록』 권32, 16년 8월 신사. 『세종실록』 권46, 10년 11월 갑오. 권123, 31년 정월 무신.
190) 『세종실록』 권89, 22년 5월 경술.
191) 그 외에도 행장·노인·문인을 혼용한 예는 많이 있다. 먼저 수륙군정이나 백성들이 흉년에 타도에 출입하여 취식하려는 자는 소재관사의 행장이나 노인을 소지하도록 하였는데, 1426년(세종 8)에는 행장을, 1457년(세조 3)과 1481년(성종 12)에는 노인을 소지하도록 하였다.(『세종실록』 권33, 8년 8월 무자. 『세조실록』 권8, 3년 8월 기해, 『성종실록』 권132, 12년 8월 을묘) 또한 京外私船(상선)이 바다에 나아갈 때 왜적의 약탈을 방지하기 위해 7-8척의 배를 같이 출항시켰는데, 이때에 京江은 공조, 外方은 관하 각포관사나 소재관의 행장이나 문인을 소지하도록 하였다.(『세종실록』 권15, 4년 2월 무신, 권17, 4년 8월 계묘. 권28, 7년 6월 신묘) 또한 제주도를 출래하는 포작인이나 해도출입자는 소관만호나 수령의 행장 또는 노인을 소지하도록 하였다.(『성종실록』 권161, 14년 12월 을축. 권178, 16년 윤4월 기해)

장·노인·문인 순이었으나 혼용하는 경우도 많았으며, 시기적으로는 태종·세종대에는 행장이 그 이후에는 노인이 주로 사용되었다. 그리고 국내에서 행장·노인·문인의 적용 대상을 보면 양인으로부터 상인·상선·재인·화척·수륙군정·포작인·군사·승려에 이르기까지 광범위하였으며, 주로 군사적·경제적·사회적인 목적을 가지고 사용되었다.[192] 또한 행장이나 노인·문인은 발급은 호조와 병조·예조를 비롯하여 서울에서는 한성부와 유후사가, 외방에서는 도관찰사·도순문사·수령·만호 등의 지방관이 담당하였다.

한편으로 문인은 여진인에도 적용되었다. 먼저 여진인에게 문인을 처음으로 적용하려 한 사례는 1443년(세종 25)에 함길도 도절제사 김효성이 각 진에 살고 있는 야인이 친족을 만나러 오는 경우 소재관사에서 인구와 우마를 기록하고 기일을 한정하여 문인을 발급해주고 돌아갈 때에 회수하도록 요청한 것이다. 그러나 이는 번거롭고 복잡하여 여진인이 난동을 일으킬 염려가 있다고 하여 시행되지 못하였다.[193]

그 후 1445년에 조선에서는 한 해 동안에 내조하는 諸種野人의 수를 정하였는데, 그때 정수 외에 추장의 사송이라 일컫고 문인을 가지고 온 자는 도절제사가 되돌려 보내라고 한 사실과[194] 1451년(문종 원년)에 建州衛都督 李滿主 관하 金納魯 등 6명이 수재 때문에 식량을 구청하기 위해서 이만주의 인신과 문인을 받아서 내조한 사실[195]을 통해서 볼 때 문인은 입국증명서로 사용되었으며, 문인의 발행권은 여진추장에게 있었다. 그러나

---

192) 양인의 경우는 유망을 방지하고 본업(농업)에 충실하게 하기 위해서, 상인은 그들의 통제와 세를 징수하기 위해서, 각 관의 노비와 재인, 화척, 수륙군정의 이탈방지와 군적을 관리하기 위해서 사용되었다. 또한 상선은 해적의 약탈을 방지하기 위해서, 포작인이나 해도 출입자는 해적행위를 막고 水賊의 약탈을 방지하기 위해서, 승려들이 사찰 밖에 출입할 경우, 군사들이 휴가를 얻어 귀향할 때에 사용되었다.

193) 『세종실록』 권102, 25년 10월 갑진.

194) 『세종실록』 권110, 27년 11월 임신.

195) 『문종실록』 권9, 원년 9월 갑술.

여진인의 경우 문인이 아닌 행장이나 노인을 사용한 예는 찾을 수 없었다.

또한 행장과 노인은 삼포항거왜인이나 항왜에게 적용되었다. 즉 삼포항거왜인 중에서 고기를 잡아 생계로 삼는 조어왜인과 상인은 차사원이나 변장의 행장·노인을 소지하도록 하였으며,[196] 또한 삼포항거왜인이 변장에게 보고하지 않고 노인도 없이 관한을 넘어 다른 고을에 가서 장사하는 것을 금하였다.[197] 그리고 항왜의 경우 노인을 몰래 받아서 사사로이 바다에 나아가 장사하는 것을 금지하였다.[198] 이와 같이 행장·노인·문인은 삼포항거왜인이나 항왜, 나아가서는 일본으로부터 도항하는 왜인에게까지 확대하여 적용되었다.

한편 처음으로 행장이 왜인에게 적용된 때는 1407년(태종 7)이다. 즉 1407년에 홍리왜선이 각 포구에 흩어져 정박하여 병선의 허실을 탐지하는 것을 막기 위해 포소를 부산포와 내이포 2포로 제한하였는데, 그 때에 각 섬의 통치자(渠首)에게 알려서 행장을 만들어 발급하여 도만호가 있는 곳에 와서 정박하도록 하였다.[199] 당시 행장의 발행은 대마도주·일기도주·구주의 수호대명과 기타 세력이 있는 그 지역의 통치자를 선택하여 지정하였던 것 같다. 이러한 사실은 1409년에 김을우가 경상도에서 왜선 2척을 포획하였는데, 그 배에 타고 있던 자들이 대마도주 宗貞茂가 발행한 행장 2장을 보이면서 무역하러 왔다고 말한 사실을 통해서 도주가 행장을 발급하였음을 확인할 수 있다.[200]

1430년(세종 12)에 조선에서 도서·행장을 소지한 조어왜인을 포획하여 왜구라 칭하고 처형한 사건과[201] 1436년에 대마도주가 문인을 가지고 부

196) 『세종실록』 권48, 12년 4월 신사. 『성종실록』 권77, 8년 윤2월 병인.
197) 『성종실록』 권10, 2년 5월 병자.
198) 『태종실록』 권26, 13년 7월 을사.
199) 『태종실록』 권14, 7년 7월 무인.
200) 『태종실록』 권17, 9년 3월 기미.
201) 『세종실록』 권47, 12년 3월 계묘.

산포에서 와서 고기잡이를 하다가 난동을 부리고 도망간 조어왜인을 붙잡아서 보낸 사건[202]을 통해 볼 때 조어왜인은 대마도주의 도서·행장 또는 문인을 소지하였음을 알 수 있다. 그리하여 1441년(세종 23)에 도주의 요청에 의해서 맺은 고초도조어금약[203]에는 대마도의 조어왜인은 반드시 문인을 소지하도록 규정하고 있으며, 문인을 소지하지 않은 자와 병기를 휴대한 자, 그리고 풍랑을 구실삼아 지정된 수역 이외의 지역을 횡행하는 자는 해적으로 간주하여 논죄한다는 조항도 있었다.

이와 같이 왜인의 경우도 조선 국내와 마찬가지로 행장·노인·문인이 같은 의미로 혼용되었으며, 그것이 사용된 순서도 국내의 경우와 같았다. 그리고 시기적으로는 태종과 세종 초에는 행장이, 1434년(세종 16)부터는 문인이 주로 사용되었다.

② 문인제도의 정약

문인제도는 일본으로부터 도항하는 모든 통교자는 대마도주의 문인을 받아와야만 접대를 허락한다는 것으로, 1438년(세종 20)에 이예가 대마도주 宗貞盛과 정약하였다. 문인 이전의 단계인 노인은 원래 흥리왜인에게 사용되었으나,[204] 그것이 도항증명서로 제도화되기 시작한 것은 1426년(세종 8) 종정성의 요청에 의해서였던 것 같다.

石見州賜物管押使 대호군 이예가 복명하여 아뢰기를 … (宗貞盛이)

---

202) 대마도태수 宗貞盛이 갑인년(1434)에 자기의 문인을 받지 않고 전라도 등지에 가서 인물을 살해한 大郎二郎과 문인을 받고 부산포에서 고기잡이를 하고 돌아가다 난동을 부린 彦五郞을 붙잡아서 보내기도 하였다.(『세종실록』 권71, 18년 3월 을유)

203) 고초도조어금약에 대해서는 다음의 논문이 참고된다.
長節子, 「孤草島釣魚禁約」 『海と列島文化3』, 小學館, 1990; 「孤草島釣魚の變容」 『年報朝鮮學』1집, 九州大學朝鮮史學研究會, 1990.

204) 흥리왜선주가 이미 기한이 지난 노인을 가지고 오므로 국내의 예에 따라 기한이 지나면 노인을 회수하기로 하였다.(『세종실록』 권30, 7년 10월 갑술).

> 신에게 이르기를 '지금 사신에게 부의를 보내시니 감사한 마음 한이 없습니다. 신은 여러 곳의 잡인들이 마음대로 횡행할까 두려워하여 사송선과 흥리선에게 모두 노인을 지급하였으니 금후로는 노인이 없는 자는 접대를 허락하지 마십시오.'라고 하였습니다.[205)]

즉, 대마도주는 도항왜인의 범람 방지책으로 사송선과 흥리선 모두에게 노인을 지급해 주었으므로 지금부터 노인을 가지지 않은 자는 접대해주지 말도록 요청하였다. 여기에서 노인은 행장이나 문인과 같은 것이다. 종래에 흥리선은 그 지역 통치자의 행장을 휴대하여야 했으며, 구주방면으로부터 오는 사송선은 구주절도사의 서계를, 대마도로부터 오는 사송선은 대마도주와 기타 유력자의 서계를 각각 휴대하여야만 왕래할 수 있었다.[206)] 그러나 이때부터 종정성은 일본 각지로부터의 흥리선과 사송선은 자신의 노인을 휴대해야만 도항할 수 있도록 해달라고 조선에 요청하였다. 이러한 요청은 그가 도내에서의 통치권을 장악하기 위한 수단에서 비롯되었다고 생각되며, 이것이 바로 대마도주 문인제도의 시작이었다. 그러나 대마도주의 요청이 받아들여졌는지는 확실히 알 수 없다. 다만 그 이후에도 한동안 행장이 사용되고 있었다.[207)]

노인이 어떻게 시행되었으며 언제 문인으로 바뀌었는지는 자세히 알 수 없다. 다만 대마도주의 문인에 대한 기록이 처음으로 나타난 것은 1433년(세종 15)에 대마도주 종정성에게 해물 채취선을 약탈해간 범인을 색출해 줄 것을 요청한 예조의 서계이다.

---

205) 『세종실록』 권32, 8년 5월 갑인.

206) 長節子, 『中世日朝關係と對馬』, 吉川弘文館, 1987, 48쪽.

207) 1431년(세종 13)에 명의 사신이 왔을 때에 접대의 번잡함을 막기 위해 통신왜인(사송왜인)을 제외하고 행장만을 소지한 자의 입경을 금지하여 경기 근처의 고을에 머물도록 하였다.(『세종실록』 권54, 13년 11월 기묘).

> 對馬島太守 宗貞盛이 사람을 보내 토산물을 바치다. 예조로 하여금 회답하게 하였는데 그 서계에 "근자에 족하가 본도를 잘 경계하고 제어하여 피차에 근심이 없으니 어찌 아름답지 않겠는가. 뜻하지 않게 근년 정월 사이에 (대마)도선 한 척이 경상도 玉浦근처에 이르러 해물을 채취하는 본국의 배를 보고 흉악한 마음으로 도둑질하고 배에 탄 사람 한 명을 살해하였다. 무릇 (대마)도선으로 우리나라에 들어온 자는 족하의 文引을 가져야만 왕래할 수 있다. (그런데) 이번에 난동을 부린 자가 누구인지 알 수 없으니 조사해서 그 죄를 밝히고 즉시 회보하라."하다.[208)]

이 사료에서 보면, 1433년경에는 대마도로부터 조선에 도항하는 배는 반드시 도주의 문인을 가지고 왕래하였음을 알 수 있다. 그 후 宗貞盛은 1435년에 사신을 보내 宗彦七(盛國)·宗茂直 등 수도서인도 문인이 없이 왕래하면 접대해주지 말도록 요청하였다.[209)] 결국 종정성은 문인제도를 도내의 수도서인까지 확대 적용하여 그들을 자기의 통제 하에 두려고 하였다. 아울러 종정성은 자기의 문인을 받지 않고 전라도 등지에 가서 인명을 살해하고 온 자들의 목을 베어 보내는 등[210)] 문인제도를 보다 강력하게 시행하려고 노력하였다.

한편 조선에서는 1436년(세종 18)에 사송왜인이 서계와 문인을 위조해서 오는 폐단을 막기 위하여 문인에 사송선의 크기와 각 선의 정관, 격왜의 이름 그리고 그들의 인원수 등을 기재하도록 하였다.[211)] 이로써 문인에 기재될 세부항목이 정형화되었다.

---

208) 『세종실록』 권60, 15년 6월 경자.

209) 『세종실록』 권69, 17년 9월 정축.
宗貞盛이 보낸 古河가 (종)정성의 말이라고 하면서 미곡을 지급해 줄 것을 요청하였다. 이어서 고하기를 "국가(조선)에서 宗彦七·宗茂直 등에게 모두 도서를 사급하였습니다. 그러나 사사로이 서로 교통하는 것은 마땅하지 않으니 (앞으로는) 만일 나(종정성)의 문인이 없으면 접대를 허락하지 마십시오."하다.

210) 『세종실록』 권71, 18년 3월 을유.

211) 『세종실록』 권73, 18년 6월 신묘.

그 후 1438년에 왜사의 통제를 요청하기 위해 경차관 이예를 대마도에 파견하였는데, 그때 대마도주와 문인제도를 정약하였다. 당시 이예와 종정성 사이에서 정약된 문인제도의 내용은 다음과 같다.

> 의정부에서 아뢰기를 "금번에 이예를 파견하여 대마도에 가서 宗貞盛과 더불어 이미 (문인제도를)정약하고 왔사오니, 바라옵건대 지금부터 대마주의 宗彥七·宗彥次郞·宗茂直과 萬戶 早田 六郞次郞, 그리고 일기의 志佐·佐志殿과 구주의 田平殿·大內殿· 薩摩州·石見州 등 각처의 사자로 보내온 사람으로 만약 종정성의 문인이 없으면 접대를 허락하지 마소서" 하니 그대로 따르다.[212)]

즉 대마도의 종씨와 조전씨는 물론 일기의 志佐·佐志殿, 구주의 田平殿, 大內殿·薩摩州·石見州 등 제처의 사송인도 대마도주의 문인을 가지고 와야만 접대를 허락한다는 것이다. 이는 1435년 대마도 내의 수도서인에게까지 적용하였던 문인제도를 더욱 강화하여 지좌·좌지·전평전 등 일기·송포 등 구주지방의 호족에게까지 확대 적용함으로써 일본의 모든 통교자를 도주의 통제 하에 두려고 하였음을 의미하는 것이다.

특히 조선에서는 대마도주에게 문인발행권을 주고 도주로 하여금 일본 각지로부터 오는 왜사를 효과적으로 통제하도록 하였으며, 반면에 대마도주는 문인제도를 이용하여 각처의 사신들을 통제하고 문인발행에 대한 수수료인 吹噓(吹擧)錢[213)]을 받음으로써 대마도 내에서의 정치·경제적 지배

---

212) 議政府啓 今遣李藝至對馬州 與宗貞盛已定約束而來 乞自今 對馬州宗彥七 宗彥次郞 宗茂直 萬戶早田六郞次郞 及一岐志佐殿 佐志殿 九州田平殿 大內殿 薩摩州 石見州 等諸處使送人 如無貞盛文引 不許接待(『세종실록』 권82, 20년 9월 기해)

213) 대마도주는 小船越의 梅林寺住持 鐵歡으로 하여금 문인에 관한 제반업무를 관장하도록 하였는데,(『朝鮮通交大紀』 『宗氏世系私記』) 대마도경차관 원효연의 복명에 의하면 도주가 路引을 발급해주고 거두어들이는 세금인 노인세는 적게는 5·60필부터 많게는 4·5백 필이나 되었다고 한다.(『단종실록』 권14, 3년 4월 임오)

권을 확고히 할 수 있었다. 이와 같이 문인제도는 조선조정과 대마도주의 이해가 상응하였기 때문에 다른 통제책보다도 강력하게 시행될 수 있었으며, 이후 조선의 강력한 왜인통제책의 하나가 되었다.

이와 같이 조선조정은 대마도의 정치 경제적 안정이 왜구의 재발을 방지하고 일본과의 외교관계를 안정적으로 유지할 수 있다고 판단하고, 이를 위해 대마도주가 정치, 경제적 안정을 유지하면서 도내의 지배력을 장악할 수 있도록 도주의 요청을 받아들여 문인 발행권을 인정해 주었다. 그리고 대마도주에게 문인 발행권을 준 것은 여진의 추장에게 주었던 것과 마찬가지로 기미책의 일환이라고 생각한다. 결국 조선에서는 이들 지방에 대지방관인 경차관·체찰사·선위사 등을 파견하였던 것처럼 대마도나 여진을 조선의 번병으로 인식하고 그들 지역의 통치자에게 문인 발행권을 주어 그의 관하인을 통제하려고 하였다. 따라서 문인제도는 계해약조와 더불어 대마도를 조선의 외교질서 속에 편입시키는 데 크게 기여하였다.

4 계해약조와 세견선 제한

1) 계해약조의 정약

세견선의 정약은 일본의 통교자가 1년 동안에 파견할 수 있는 사송선의 수를 제한한 것이다. 이는 중국이 外夷에 대해서 조공의 회수를 제한하고 무역선의 내조시기 및 선수 등을 제한한 것과 유사하였다.214)

세견선의 정약은 1443년(세종 25)에 맺어진 계해약조가 기본이 되었지만 그 이전인 고려시대에도 이미 존재하고 있었다. 즉 1263년(고려 원종 4) 4월 홍저와 곽왕부를 일본에 파견하여 해적의 금압을 요청하였는데, 그

214) 中村榮孝, 「歲遣船定約の成立」『日鮮關係史の研究』下, 吉川弘文館, 10쪽 참조.

첩문에 "양국이 통교한 이래로 해마다 상례로 진봉하는데, 한 차례에 2척에 한정하며, 설사 다른 배가 다른 일을 빙자하여 우리 연해 촌리를 외람되게 소란케 하는 일이 있으면 엄하게 꾸짖어 금할 것을 정약하였다"[215] 라 하여 고려시대에 대마도에서 세견선과 유사한 진봉선을 매년 한차례에 2척을 파견하고 있었다.

그 후 조선시대에 들어와서는 구주절도사 源義俊과 처음으로 세견선을 정약하였다. 즉 1424년(세종 6)에 회례사 박안신과 이예는 귀환 도중 구주절도사 원의준에게 상인이 청원하여 사신이 된 자가 많음을 지적하고 이를 사송인과 구분하여 보내도록 요구하였다. 이에 대해 구주절도사 원의준은 매년 봄과 가을에 각각 한 차례의 사신만 보낼 것을 약속함으로써 비로소 세견선의 정약이 이루어졌다.[216] 그 후에도 1440년(세종 22)에는 安藝州의 美作太守 持平과 세견선을 정약하였다.[217]

대마도주와는 1443년의 계해약조에 의해서 세견선을 정약하였다. 특히 계해약조로 대표되는 세견선의 정약은 이후 모든 통교자에게 적용되어 대일 통교체제의 근간이 되었다. 그러나 계해약조의 체결시기와 과정에 대해서는 기록이 없어 자세한 내용을 알 수 없다. 다만 체결시기에 대해서는 1444년(세종 26) 6월에 수외 세견선의 도항과 그에 따른 예조의 조치를 통해서 볼 때 그 이전에 이미 대마도주와 세견선을 정약하였음을 알 수 있다.[218]

그렇다면 구체적으로 언제 누가 대마도주와 계해약조를 정약하였을까. 계해약조가 1443년에 체결되었다는 사실에는 이견이 없다. 다만 그 구체적인 시기가 언제인가가 의문이다. 이와 관련하여 『세종실록』에 '계해년

---

215) 『고려사』세가 25, 원종 4년 4월 갑인.
自兩國交通以來 歲常進奉 一度船 不過二艘 設有他船 枉憑他事 濫擾我沿海村里 嚴加懲禁 以爲定約.

216) 『세종실록』 권26, 6년 12월 무오.

217) 『해동제국기』 일본국기 안예주 持平.

218) 『세종실록』 권104, 26년 6월 신사, 을유.

봄에 50척으로 그 수를 정할 것을 약속하였다.'[219]는 기록과 『宗氏世系私記』에 "嘉吉 3년 4월에 조선의 사자가 대마도에 왔으며, 같은 달에 攝津州의 兵庫浦로 호송하였다. 예조가 또 종정성에게 글을 보내어 여러 도주들의 세견선 정약을 요청하였다. (종)정성은 한해에 세견선 50척을 보내고 혹시 (급히 보고할) 일이 있으면 특송선을 파견하는데 이는 정해진 수가 없다"[220]는 기록이 있다. 이를 종합해보면, 계해약조는 1443년(세종 25, 일가길 3) 1~4월경에 조선 사신이 대마도주와 정약하였음을 알 수 있다. 이 때의 조선 사신은 아마 1443년 2월에 파견된 통신사 변효문의 일행일 것으로 추정된다.[221] 그러나 위의 두 기록은 당시 통신사의 종사관이었던 신숙주의 졸기와는 상당한 차이가 있다. 즉

> "계해년에 국가에서 사신을 보내 일본과 교빙하게 되자 신숙주를 서장관으로 보냈다. … 돌아올 때 대마도에 이르러서 우리나라가 도주와 더불어 세견선의 수를 정약하려고 하는데, 도주가 아랫사람들에게 誤導되어 결정하지 못하고 있다는 말을 듣고 신숙주가 도주에게 말하기를 '배의 수가 정해지면 권한이 도주에게 돌아갈 것이요, 아래 사람에게는 이익이 되는 바가 없을 것이며, 수를 정하지 아니하면 사람들이 마음대로 행할 것인데 무엇 때문에 도주에게 의뢰하겠느냐? 그 이롭고 해로움은 지혜로운 자를 기다리지 아니하더라도 뒷날에 이익이 있을 것이다'라 하니 도주가 드디어 약속을 정하였다."[222]

---

219) 『세종실록』 권105, 26년 윤7월 기해. 歲癸亥春 約以五十隻爲定額.

220) 『宗氏世系私記』嘉吉三年四月 朝鮮使來對州 同月送之攝州兵庫浦 禮曹旦副書貞盛 請諸主各爲歲船之約 貞盛歲遣五十船 或有事別遣船則稱特送無定數.

221) 통신사(정사 변효문, 부사 윤인보, 서장관 신숙주)는 막부장군인 義勝의 嗣位를 축하하고 전장군인 義敎의 치제를 위해서 세종 25년 2월 정미(21)에 파견되어 동년 10월 경자(19)에 귀환하였다.(『세종실록』 권99, 25년 2월 정미. 권102, 동년 10월 경자)

222) 『성종실록』 권56, 6년 6월 병신. 『보한재집』부록 文忠公行狀(강희맹 찬).

위의 사료를 통해서 보면 통신사 변효문 일행이 교토에서 사행을 마치고 대마도로 귀환할 때에는 이미 조선 사신과 대마도주사이에서 세견선의 정약에 관한 교섭이 진행되고 있었으며, 신숙주는 교섭이 제대로 이루어지지 않고 있다는 소식을 듣고 대마도주를 설득하여 세견선을 정약하는데 도움을 주었음을 알 수 있다.[223] 결국 계해약조는 계해년(1443년) 봄 또는 4월에 변효문·신숙주 일행이 대마도주와 체결한 것이 아니었으며, 신숙주의 일행이 1443년 10월 19일(경자)에 귀환하였기 때문에 계해약조의 체결 시기는 8~10월경일 것으로 추측할 수 있다.

그렇다면 누가 대마도주와 계해약조를 체결하였을까? 이에 대하여는 대부분의 학자들이 『해행총재』의 기록을 토대로 신숙주의 일행이 체결한 것으로 파악하였다.[224] 그런데 신숙주의 졸기에서 살펴본 것처럼 그가 사행을 마치고 귀환 도중 대마도에 이르렀을 때 이미 조선 사신이 외교적인 교섭을 진행하고 있었던 사실을 고려하면, 조선 사신은 1443년 7월에 대마도에 파견되었던 체찰사 이예라고 생각한다.[225] 당시 조선에서는 체찰사 이예를 대마도에 파견하여 서여서도에 침입하였던 적왜 13명을 붙잡아 왔는데, 그 때에 대마도주와 세견선에 대한 조약을 체결하였다. 이는 이예가 40여 차례나 사신으로 일본에 갔다 왔으며, 특히 1424년(세종 6) 회례사 朴安信과 함께 구주절도사와 세견선을 정약한 사실과 1438년(세종 20)에

---

223) 신숙주가 계해약조의 체결에 일조하여다는 견해는 하우봉에 의해서 제시된 바 있다.(하우봉, 「조선초기 대일사행원의 일본인식」『국사관논총』14, 국사편찬위원회, 1990, 94쪽, 주45 참조).

224) 『海行摠載』 前後使行考
'당시(1443)에 일본국왕이 죽고 신왕이 嗣位하였다. (이에) 卞仲文을 통신사로, 신숙주를 서장관으로 삼았는데, 그들은 돌아오는 길에 대마도에 들러 도주 宗貞國과 세견선의 수효를 정약하였다' 여기에서 卞仲文과 宗貞國은 각각 卞孝文과 宗貞盛을 잘못 기록한 것이다.

225) 대마도 체찰사 이예는 25년 7월에 출발하여 사행을 마치고 동년 11월에 복명하였다.(『세종실록』 권101, 25년 7월 경오. 권102, 동년 11월 병오).

대마도주와 문인제도를 정약하는 등 대일외교의 최고실무자라는 점을 고려해보면 이러한 추측이 가능하다고 생각한다. 이는 또한 일본의 기록인 『朝鮮通交大紀』에 '계해년에 종정성이 제주에 침입하였던 적왜 13명을 붙잡아 이예에게 부송하였는데, 이 해부터 비로소 공(宗貞盛)에게 勘合圖書를 보내 세선 50척을 정약하였다'[226]는 사료를 통해서도 추측할 수 있다.

이상의 사실을 종합해 볼 때 계해약조는 1443년(세종 25) 8~10월경에 대마도에 파견되었던 체찰사 이예가 주도하여 체결하였으며, 그 과정에서 신숙주는 대마도주를 설득하여 약조를 체결하는데 일조하였음을 알 수 있다. 계해약조의 내용은 자세히 알 수 없다. 다만 현재 전하여지는 것은 ① 대마도주에게 매년 200석의 세사미두를 하사한다는 것과 ② 도주의 세견선을 50척으로 정하고 부득이하게 보고할 일이 있을 경우 수외 특송선을 파견할 수 있다는 것 등 2항목뿐이다.[227]

그 후 조선에서는 대마도와 임신약조(1512)·정미약조(1547)·정사약조(1551)등 을 체결하였는데, 그 수량만 약간의 변동이 있을 뿐 계해약조의 기본 내용인 세견선과 세사미두는 그대로 유지되었다. 결국 계해약조는 조선과 대마도와의 외교관계를 정례화함으로써 이후 대일 통교체제의 기본이 되었으며, 이는 또한 대마도를 기미관계의 외교체제 속에 편입시키는데 크게 기여하였다. 그리고 이러한 외교체제는 조선후기까지 영향을 주어 임진왜란 후에 국교 재개과정에서 맺어진 기유약조에도 계해약조의 내용이 포함되어 있었다.

2) 세견선 제한

계해약조는 대마도주에 대한 세견선과 세사미두에 대한 규정이 주요한 내용을 이루고 있지만, 이 규정은 이후 일본의 모든 통교자에게 적용되었

226) 『朝鮮通交大紀』 권1, 제9대 圓通寺公(宗貞盛).

227) 『通文館志』 권5, 交隣 正統癸亥約. 『增正交隣志』 권4, 約條 世宗 25年.

다. 그리하여 1444년과 1445년에는 宗貞盛의 동생인 宗彦七盛國(7선)을 비롯하여 宗盛家·宗盛弘등 도주의 일족과 세견선을 정약하였으며, 비전주의 源吉, 석견주의 藤原和兼과도 세견선을 정약하였다.228) 그런데 이들이 모두 수도서인이었다는 사실을 통해서 볼 때 계해약조 이후 세견선의 정약은 수도서왜인에 대한 통제로부터 시작되었음을 알 수 있다. 그 후 1452년(단종 즉위년)에 도주직을 계승한 宗成職이 나이가 어려서 도내의 정세가 불안하였기 때문에 정수 외의 세견선이 계속 증가하였다.229) 이에 조선에서는 경차관 원효연을 대마도주에게 파견하여 세견선수의 준수를 통유하기도 하였다.230)

그 후에도 위약자의 내조가 계속 증가하여 1455년(세조 원년) 한 해 동안에 조선에 도항한 사송인 수가 무려 6,116명에 이르렀다.231) 따라서 세조는 수외 세견선을 엄격하게 통제하는 한편 도주특송, 수직왜인선을 도주의 세견선 50척 내에 포함시키고, 아울러서 심처왜의 사송선을 1·2선으로 제한하였다.232) 그럼에도 불구하고 세조 말에는 정수 외의 사송선이 급격히 증가하였다. 그 이유는 일본의 국내사정과 밀접한 관련을 가지고 있다. 즉 당시 일본에서는 1467년(세조 13)에 應仁의 난이 일어나 북구주는 쟁란의 장소가 되었으며, 구주절도사의 세력이 쇠퇴하였다. 그리고 대내씨의 구주 침입으로 大友殿과 菊池殿의 분열이 일어났으며, 소이씨가 싸움에서 패하여 대마도로 망명하였다.

또한 대마도에서는 宗成職이 죽고 宗貞國이 도주직을 계승하여 문인발급에 의한 왜인들의 통제에 어려움이 있었다.233) 특히 세조 말부터 성종

228) 『세종실록』 권105, 26년 윤7월 기해. 권106, 동 11월 병자. 권107, 27년 2월 임자.
229) 『단종실록』 권2, 즉위년 7월 갑인. 8월 갑자. 권3, 10월 을사.
230) 『단종실록』 권12, 2년 8월 을유. 12월 계미.
231) 『세조실록』 권2, 원년 12월 기유.
232) 『세조실록』 권2, 원년 11월 경진.
233) 中村榮孝, 앞의 논문, 41~42쪽.

초에 정수 외 사송선의 접대가 광범위하게 행하여지고 있었다. 『해동제국기』에 의하면 관음현상이나 사리분신·雨花의 출현을 축하하러 오는 사신이 1467년(세조 13)과 1468년 2년 동안에 무려 33건이나 되었고, 應仁의 난이나 기타 기근 등을 이유로 대마도주가 접대를 요청한 사례도 1468년부터 그 이듬해인 1469년(예종 원년)까지 무려 34건이나 되었다. 또한 壽藺護送[234]이라 칭하여 접대를 허락받은 사례도 1466년부터 1471년까지 13건이나 되었다.[235]

1470년에는 선위사 전양민을 대마도에 파견하였는데, 그가 가지고 간 사목에 심처왜의 세견선 정약자 37명(1·2선 정약자 12명, 1선 정약자 25명)의 명단을 기록하고 문인 발급에 신중을 기하도록 요청하였다.[236] 그 후 세견선의 정약은 1471년 『해동제국기』의 편찬 단계에 이르러 체계화되었다. 그리고 1477년(성종 8)에는 수도서왜인도 세견선을 정약하여야만 조선에 내조하여 접대를 허락받을 수 있도록 함으로써 세견선의 정약이 사송선의 통제원칙으로 되었다.[237]

그 후 세견선을 정약하지 않은 자가 도서와 서계를 가지고 오는 경우에는 접대를 거부하는 등[238] 불법 도항자에 대한 통제를 더욱 강화하였으며, 이는 삼포왜란의 한 원인이 되었다. 특히 삼포왜란은 조선과 대마도의 외

---

234) 壽藺은 1466년(세조 12)에 肥前州 上松浦 那久野 能登守 賴永의 사자로 내조하였는데, 그가 귀환할 때에 조선에서 막부장군에게 보내는 서계와 예물을 부송하였다. 그 후 1470년에 막부장군의 답서를 가지고 일본국왕사 心苑과 함께 내조하여 禪宗大禪師라는 僧職을 제수받았다. 그런데 그 이후부터 壽藺護送이라 칭하고 사신을 보내 내조하는 자가 많았는데, 壽藺은 兵中을 왕래하였기 때문에 護送이라 칭하였다고 한다.(『해동제국기』일본국기 산성주 細川殿 細川勝氏, 敎通. 『세조실록』 권39, 12년 3월 병진. 윤3월 기해. 4월 계축, 무진. 『성종실록』 권7, 원년 9월 계묘).

235) 『해동제국기』 일본국기.

236) 『성종실록』 권7, 원년 9월 병자.

237) 『성종실록』 권84, 8년 9월 무진.

238) 『성종실록』 권155, 14년 6월 계해. 권160, 11월 계묘.

교관계에 있어서 커다란 변화를 예고하는 것이었다.

〈표 1〉 조선전기 세견선 정약자 일람표

정 약 자	거주 지역	세견선 정약			도서 여부	수직 여부	세사 미두	출 전
		년대	구분	선수				
忠吉	畿內 攝津州	1467		1	0			실록1, 해동
藤原和兼	山陰 石見州	1447		1	0			실록1, 해동
持平	山陽 安藝州	1440		1				실록1, 해동
國重	山陽 安藝州	1464		1	0			실록1, 해동
教之	山陽 周防州	1454		1				실록1, 해동
源師能	西海 豊後州	1470?		1				성종 1/9병진
親繁	西海 豊後州	1470		1				성종 1/9병진
藤原熙久	西海 薩摩州	1455		1.2				실록1, 해동
藤原持久	西海 薩摩州	1457		1				실록1, 해동
藤原盛久	西海 薩摩州	1457		1.2				실록1, 해동
源忠國	西海 薩摩州	1457		1				실록1, 해동
氏鄕	西海 筑前州	1455		1				실록1, 해동
藤原信重	西海 筑前州	1456		1	0	0		실록1, 해동
藤原貞成	西海 筑前州	1461		1.2	0			실록1, 해동
源賴忠(政尙)	西海 筑前州	1469		1.2				해동
藤原爲房	西海 肥後州	1455		1	0			실록1, 해동
藤原爲邦(幸)	西海 肥後州	1456		1.2	0			실록1, 해동
源教信	西海 肥後州	1459		1				해동
源義俊	西海 肥前州	1424	자청	2				세종 6/12무오
源吉	西海 肥前州	1445		1	0			실록1, 해동
源勝	西海 肥前州	1455	자+도	1.2+1	0			성종 6/1무진, 실록1,해동
源納	西海 肥前州	1455		1.2	0			실록1, 해동
源義	西海 肥前州	1455		1				실록1, 해동
源義	西海 肥前州	1456		1	0			해동
義永	西海 肥前州	1456		1	0			해동
源德	西海 肥前州	1456		1	0			실록1, 해동

정 약 자	거주 지역	세견선 정약			도서 여부	수직 여부	세사 미두	출 전
		년대	구분	선수				
源永	西海 肥前州	1456		1.2	0			실록1, 해동
藤原次郎	西海 肥前州	1456		1				실록1, 해동
源滿	西海 肥前州	1457		1				실록1, 해동
源盛	西海 肥前州	1457		1	0			실록1, 해동
源佑位	西海 肥前州	1457		1				실록1, 해동
小弼弘	西海 肥前州	1457		1.2				실록1, 해동
元胤	西海 肥前州	1459		1				실록1, 해동
源義	西海 肥前州	1465		1.2	0			실록1, 해동
源次郎	西海 肥前州	1469		1	0			실록1, 해동
源敎直	西海 肥前州	1470		1.2	0			성종 18/2정축, 1/9병자
源義松	西海 肥前州	1471?		1	0			해동
源繁	西海 肥前州	1475	자+도	1	0			성종 5/12임오, 6/1무진
賴永	西海 肥前州	1477		1	0			실록1, 해동
源幡	西海 肥前州	1486	자청	1	0			성종 17/4병신
源重實	壹岐	1457		1				실록1, 해동
宗殊	壹岐	1459		1				실록1, 해동
源武	壹岐	1468		1.2	0			실록1, 해동
源經	壹岐	1469		1.2	0			실록1, 해동
源正	壹岐	1470?		1	0			실록1, 해동
源實	壹岐	1470?		1				해동
源實次	壹岐	1474-5?		1?				성종 7/7정묘
源一	壹岐	1486	자청	1	0			성종 17/4병신
宗貞盛	對馬	1443		50	0		0	세종 27/윤7기해
宗盛家	對馬	1444		4+3	0		0	해동, 세종 26/11병자
宗彦七盛國	對馬	1444	자청	7	0			세종 26/윤7기해
宗盛弘	對馬	1445	자청	4	0			해동, 세종 27/2임자
宗盛直	對馬	1449	자청	?불				세종 31/4경오
宗茂世	對馬	1455		3	0			해동
秦盛幸	對馬	1457	도주청	1	0			해동

정 약 자	거주 지역	세견선 정약			도서 여부	수직 여부	세사 미두	출 전
		년대	구분	선수				
國久	對馬	1465	도주청	1	0			해동
宗貞秀(宗材盛)	對馬	1467		7				해동
宗彥九郞貞秀	對馬	1467	자청	1+4	0			해동, 세조 13/7갑신
宗貞國	對馬	1468		50		0	0	해동
家次	對馬	1472-5?		1?				성종 7/7정묘
崇睦	對馬	1473	도주청	1+2	0			성종 4/5무오 ,4/6기축
宗盛俊	對馬	1476	도주청	3				성종 7/7정묘
宗職家	對馬	1476	도주청	4				성종 7/7정묘
立石國長	對馬	1477	조선	1	0			성종 7/7정묘, 8/9무진
宗茂次	對馬	1477	조선	1	0			성종 8/9무진
崇統	對馬	1482?	도주청	1+2	0			성종 16/1을유, /2무오
宗茂勝	對馬	1483-89	?	5	0			성종 20/3병인
宗茂國	對馬	1488	도주청	1				성종 19/4기유, /5기묘

* 전거: 『조선왕조실록』『해동제국기』
* 실록1은『성종실록』 원년 12월 병자, 해동은『해동제국기』
* 0표시는 수도서왜인·수직왜인 그리고 세사미두를 사급 받은 자.
* 지역은『해동제국기』에 따라 구분하였다.

참고로 <표 1>은『조선왕조실록』과『해동제국기』에 기록된 세견선 정약자를 정리한 것이다.239) 위의 <표 1>에 나타난 바와 같이 삼포왜란 이전까지 일본의 세견선 정약자는 모두 68명이었다. 지역별로는 구주지방이 35명(肥前州 22, 肥後州 3, 筑前州 4, 薩摩州 4, 豊後州 2)으로 가장 많았으며, 다음은 대마지방이 20명240), 일기지방 8명, 본주 및 四國地方 5명(畿內 1, 石見州 1, 周防州 1, 安藝州 2) 순이었다. 그러나 세견선의 수는

239)『해동제국기』에는 도주 宗貞國을 비롯하여 모두 46명의 세견선 정약자가 기록되어 있다.(50선 정약자 1명, 7선 정약자 2명, 4선 정약자 1명, 3선 정약자 1명, 2선 정약자 14명, 1선 정약자 27명).

240) 기록에는 나타나지 않았지만 도주인 宗成職과 宗義盛은 세견선 정약자이기 때문에 그 수는 보다 많을 것으로 생각된다.

대마지방이 월등히 많았다. 세견선 정약자 중에 수도서왜인은 39명인 반면 수직왜인은 2명뿐이었다. 이는 세견선 정약과 수도서가 밀접한 관련을 가지고 있음을 나타내는 것이라 할 수 있다.

삼포왜란이 발발한 2년 후인 1512년(중종 7)에 정약한 임신약조에서는 대마도주의 세견선과 세사미두를 반감하였으며, 또한 도주의 자와 대관, 그리고 대마도 내의 수직·수도서인의 세견선과 세사미두를 폐지하였다.[241] 그 이후 대마도주는 도주의 자 및 도내의 세견선을 부활하려는 노력을 계속하였다. 1515년에 도주 宗盛順(宗義盛)은 宗盛秀와 宗盛俊의 세견선을 요청하였다. 이에 도주의 자인 宗盛秀(宗彦七)에게 3선을, 그리고 豊崎守 宗盛俊은 표류인을 구조하여 송환한 공으로 1선을 정약하였다.[242] 이로써 대마도 내의 세견선 부활이 시작되었으며, 1522년(중종 17)에 일본국왕사 大原과 함께 온 도주특송 盛門과 盛次는 경오년에 반란을 일으킨 우두머리를 참수해왔다고 하여 특별히 정수 외로 접대를 허락받았으며, 또한 豊唐 2郡 대관 宗盛氏는 원래 세견선을 정약하였기 때문에 세견선수에 포함하여 접대를 허락받았다.[243] 그 후 1544년(중종 39)의 세견선수는 대마도주 30척, 도주의 아들 宗盛守 2척, 제추 20여척, 수직인 10여척, 소이전 4척(1년 2회), 대내전 船多(3년 1회) 등으로 매년 66척이 넘었다.[244]

---

241) 『중종실록』 권16, 7년 8월 신유.

242) 『중종실록』 권23, 10년 11월 경자. 12월 병진. 권102, 39년 4월 임진.
도주의 자인 宗盛秀는 1515년(중종 10) 12월에는 宗彦七로 칭하였으며, 또한 1544년(중종 39)에는 宗盛守로 세견선 2척을 정약하고 있다. 그런데 宗彦七은 도주의 자가 아니라 도주의 幼名이었으며, 이때부터 兒名送使를 파견하고 있었다.

243) 『중종실록』 권44, 17년 2월 신묘.

244) 『중종실록』 권102, 39년 4월 임진.

5. 맺음말

이상에서 조일 간의 외교체제를 형성하고 유지한 왜인통제책의 실시배경과 연원 및 역할에 대해서 고찰하였다. 조선조정이 왜인통제책을 정비한 배경은 ① 통교자의 증가에 따른 치안·경제상의 부담과 ② 대마도정벌 이후 왜구에 대한 자신감 그리고 ③ 일본의 국내정세에 대한 지식의 확대를 들 수 있다. 왜인에 대한 통제책은 도항 전과 도항 후의 통제책으로 크게 나눌 수 있다. 전자는 그들이 정박하는 포소의 제한과 서계·도서·문인·세견선의 정약에 의한 통제가 있다. 이 중 포소와 세견선 제한은 조선조정에 의한 직접적인 통제였지만 서계·도서·문인에 의한 통제는 대마도주를 통한 간접적인 통제였다. 후자는 삼포에 도항한 후 조선으로부터 접대를 허락받은 왜인이 귀환할 때까지의 체류기간이나 상경도로의 지정, 유경일수의 제한, 교역의 장소에 대한 제한 등이 있다.

먼저 포소에 의한 통제는 1407년에 흥리왜인에 의한 치안·경제상의 폐단을 막기 위해서 그들의 도항장소를 부산포와 내이포 등 2포로 제한하면서부터 시작되었다. 그 후 포소의 제한은 일본으로부터 도항하는 모든 통교자에게 확대 적용되었다. 1426년에 개항한 '삼포'는 삼포왜란 전까지 왜인들의 정박장소·접대의 장소·교역의 장소 그리고 거주지로서의 역할을 하였다.

서계는 대마도정벌 이후부터 통교자에 대한 통제의 수단으로 이용되었다. 따라서 대마지방의 통교자는 도주의 서계를, 구주지방의 통교자는 구주절도사의 서계를 지참하도록 하였다. 특히 서계에 의한 통제는 대마도주를 통교자에 대한 통제자로 인정해주는 것이었다. 그러나 서계에 의한 통제는 대마도의 정치적 불안정과 구주절도사의 지배력 약화, 조선조정의 철저하지 못한 통제로 인하여 그다지 효과를 거두지는 못하였다. 이에 서계에 의한 통제를 보완하기 위해서 문인에 의한 통제를 실시하였다.

조선에서는 건국 초부터 명의 『대명률』을 준용하여 상인들에 대한 징세와 통제, 군사적인 목적 그리고 조선에 도항하는 여진인 또는 왜인들에 대한 통제의 수단으로 행장·노인·문인을 이용하였다. 왜인의 경우는 조선 국내와 같이 행장·노인·문인 순으로 사용되었으며, 혼용되는 경우도 있었다. 시기적으로는 태종~세종 초에는 행장이, 1434년(세종 16) 이후부터는 문인이 주로 사용되었다.

행장이 왜인에게 처음으로 적용된 것은 1407년이며, 1426년(세종 8)에는 노인이 도항증명서로 제도화되었다. 그리고 1434년에는 문인으로 바뀌어 사용되었으며, 1438년(세종 20)에 대마도경차관 이예가 대마도주와 문인제도를 정약하였다. 한편, 조선에서는 대마도주에게 문인발행권을 주어 관하 왜인들을 통제하였으며, 대마도주는 이를 이용하여 도내의 정치·경제적인 지배권을 장악하려 하였다. 문인제도는 조선조정과 대마도주의 의도가 서로 부합하였기 때문에 강력하게 시행될 수 있었으며, 이후 가장 대표적인 왜인통제책의 하나가 되었다. 그리고 호조와 병조·예조 등의 중앙관서와 도관찰사·도순문사·수령·만호 등의 지방관에게 주었던 문인발행권을 대마도주에게 준 것은 대마도를 조선의 지방으로 인식하는 대마속주의식 내지는 대마번병의식의 구체적인 표현이며, 대마도와 기미관계의 외교체제를 유지시켜주는 주요한 요소였다.

세견선의 정약은 조선이 통교자를 직접적으로 통제하는 수단이었다. 세견선 제한은 중국이 外夷에 대해서 조공의 횟수를 제한하는 것과 고려시대에 일본과의 진봉선 체제와도 유사하였다. 세견선의 정약은 1424년(세종 6)에 구주절도사 源了俊과 처음으로 이루어졌으며, 대마도주와는 1443년에 맺은 계해약조를 통해서 정약하였다. 계해약조는 1443년 8~10월경에 대마도에 체찰사로 파견되었던 이예가 주도하여 체결하였으며, 신숙주는 귀환 도중에 도주를 설득하여 조약을 체결하는데 일조하였다. 그 후 일본 지방의 통교자는 대마도주와 같이 세견선을 정약하여야만 도항하여 접대를 받을 수 있었다. 1470년(성종 원년)에는 심처왜와 세견선을 정약하였으며, 1477년에는 수도서인도 세견선을 정약하여야만 접대를 받을 수 있었다. 그 결과 세견선의 정약이 사송선의 통제원칙으로 되었다. 계해약조는 대일 외교체제를 형성하고 유지시키는데 커다란 역할을 하였으며, 이는 임진왜란 후에 체결된 기유약조에 계속 유지되어 조선후기 대일외교의 근간이 되었다.

이상의 사실을 종합해 볼 때 문인제도와 계해약조는 조선과 대마도간의 외교관계를 정례화함으로써 이후 대일 통교체제의 기본이 되었고, 또한 대마도주를 비롯한 일본의 지방호족들을 기미관계의 외교체제 속에 편입시키는 데 크게 기여하였다. 이러한 점에서 문인제도와 계해약조는 일본과의 외교체제를 형성하고 유지해주었으며, 또한 대일 외교체제의 성격을 규정하는 주요한 요소가 되었다는 점에서 그 의의는 매우 크다고 할 수 있다.

제4장

수직왜인의 구성과 역할

1. 머리말

수직왜인은 조선조정으로부터 관직을 제수받은 왜인을 통칭하는 말이다. 이 중에는 降倭 또는 向化倭로서 관직을 제수받은 자와 일본에 거주하면서 관직을 제수받은 자가 있다. 전자는 조선에 투항하거나 향화한 항왜나 향화왜인 중에서 왜구의 우두머리나 특정한 기술을 가진 자에게 관직을 제수하여 조선에 정착하여 살도록 하였다. 따라서 이들은 향화왜인(또는 투화왜인)의 한 유형이었다. 반면에 후자는 일본에 그대로 거주하면서 조선의 관직을 제수받고 연 1회 친조하였으며, 그 기회를 이용하여 무역을 행한 통교무역자로서의 성격이 강하였다. 특히 수직왜인은 『해동제국기』 「조빙응접기」에 일본국왕사·거추사·구주절도사·대마도주특송·제추사와 함께 일본으로부터 도항하는 諸使의 한 유형으로 분류되어 있다. 이는 수직왜인이 통교자의 한 유형이었음을 의미하는 것이다.

이와 같이 조선전기 수직왜인은 성격상 커다란 차이가 있었다. 그럼에도 불구하고 지금까지 수직왜인에 대한 연구는 왜구회유책이라는 측면에서 항왜나 향화왜에 집중되는 경향이 있었으며, 통교무역자라는 측면은 도외시되었다.[245] 특히 수직왜인은 조선의 대일정책과 밀접한 관련을 가지고 있기 때문에 그들의 성격과 구성, 분포지역, 대우와 역할에 대한 연구는 대일 외교관계의 구조나 성격을 이해하는데 매우 중요하다.

따라서 본 장에서는 수직제도의 실시배경과 변천과정을 통해서 조선의 대일정책이 변화되어 가는 과정을 살펴보고, 아울러서 수직왜인의 지역별

---

245) 이에 대한 대표적인 연구로는 다음과 같다.
李鉉淙, 「朝鮮初期 向化倭人考」 『歷史教育』4, 1959: 中村榮孝, 「受職倭人の告身」 『日鮮關係史の硏究』上, 吉川弘文館, 1965; 有井智德, 「李朝初期向化倭人考」 『村上四男博士 和歌山大學退官記念 朝鮮史論文集』, 開明書院, 1982.

분포와 특징 및 그들의 역할을 고찰하려고 한다. 이를 통해서 조선전기 한일관계의 구조와 성격을 규명해보고자 한다.

2. 수직제도의 실시 배경과 변천

수직제도는 고려시대에 여진인에 대한 회유책으로 행하였던 제도를 왜인에게 적용한 것으로, 그 연원은 중국의 외이 기미책에서 유래한 것이다.[246] '羈縻'는 말의 굴레와 소의 고삐를 가리키는 말로 우마처럼 견제한다는 의미를 가지고 있다. 중국에서 기미는 한대 이후 주변의 이민족에 대한 대외정책의 기본방침이었다. 특히 한대의 기미정책은 '羈縻不絶而已'로 요약할 수 있다. 이는 중국이 주변민족이나 국가를 중국화하지도 않고 적국화하지도 않는 정책이며, 만약 주변국이 신하라 칭하여도 중국에서는 사양하고 신하로 삼지 않는 것을 의미한다.[247] 그러나 조선의 기미정책은 오히려 관직을 주고 칭신을 허락하였으며, 친조를 의무화하였다는 점에서 중국의 기미정책과는 다른 특징이 있다.

조선초기에 왜구회유책의 실시로 투항 또는 향화하는 왜인이 급증하였으며, 조선에서는 이들에게 관직을 제수하고 토지와 재물·집 등을 하사하였다. 기록상 조선시대에 처음으로 관직을 제수받은 왜인은 항왜 藤陸(疚六)과 非疚時知이다. 등육은 1396년(태조 5) 12월에 왜선 60척과 수백 인의 왜인을 이끌고 투항한 왜구의 우두머리로 '宣略將軍龍驤巡衛司行司直兼海道管軍民萬戶'의 관직을 제수받았으며, 1398년에는 藤六으로 개명하고 '宣略將軍行中郎將'의 관직을 제수받았다.[248] 非疚時知는 등육의 부하

246) 中村榮孝, 「室町時代の日鮮關係」 『日鮮關係史の研究』上, 吉川弘文館, 1965, 164쪽.
247) 김한규, 「漢代의 天下思想과 <羈縻之義>」 『中國의 天下思想』, 민음사, 1988, 96~98쪽.

로서 투항하여 '敦勇校尉龍驤巡衛司左領行司直兼管軍百戶'의 관직을 제수받았다.[249] 이외에도 1397년 4월에는 왜구의 우두머리인 林溫(羅可溫)이 병선 24척을 이끌고 와서 투항하여 '선략장군'의 관직을 제수받은 것[250]을 비롯하여 望沙門·昆時羅·沙門吾羅·三寶羅平·玄准 등의 왜구들이 투항하여 관직을 제수받았다.[251]

이와 같이 조선초기의 수직왜인은 항왜 또는 향화왜인이었다. 그러나 세종 말에 이르러서는 수직의 대상이 일본에 거주하고 있는 왜인에게까지 확대되었으며, 그 첫 대상이 바로 藤九郎이었다.[252] 등구랑은 1444년(세종 26)에 초무관 강권선과 함께 일기도에 가서 제주 공선을 약탈해 간 적왜 4명을 붙잡아오는 데 적극 협력한 공으로 안구마 1필과 미 2백석·두 1백석을 하사받고 호군에 제수되었다.[253] 특히 등구랑의 수직은 항왜 또는 향화왜가 아닌 일본에 거주하는 왜인에게 관직을 제수한 최초의 기록이며, 이것이 전례가 되어 이후 일본에 거주하는 자들이 관직을 제수받고 수직왜인이 되어 내조하였다. 따라서 등구랑의 수직은 당시 조일 간의 통교에 있어서 커다란 의미를 가지고 있었다.

그런데 조선에서는 어떠한 목적과 배경을 가지고 일본에 거주하고 있는 왜인에게까지 수직제도를 확대 적용하였을까? 이는 당시 조선의 왜구대책과 밀접한 관련이 있다고 생각한다. 즉 등구랑이 수직하기 이전의 왜구대책은 왜구를 회유하여 투항하게 하거나 왜구의 소굴을 무력으로 정벌하는

248) 『태조실록』 권10, 5년 12월 계사, 병오. 권13, 7년 2월 갑오.
249) 『태조실록』 권10, 5년 12월 병오.
250) 『태조실록』 권11, 6년 4월 계미, 기유.
251) 『태조실록』 권13, 7년 2월 갑오.
252) 藤九郎은 壹岐州 本居浦에 거주하는 藤七의 아들로 조부가 조선인이었다. 그는 1435년(세종 17년) 아버지의 도서를 반납하고 새로운 도서를 개급받아 1444년에 수직왜인이 될 때까지 10차례나 내조하였다.(『세종실록』 권39, 10년 2월 갑인. 권69, 17년 7월 임오).
253) 『세종실록』 권104, 26년 6월 경진.

것이었다. 그 결과 대마도정벌을 계기로 왜구는 거의 소멸되었다. 그러나 조선조정은 고려 말부터 왜구에 의한 피해를 극심하게 경험하였기 때문에 왜구의 재발을 우려하여 그에 대한 대비책을 마련하려 하였다. 그리하여 조선에서는 이전과는 달리 왜구를 통제할 능력이 있다고 인정되는 왜구의 두목이나 일본의 지방호족에게 관직을 제수하고 통교할 때 우대함으로써 왜구의 침입을 미연에 방지 억제하는 정책으로 전환하였다. 특히 수직왜인에 의한 왜구의 통제는 통교통제책의 정비로 실현이 가능했으며, 왜구는 관직을 제수받고 조선의 외교체제 속에 편입되어 통교권을 확보할 수 있었다. 이러한 사실은 수직왜인의 상당수가 왜적의 두목과 그의 일족 그리고 대마도주의 관하인이었음을 통해서도 확인할 수 있다.

특히 등구랑이 수직한 1444년은 서계·문인제도·계해약조 등 왜인에 대한 통교통제책이 정비된 직후이었다는 사실에 주목할 필요가 있다. 따라서 왜인들은 통교 통제책의 정비로 조선에 도항하는 데 많은 제약을 받자, 자신의 통교권을 유지하기 위한 수단의 하나로 수직왜인이 되어 내조하려 하였다. 이는 등구랑의 수직 이전에도 대마도의 왜구 우두머리인 早田(六郎次郎)과 등차랑이 조선에 관직의 제수를 요청하였다가 거절당한 다음의 기록을 통해서도 확인할 수 있다.

> 예조판서 김종서를 불러 이르기를 "지금 대마도의 왜인 早田이 관직을 받고자 하니 그 마음이 진실인가 거짓인가 알기가 어렵다. 그러나 고려 말과 본조의 초기에 대마도의 왜인이 상리에 어긋난 행동을 하므로 관작을 가지고 견제하고자 하였으나 되지 아니하였는데, 지금 스스로 와서 관직을 청하니 어떻게 처리하겠는가? 경이 가서 早田을 불러 조용히 물어보고 그것이 진실인가 거짓인가를 살펴서 아뢰라"하였다. 종서가 아뢰기를 "신은 이 일을 가지고 헤아린 지 오래 되었습니다. 신 또한 생각하기를 고려말기와 본조의 초기에 여러 섬의 왜적들이 변방을 침략함이 한이 없었으므로 좋은 관작으로써 견제하고자 하였으나 어찌 될 수가 있겠습니까. 지금에

> 와서 관작을 청구하는 것은 이전에 없었던 일입니다. 통사 윤인보도 또한 신에게 이르기를 '藤次郎과 早田은 대마도내의 도적의 괴수인데, 모두 와서 조공을 바치고 또 관작을 받고자 하니 베개를 높이 베고 마음을 편하게 하여도 남쪽 변방은 근심할 것이 없습니다.'하므로 신 또한 성상의 德化로서 그렇게 된 것이라 여겨 사사로이 기뻐서 축하하는 마음이 간절합니다. 전일에 등차랑이 관직을 청구하므로 신이 힐문하기를 '우리나라의 제도에 시위하는 자만이 관작의 제수를 허가하였는데 네가 시위할 수 있겠는가'하니 차랑이 말하기를 '바다를 건너오니 시위하기는 어렵습니다.'하므로 신이 말하기를 '만약 그렇다면 임금에게 아뢸 수 없다'하니 차랑이 '감히 강청할 수는 없습니다.'하였는데 지금 조전이 또 관작을 청하니 그 뜻을 알기가 어렵습니다. 신이 마땅히 물러가서 상세히 묻고, 이내 말하기를 '네가 비록 관작을 청구하였지만 형세가 상달하기 어렵겠다.'하면 저들의 관작을 얻고자 함이 진심으로 마음속에 간절하다면 반드시 말과 기색에 나타날 것이니 진정인가, 거짓인가를 알 수가 있을 것입니다."하니 임금이 말하기를 "경의 말이 옳다. 경이 그 사람을 불러서 상세히 물어 보라"하다.[254]

위의 사료를 통해서 보면 수직제도는 고려 말 조선 초에 왜구에 대한 회유책의 일환으로 실시되었으며, 1442년까지는 일본에 거주하고 있는 왜인에게는 관직을 제수하지 않고 조선에 투화 또는 향화하여 시위한 자에게만 관직을 제수하였음을 알 수 있다. 따라서 早田 六郎次郎과 藤次郎이 수직을 요청한 것은 조선이 대마도주와 문인제도를 정약하여 통교왜인에 대한 통제를 강화하려 하자 이를 극복하고 독자적인 통교권을 획득하기 위한 수단이었다고 생각한다.[255]

---

254) 『세종실록』 권98, 24년 12월 임자.

255) 六郎次郎이 1429년(세종 11)에 이미 수도서왜인이 되었음에도 불구하고 관직의 제수를 요청한 것은 대마도주가 서계와 문인제도를 통해서 수도서인이나 관하인에 대한 통제를 강화하였고, 또한 계해약조의 체결로 모든 통교자는 세견선을 정약하여야 했기 때문에 비교적 통제를 적게 받는 수직왜인이 되어 통교하려 한 것으로 생각된다.

3. 수직왜인의 구성

조선전기의 수직왜인은 항왜 또는 향화왜인으로 관직을 제수받은 자와 일본에 거주하면서 관직을 제수받은 자로 크게 구분할 수 있다. 아래 <표 1>은 조선전기 수직왜인을 시기 구분에 따라 정리한 것이다. <표 1>을 통해서 보면 조선에 투항 또는 향화하여 관직을 제수받은 자는 23명이었으며, 모두 대마도인이었다. 이들은 제1기에 집중되어 있으며, 제3기 이후에는 없었다. 반면에 통교왜로서의 수직왜인은 총 90명이었으며, 지역별로는 대마도가 52명으로 가장 많았고 축전주·비전주 등의 구주지방이 19명, 일기지방이 9명, 長門地方이 2명이었으며, 나머지는 거주 지역을 확인할 수 없었다. 시기별로는 계해약조 이후부터 임진왜란 전까지 존재하였지만 제3기(1444~1471)가 가장 많았다.

〈표 1〉 수직왜인의 시기별 분포

구 분	시기 / 지역	제 1 기 (1392~1419)	제 2 기 (1420~1443)	제 3 기 (1444~1471)	제 4 기 (1472~1510)	제 5 기 (1511~1592)	소 계
항왜(향화왜)	對馬島	17	2	4			23
통교왜인 (일본 거주)	對馬島			25	21	6	52
	壹岐島			8	1		9
	九州			8	1	6	19
	本州·四國					2	9
	미상					8	8

* 위의 표는 <표 2>와 <표 3>을 참조하여 작성하였다.
* 수직한 연대가 불확실한 경우에는 관직이 처음 기록된 연대를 기준으로 하였다.

1) 항왜 또는 향화왜으로서의 수직왜인(조선 거주 수직왜인)

다음 <표 2>는 『조선왕조실록』과 『해동제국기』에 기록된 항왜 또는 향화왜로 관직을 제수받은 자를 정리한 것이다. <표 2>를 통해서 보면 항왜 또는 향화왜로서의 수직왜인은 크게 두 유형으로 나눌 수 있다. 그 하나는 조선초기에 왜구로서 투항하여 관직을 제수받은 자이며, 다른 하나는 조선에 향화하여 관직을 제수받은 자이다. 전자는 14명으로 대부분은 藤六과 林溫의 휘하로서 태조 말에 투항하여 관직을 제수받았다. 후자는 9명으로 이들은 平原海·看智沙也文·表沙貴[256]·藤次郎[257] 등과 같이 의술이나 제련술, 조선술 등 특정한 기술을 가진 자들이었다.

항왜 또는 향화왜인 중에는 관직을 제수받은 후에 대마도로 귀환한 자가 많았으며, 그중 일부는 다시 통교자로 내조한 자도 있었다. 즉 池門·禹原之·都羅而老[258]·藤次郎은 관직을 제수받은 후에 대마도로 귀환하였으며, 특히 藤六[259]·林溫[260]·藤賢[261]·表沙貴[262]·看智沙也文[263]등은 귀환

256) 表沙貴는 1418년(세종 즉위년)에 倭司正으로 대마도의 銅鐵匠을 데리고 내조한 점으로 보아 그도 제련기술을 가진 향화왜인이었을 것으로 생각한다.(『세종실록』 권1, 즉위년 8월 신묘)

257) 藤次郎은 船匠으로 1421년(세종 3)에 三未三甫羅와 함께 내조하여 집과 식량, 노비 2구를 하사받았으며, 2년 뒤에 휴가를 얻어 귀도하였다. 그 후 통신사 박서생의 사행 때에는 사정 藤次郎의 배를 빌려서 사행의 군량을 운반하기도 하였으며, 그의 아들인 都時羅·藤時羅·乙四郎·藤四郎 등이 1435년부터 1438년까지 매년 내조하기도 하였다(『세종실록』 3년 7월 경진. 4년 11월 신묘. 5년 6월 임자. 17년 2월 경오). 그런데 이 시기에 藤次郎이라는 인물이 또 한사람 있다. 그는 1417년에 대마도주 宗貞茂의 사자와 함께 처음으로 내조하였으며, 대마도정벌 때에 포로로 잡혀와 외방에 분치되었다가 1422년 회례사 박희중의 일행 편에 대마도로 돌려보냈다. 특히 등차랑은 早田과 함께 대마도의 대표적인 왜구의 두목으로 관직의 제수를 요청하였다가 거절당하기도 하였다. 이는 船匠인 사정 藤次郎과는 동명이인이라고 생각한다(『태종실록』17년 12월 신해. 『세종실록』4년 12월 계묘. 5년 12월 임신. 12년 정월 정묘. 13년 12월 계묘. 24년 12월 임자).

258) 都羅而老는 向化鐵匠 看智沙也文의 아들로 아버지를 따라 내조하여 수직(사정)하였으나 지금은 대마도로 귀환하였다. 그후 통교한 기록은 보이지 않는다.(『해동제국기』일본국기 대마도 사정 都羅而老).

259) 藤陸은 후에 대마도로 귀환하여 1405년(태종 5) 5월에 '대마도만호'라 칭하고 내조하였다.(『태종실록』 권9, 5년 5월 계해). 이는 왜구의 두목이 투항하여 관직을 제수받고 후에 대마도로 귀환하였다가 다시 통교한 최초의 기록이다.

260) 林溫은 투항후 왜구의 진압에 많은 공헌을 하였으며, 1405년에 처자 형제를 만나

후에 다시 통교왜인으로 내조하기도 하였다. 이중 藤六·林溫·藤賢등 3명은 내조 시에 조선에서 제수받은 관직을 사용하지 않고 '대마도만호' '대마도수호만호' 또는 '왜만호'라는 직칭을 사용하였다. 반면에 看智沙也文은 사직·부사과를 칭하면서 내조하였는데, 이들은 藤九郞의 수직 후인 1453년(단종 원년)과 1454년에 내조하였기 때문에 일본 거주 수직왜인과 같이 조선에서 제수받은 관직을 그대로 사용할 수 있었던 것으로 생각된다.

〈표 2〉 항왜 또는 향화왜로서의 수직왜인 일람표

수직왜인	향화연대	구분	관 직	기 타
藤六(藤陸)	1396	항왜적수	선략장군행사직겸해도관군민만호(1396) 선략장군행중랑장(1398), 대마도만호(1405)	捕倭從軍 歸島通交(1405, 1회)
非疚時知	1396	항왜	돈용교위행사좌령행사정겸관군백호(1396)	藤六
林溫(羅可溫)	1396	항왜적수	선략장군(1397) 왜만호(1413), 대마도수호만호(1417)	捕倭賊船 歸島通交(1413-17, 4회)
都時羅(都時老)	1397	항왜	사정(1397)	林溫子, 死(1397)
池門(望沙門)	1397	항왜	부사정(1397), 선략장군행별장(1398)	歸島請
藤昆(昆時羅)	1397	항왜	부사정(1397), 산원(1398)	捕倭從軍 溺死
吳文(沙門吾羅)	1397	항왜	산원(1398)	捕倭從軍 溺死

기 위해 일시 대마도에 귀환하였다. 1411년에는 老病을 이유로 다시 대마도로 귀환한 후 '對馬島守護萬戶' '倭萬戶'라 칭하고 1413년부터 1416년까지 4회 내조하였다.(『태종실록』 권9, 5년 6월 경오. 권22, 11년 7월 갑술. 권26, 13년 8월 갑인).

261) 藤賢은 귀도후 1450년(문종 즉위년)과 1451년에 2회 내조하였다.(『문종실록』 권4, 즉위년 10월 계유. 권10, 원년 10월 무진).

262) 대마도로 귀환하였던 藤六·林溫·藤賢 등이 내조 시에 조선에서 제수받은 관직을 사용하지 않았던 사실을 고려해 볼 때 表沙貴는 일시적으로 대마도에 귀환하였을 가능성이 있다고 생각한다.

263) 看智沙也文은 1453년에 부사직으로 내조하여 景禧殿에 진향하였으며, 이듬해에는 사직으로 내조하여 토물을 헌상하였다.(『단종실록』 권5, 원년 정월 계유. 권11, 2년 7월 무오).

수직왜인	향화 연대	구분	관 직	기 타
張宝(三寶羅平)	1397	항왜	산원(1398)	侍衛, 墓 忠淸道
信吾(吾音甫)	1397	항왜	산원(1398)	
張望(望時羅)	1397	항왜	산원(1398)	
表時(阿時羅)	1397	항왜	산원(1398)	
藤賢(玄淮)	1397	항왜	산원(1398)	林溫麾下, 從軍, 歸島, 숙배
平原海(原海)	1397	향화승	의박사(1397), 내약방의원, 전의감(1408) 판전의감사(1409), 중추원부사(1462이전)	率來妻子, 賜平姓
禹原之	1397 ?	항왜	부사정(1415)	乞覲親賜米豆遣之
具陸(仇陸)	1399 前	항왜	전호군(1409)	宣州投降倭船招諭上京
平道全	1407	향화	원외사재소감(1407), 호군(1408), 대호군(1412), 상호군(1415)	初宗貞茂使者來, 宿衛 對馬使行, 왜구토벌, 造船
表沙貴		향화왜?	사정(1418)	率銅鐵匠來, 歸島通交?
藤次郞	1418 前	향화船匠	사정(1429)	귀도, 통신사 군량운반
邊相	1421 ?	향화왜	부사직(1429)	
表沙溫	1435 ?	향화왜	사정(1444)	宗貞盛書 宿衛請 潛相賣買 獄中杖死
沙古	?	투화왜	행사직(1462이전?)	皮尙宜父
看智沙也文 (加智沙也文)	1439 ?	향화鐵匠	부사과(1453), 사직(1454)	智沙也文幷其子乘驛上送
都羅而老	?	향화	사정(1471이전?)	歸島通交(1453-56, 2회) 看智沙也文의 子, 還都

* 위의 표는 『조선왕조실록』을 참조하여 작성하였다.

한편으로 항왜 또는 향화왜로서 관직을 제수받고 조선에 정착하여 생활한 자는 기록이 많지 않아 자세히 알 수 없지만 그 수는 그리 많지 않았던 것 같다. 그런데 그들의 자손 중 일부는 조선의 고위관직에 오르고 더불어서 관향을 하사받은 자도 있었다. 그 대표적인 사람으로 平順과 皮尙宜를 들 수 있다. 평순은 향화승 중추원부사 平原海의 아들로서 대를 이어 의원으로 활약하여 관직이 '행대호군'에 이르렀으며, 창원을 관향으로 하사받았다. 또한 피상의는 투화왜인 행사직 沙古의 아들로서 관직이 상호군에 이르렀으며, 동래를 관향으로 하사받았다.[264] 특히 피상의는 1443년(세종 25)부터 1454년(단종 2)까지 무려 5차례에 걸쳐 초무관 종사관·사역원판관·치부관·통사·선위사 등으로 대마·일기도에 다녀오는 등 조선전기 대일 외교사행으로 활약하였다.[265]

2) 통교자로서의 수직왜인(일본 거주 수직왜인)

등구랑이 조선의 관직을 제수받은 이후 일본에 거주하는 수직왜인은 대마도 이외의 지역인 一岐·筑前·肥前·長門地方의 왜인에게까지 확대되었다. 즉 등구랑 이전의 수직왜인은 왜구의 두목이나 또는 특정한 기술을 가진 자들을 대상으로 하였다면, 그 이후에는 피로·표류인을 송환한 자, 외교상의 공로자, 도주의 관하인 등에게까지 그 범위가 확대되었다. 그러나 수직왜인의 대부분은 역시 조선조정이 왜구의 소굴로 인식하였던 대마·일기지방의 왜인들이었다. 다음 <표 3>을 토대로 일본에 거주하고 있는 수직왜인은 다음 몇 가지 유형으로 분류해 볼 수 있다.

---

264) 『세조실록』 권28, 8년 4월 기축.

265) 피상의는 1443년(세종 25) 초무관 강권선의 종사관으로 서여서도에 침입하였던 적왜를 추포하기 위해 일기도에 파견되었으며, 1448년에는 사역원판관으로 표류인을 쇄환해오기 위해 일기도에 파견되었다. 그 후 1452년(단종 즉위년)에는 치전관 이견의과 함께 치부관으로 대마도주 종정성의 죽음과 종성직의 습위를 문위하기 위해 대마도에 파견되었다. 1453년에는 경차관 원효연과 함께 대마도에 파견되었으며, 1461년(세조 7)에는 宗成職의 어머니의 죽음을 문위하기 위해 대마도선위사로 파견되었다.(『세종실록』 권101, 25년 8월 갑신. 권109, 30년 2월 병자. 『단종실록』 권2, 즉위년 8월 갑자. 권11, 2년 7월 무오. 『세조실록』 권24, 7년 4월 임진).

〈표 3〉 일본 거주 수직왜인 일람표

수직자	관 직	지역	구 분	도서	세사미두	기 타
四郞三郞	사직(1479) 사과(1493)	대마				
彌源司	사정(1479)	대마	적수가			賊首彌源藤司의 子
宗貞秀(出羽守)	가선동지중추원사(1481)	대마	대마대관	1460		宗茂秀繼子, 참적왜, 세견5船
五羅仇羅	사정(1481) 사맹(1483) 사정(?1485)	대마				
仇羅洒毛 (仇羅沙也文國助)	사정(1482) 사직(1490) ?승직(1498) 호군(1502)	대마				仇羅洒也文國助 제포항거, 도주특송
宗家吉	사맹(1485)	대마				
職久	사과(1486)	대마	도주특송			적도참살 참여 공, 超授
次郞仇郞	사직(1487) 호군(1492)	대마				
宗職吉	사직(1490)	대마	도주 청			宗盛吉子, 父職繼承, 도주특송
皮孔古羅	호군(1490)	대마				
四郞十郞	사과(1491)	대마				
三甫羅而羅	사직(1494) 부호군(1522?)	대마	도주특송			
吾都音甫	사맹(1494)	대마	도주특송			助國次子
盛重	승직사맹(1495)	대마				도주 宗盛長 형, 특송
盛種	小職(1498전) 사직(1554)	대마	도주특송			적도포송 공, 발검횡행
宗大郞	사맹(1525전) 4품(1525)	대마	적왜포송			조국차의 자. 표류인송환
彦大郞	사맹(1536?)	대마				관하 禁私市, 난동-장1백
可未多羅	사정(1536?)	대마				관하 난동-접대불허3년
平調光	호군(1555)	대마				대마도주 사, 적왜25참
藤原調昌	관직(1587)	대마				도주사, 제주표류인4명송환
澄泰	?(1591)	대마	표류인송환			표류9명송환, 賜物除職
藤仇郞	상만호(1422) 적만호(1439) 호군(1444) 대호군(1459)	일기	적왜포송 적수	1435		藤七子, 父圖書改給, 시위
藤影繼	호군(1451)	일기	적수*			國葬時朝臣例侍衛請(許)
三甫羅洒文	사직(1456)	일기	표류인송환			도주특송
信沙也文(金信文)	사정(1456) 호군, 겸사복(1457)	일기	표류인송환			제포항거왜, 시위, 도주특송
藤也三甫羅	사정(1457) 부사직(1473)	일기	적수가			藤仇郞長子, 선위사호송, 侍衛
有羅多羅	사정(1458*)	일기	적수가			三甫郞大郞兄, 可文愁戒源貞
三甫郞大郞	호군(1461)	일기	적수가			賊首藤影繼子
豆留保時(鶴法師)	사정(1470) 사과(1484) 사직(1502)	일기	적수가 국왕사 청	1461	10석	藤仇郞次子, 加職請(西海路船賊之雄)

수 직 자	관 직	지역	구 분	도서	세사미두	기 타
都豆馬	사과(1487)	일기				
宗家茂	호군(1455*)	축전	유구국사	1455		富商石城府代官 宗金의 子
道安	호군(1457*)	축전		1455		유구국사, 표류인송환
藤安吉	호군(1461) 삼포효유사(1466) 행호군(1467) 중추(1471이전)	축전				父東平館死, 侍(宿)衛
藤茂村	사정(1467) 사직(1469) 부사과(1471)	축전				藤安吉弟, 선위사호송, 시위
信盈	사과(1469*) 사직(1474) 호군(1475)	축전				藤安吉女壻, 시위
林沙也文	사정(1470*)	축전				道安子, 대우전관하
藤安吉子	사정(1473)	축전	도주 청			繼父業,시위
藤原信重	동지중추(1471*) 가선대부동지중추(1491)	축전	류구국사	1456		博多副商定淸女壻, 세견1선(1456)
宗茂信	?(1480전) 사과(1514)	축전	도주 청			宗金의 손자, 국왕사 도선주
四郞三郞	旣受爵祿(1497)	축전				道安의 자, 1476래조
信時羅	?(1522)	축전?				歲一親自來朝, 국왕사선 동행 축전주 信時?, 고신(사맹:1569)
林岳宮內少輔	?(1526)	축전	대내전 청			부관,부 皮汝文 동평관 死(1510) 新大郞例(1521)의거 수직 청
源家德	사맹(1556)	축전				硫黃島太守則忠 도서구청(불허)
壽藺	선종대선사(1470)	비전				賴永 사, 국서전달 공, 일본국왕사
而羅多羅	사정(1501) 호군(1531전)	비전	표류인송환			平順治의 자, 제포항거, 취처수직 在館自盡(1511)
平鬼德	사맹(1518)	비전	습직			多羅而羅 자(?) 歲一親自來朝 국왕사선 동행,
平盛胤	사맹(1507)	비전				사후 平盛胤 사 래조, 平鬼德 형
源盛滿	부호군(1555전) 상호군(1555)	비전	표류인송환			源勝 사, 兵符 송환
平信長	사맹(1555) 첨지(1566)	장문				총통제조, 왜구 동정 보고
橘康年	첨지(1587)	장문				平秀吉 사, 통신사 파견요청
平康繼	사맹(1588)	구주?				서해 古東島거주
胤次	수직(1514전)	?				국왕사 지로선주
佐馬助家久	?(1522) 사맹(1530)	?	국왕사청			상관인 大原 질, 引角 30헌상
與七郞	?(1522)	?	국왕사청			台叔시봉, 부 동평관 死(1510)
新大郞	?(1521)	?	국왕사청			易窓청, 부 동평관 死(1510)
與三次郞	사맹(1525)	?	대내전청			대내전 반인,표류인송환(1523)

수직자	관 직	지역	구 분	도서	세사미두	기 타
孫八郞	?(1525)	?	국왕사청			景林 질, 佐馬助 例 수직청
亂長	사맹(1556)	?				적왜섬멸, 서책.병기 가지고 옴
平長親	첨지?(1555)	?				소지총통 정교, 화약제조 고신(첨지중추부사:1555)
井大郞	호군(1446) 대호군(1456) 상호군(1460)	대마	적수*			張宝(본조 시위)子, 피로송환 대마정벌때 급수, 도주특송
平茂永	호군(1449)	대마				
和知難洒毛(平家久)	호군(1450)	대마	피로쇄환?			도주특송
藤茂家(邊沙也文)	호군(1450)	대마	해적수*			平左衛門(?), 시위, 도주특송
中尾彈正	호군(1450)	대마	적수			시위
三未仇羅	호군(1451)	대마	적수가			中尾彈正子, 도주특송
平茂持	호군(1452) 상호군(1472*)	대마	적수가		15석	平盛秀弟, 從兄六郞次郞後嗣
六郞洒文	호군(1453)	대마	적수가	1459	10석	平茂續例軍職除授
平茂續	호군(1453) 상호군,겸사복,첨지중추(1461)	대마	적수			賊首六郞次郞子, 母高靈縣人 시위, 도주특송
平茂家	호군(1454)	대마				
源茂崎	사직(1455*) 호군(1476)	대마	표류인구조			도주특송
井可文愁戒	사정(1456) 호군(1463)	대마	적수가	1465	10석	井大郞子, 父官襲職(1456)
平盛秀	호군(1456)	대마	적수가			平茂持兄
又四羅盛數 (阿馬豆)	호군(1456)	대마	적수가*	1458	10석	壹岐毛都伊浦居, 改名(1468) 海賊首宮內四郞 자
皮古汝文	호군(1458*) 대호군(1474) 첨지(1476)	대마	삼포왜총치	1460		시위, 도주특송
多羅而羅 (而羅洒文家次)	호군(1462) 첨지중추(1474)	대마	적수*	1460	10석	도주특송, 太郞二郞 平松而羅洒文家繼(1474改名)
宗盛吉	호군,상호군(1462) 호군(1463*)	대마		1463	15석	宗盛家弟, 死後遣使無,
皮古時羅	사직(1464) 호군(1464*)	대마	적수가	1469	10석	平茂持弟
都羅馬都	사정(1464*)	대마	적수가			六郞洒文子
皮古仇羅	호군(1465*)	대마	적수가	1465	10석	藤茂家子, 도주특송
所溫皮古破知 (宗茂實, 宗彦八)	사정(1467*) 사직(1476) 부호군(1477) 호군(1479)	대마	표류인송환? 도주청수직			宗茂次(漂流人救助) 자 島主請受職
時難洒毛(洒也文)	호군(1468*)	대마	피로쇄환?			和知難洒毛子
中尾吾郞	호군(1468*)	대마	적수가			平茂續子, 中尾彈正後嗣,
井家文助藤原職家	호군(1469)	대마	적수			井職家

수직자	관　　직	지역	구 분	도서	세사 미두	기　　타
早田彦八(平伊也知)	부사과(1470*) 호군(1477) 첨지(1485)	대마	적수가			平茂持子, 告身(司直:1477)
愁戒仇羅	부사과(1475) 사과(1479) 호군(1487	대마				六郎洒文 자
國忠(皮古沙文)	除職(1474) 상호군,첨지(1476) 가선행호군,중추(1481)	대마	父請			皮古汝文子, 斬賊倭捕 도주특송
助國次	부호군,호군(1477) 첨지중추(1494)	대마	도주특송			島主陞3品職請, 島主從弟
可文	사맹(1477) 호군(1485)	대마				
宗彦八(郎)	사정(1477) 호군(1485)	대마				
皮古三甫羅	사맹(1479) 부호군(1482) 호군(1488)	대마	적수가			平茂續子, 도주특송 告身(부호군:1482)

* 위의 표는 『조선왕조실록』과 『해동제국기』를 참조하여 작성하였다.
* 표의 내용 중 *표는 『해동제국기』에 기록된 것이다.

① 왜구의 두목과 그의 일족

수직왜인 중에는 왜구의 두목으로 인식되었거나 그들 스스로 '賊首'라 칭하고 통교하는 자들이 많았다. 그런데 이들은 항왜로서 관직을 제수받고 일본으로 귀환한 자의 자손이 수직왜인이 된 경우와 왜구가 평화적인 통교자로 전환하여 내조한 자와 그의 자손이 수직왜인이 되는 경우로 나눌 수 있다. 먼저 전자의 경우로는 中尾彈正·三未仇羅·井大郎·井可文愁戒 등을 들 수 있다. 中尾彈正과 三未仇羅는 1397년(태조 6) 왜구의 적수로 투항하여 관직을 제수받고 대마도로 귀환하였던 林溫의 자손이다. 그리고 井大郎과 그의 아들 井可文愁戒는 임온과 함께 투항하여 산원을 제수받고 시위한 항왜 張宝(三寶羅平)의 자손이다. 특히 井大郎의 수직은 대마도 정벌 때에 병사들에게 물을 길어다 준 공과 아버지의 시위, 그리고 피로 쇄환, 왜구의 두목인 점이 고려되었던 것으로 생각한다.266)

266) 『해동제국기』일본국기 대마도 護軍 井可文愁戒.
『세종실록』 권46, 12년 5월 갑인. 권106, 26년 10월 병인.

후자의 경우로 가장 대표적인 예는 早田氏의 일족이다. 조전씨는 대마도의 대표적인 왜구의 두목으로 左衛門大郞이 1414년(태종 14)에 '對馬島豆地浦萬戶'로 처음 통교하기 시작하여 4대에 걸쳐 모두 12명이 내조하였다.[267] 특히 조전씨 중에는 平茂持를 비롯하여 모두 7명이 수직왜인이었다. 그 중 平茂續은 육랑차랑의 아들로 고려 말에 왜구에게 붙잡혀 간 피로 고령현인의 소생이었다.[268]

그 외에도 수직왜인 중에 '海賊首'로 자칭하였거나 조선에서 그렇게 인식하고 있었던 자는 六郞洒文과 그의 자 都羅馬都[269], 藤茂家와 그의 자 皮古仇羅[270], 彌源司[271], 多羅而羅[272], 阿馬豆(又四郞盛數)[273], 등구랑과 그의 자 豆留保時(鶴法師)[274], 藤影繼와 그의 자 三甫郞大郞·有羅多羅 형

267) 조전씨의 가계표와 통교에 대하여는 제2장 대마도의 대조선 통교와 무역 참조.

268) 『세조실록』 권35, 11년 3월 을묘.

269) 『단종실록』 권7, 원년 7월 계미. 『해동제국기』일본국기 대마도 사정 都羅馬都.

270) 『해동제국기』 일본국기 대마도 호군 皮古仇羅.

271) 彌源司는 彌源藤司의 아들로 대마도 天神山에 거주하는 '海賊首'였다. 그는 1479년(성종 10) 8월에 대마도주의 요청으로 관직(司正)을 제수 받았는데, 수직 이유는 본래 賊首의 자로(本以賊首之子) 관할하는 지역이 있었기 때문이었다.(『성종실록』 권107, 10년 8월 갑진).

272) 『해동제국기』일본국기 대마도 호군 多羅而羅.

273) 『세조실록』 권3, 2년 4월 무오.
『해동제국기』일본국기 대마도 호군 阿馬豆條에는 '舊居一岐島毛都伊浦 海賊首宮內四郞子 戊寅年(1458, 세조4)受圖書來則米豆十石 戊子(1468, 세조 14)改名又四郞盛數'라 기록되어 있다. 그는 1456년(세조 2)에 처음 내조하여 1495년(연산군 원년)까지 총15회 내조하였는데, 1456년과 1463년에는 一岐州護軍 阿馬豆로, 그 이후 1470년(성종 원년)부터는 왜호군 又四郞盛數라 칭하고 내조하였다. 이러한 사실로 보아 아마두가 일기도에 거주하였던 시기는 1468년 이전이었으며, 그 후 대마도에 이주하여 우사랑성수로 개명하고 내조하였던 것으로 생각된다.

274) 등구랑은 1442년(세종 24)에 내조하였을 때 '本强賊也'라 기록되어 있으며, 그의 차자 鶴法師는 1502년(연산군 8)에 일본국왕 사신 周般이 加職을 청하였을 때에 '西海路船賊之雄'으로 기록되어 있다.(『세종실록』 권98, 24년 12월 기축. 『연산군일기』 권43, 8년 3월 임진).

제[275]), 井家文助藤原職家 등이 있다.

이와 같이 적수 또는 그의 일족이 수직왜인이 된 자가 매우 많았으며, 그 대부분은 대마도와 일기도인이었다. 이는 이들 지역이 고려 말 조선 초 왜구의 근거지라는 사실을 알려주는 또 다른 증거라고 할 수 있다.

② 피로·표류인의 송환자

이들은 고려 말 조선 초에 왜구에게 붙잡혀 간 피로인을 송환하였거나 표류인을 구조하여 송환한 공으로 수직왜인이 된 자들이다. 특히 조선초기 대일외교에 있어서 피로인의 쇄환은 주요한 외교현안 중의 하나였다. 이에 조선에서는 피로인을 쇄환해 온 자를 후대하거나 관직을 제수하였다.[276]) 먼저 피로인을 쇄환하여 수직왜인이 된 자는 和知難洒毛와 井大郞을 들 수 있다. 그중 和知難洒毛(平家久)는 1423년(세종 5)에 被擄唐人 4인을 쇄환해 온 후 1450년(문종 즉위년)에 호군을 제수 받았으며,[277]) 그의 아들 時難洒毛는 1468년(세조 14)에 수직왜인이 되었다.[278]) 井大郞은 수직왜인이 되기 전인 1430년(세종 12)에 피로인 2명을 쇄환해 오기도 하였다. 그러나 피로인의 쇄환은 세종대를 기점으로 거의 나타나지 않기 때문에 이를 배경으로 수직왜인이 된 자는 매우 적었다.

반면에 단종대부터는 표류인을 구조 송환하여 수직왜인이 된 자가 많이 나타나고 있다. 源茂崎는 1455년(세조 원년)에 표류인을 구조해준 공으로

275) 『해동제국기』일본국기 일기도 호군 藤影繼.

276) 실제로 피로인을 송환해 오는 경우 전례에 의거하여 후대하거나 또는 1인당 면포 10필을 상으로 사급하였다.(『세종실록』 권3, 원년 2월 경자. 권48, 12년 5월 갑인. 권63, 16년 3월 임인).

277) 『세종실록』 권12, 5년 6월 계축. 『문종실록』 권3, 즉위년 8월 무인.
그가 어떠한 배경으로 수직왜인이 되었는지는 자세히 알 수 없으나 그가 피로인의 송환을 계기로 계속해서 통교하였기 때문에 피로인의 쇄환이 수직왜인이 되는 배경이 되었던 것이 아닌가 한다.

278) 『해동제국기』 일본국기 대마도 호군 時難洒毛.

수직왜인이 되었으며,[279] 信沙也文은 1456년에 조선인이 표착한 사실을 대마도주 宗成職에게 전하여 구조 송환하게 하였고, 또한 대마도 天中山의 적왜들이 조선에서 약탈을 자행한 사실을 보고한 공으로 三甫羅洒文(毛)와 더불어 미두 20석을 하사받고 사직에 제수되었다.[280] 특히 신사야문은 시위를 허락받아 그 이듬해인 1457년에 호군에 제수되었으며, 이어서 金信文으로 개명하고 겸사복에 임명되었다.[281]

유구국사 道安은 1457년(세조 3)에 유구에 표류한 조선인 10명을 송환해 온 공으로 호군에 제수되었다.[282] 또한 而羅多羅는 1501년(연산군 7)에 平順治의 사송으로 제주 표류인을 구조하여 송환한 공으로 사정에 제수되고 1년에 1회씩 내조하였으며,[283] 大內殿 반인 與三次郎은 1523년(중종 18)에 五島에 표류한 조선인 9명을 구조하여 송환한 공으로 사맹에 제수되었다.[284] 이 외에도 所溫皮古破知(宗茂實)[285], 宗大郎[286], 平盛胤[287], 藤原調昌[288], 澄泰[289]등도 표류인을 구조하여 호송해 온 공으로 수직왜인이 된 자들이다.

---

279) 『해동제국기』 일본국기 대마도 사직 源茂崎. 乙亥年以救我漂流人功受職.

280) 『세조실록』 권5, 2년 10월 정사.

281) 『세조실록』 권8, 3년 7월 임오, 갑신, 병술.

282) 『세조실록』 권8, 3년 7월 을해, 임오.

283) 『연산군일기』 권40, 7년 정월 기묘. 『중종실록』 권11, 5년 6월 임자.

284) 『중종실록』 권55, 20년 9월 신유, 임술.

285) 所溫皮古破知는 1460년(세조 6)에 표류인(선군 한을)을 송환한 것을 계기로 통교하여 1473년(성종 4) 도서를 사급받은 宗茂次의 아들이다. 그는 1467년(세조 13)에 종무차와 함께 내조하여 도주의 청에 의해 사정을 제수 받았는데 수직배경은 역시 그의 아버지가 표류인을 송환하였기 때문이라고 생각된다(『해동제국기』일본국기 대마도 宗茂次 ,所溫皮古破知. 『성종실록』 권13, 4년 5월 기해).

286) 『중종실록』 권55, 20년 9월 경신, 임술.

287) 『중종실록』 권78, 29년 12월 병오.

288) 『선조실록』 권21, 20년 2월 계미. 7월 경인.

289) 澄泰는 1591년(선조 24)에 대마도에서 표류인 9명을 호송해 온 공으로 상관, 도선주와 함께 관직과 물건을 하사받았다(『선조실록』 권25, 24년 정월 정미).

③ 적왜의 포송자

이들은 조선에 침입하여 약탈을 자행하였던 적왜를 붙잡아 보냈거나 참수한 공으로 수직왜인이 된 자이다. 먼저 등구랑은 1444년)에 서여서도에 침입하였던 적왜를 추포하는 데 협력한 공으로 수직왜인이 되었으며, 그의 아들 藤也三甫羅와 豆留保時도 역시 수직왜인이었다. 대마주대관 宗(彦九郎)貞秀는 1481년(성종 12)에 대마도주 宗貞國의 명을 받아 적왜 13인을 사살하고 7명을 생포해서 보내는데 크게 활약한 공으로 '가선동지중추부사'에 제수되었다.[290] 도주특송 職久는 1486년에 적도를 참살하는 데 협력한 공으로 사과에 제수되었으며,[291] 宗大郎은 助國次의 자로 적왜를 잡아온 공으로 사맹에 제수되고 1525년(중종 20) 다시 표류인을 호송하여 온 공으로 4품직을 제수 받았다.[292] 盛種은 성종 때에 도주가 포획한 적왜를 호송해 온 공으로 관직을 제수 받았으며, 1498년(연산군 4)에는 제포에서 난동을 부린 적왜를 추포하러 오기도 하였다.[293]

平調光은 1555년(명종 10)에 대마도주 宗盛長이 대마도를 지나던 적선을 포획하여 적수 25명을 참수해서 보냈는데, 그때 도주 특송으로 내조하여 수직왜인이 되었다.[294] 源盛滿도 같은 해에 上松浦 唐津太守 源勝의 사자로 내조하여 적선을 포획한 사실을 아뢰고 그 배에 실려 있던 兵符를 가지고 와서 도서와 관직을 요청하였다. 조선에서는 源勝에게는 도서를 사급하고 源盛滿에게는 상호군을 제수하였다.[295] 특히 적왜를 참수하거나 호송해오는 데 협력하였던 자들은 도주의 일족과 그의 관하인이 많았으며,

---

290) 『성종실록』 권129, 12년 5월 무자. 권130, 6월 기미. 권132, 8월 경오.
禮曹啓 宗貞國前日斬賊倭三人以送 餘黨二十人內 今又射殺十三人 廣示島內諸浦 擒七人械送 其功可嘉 請推誠厚待 從之(『성종실록』 권130, 12년 6월 기미).

291) 『성종실록』 권191, 17년 5월 임자.

292) 『중종실록』 권55, 20년 9월 경신, 임술.

293) 『연산군일기』 권29, 4년 5월 정사.

294) 『명종실록』 권19, 10년 8월 갑술, 병자. 10월 신묘, 11월 을미.

295) 『명종실록』 권19, 10년 12월 정유, 을사.

다른 유형의 수직왜인보다 우대받았다.

④ 통교상의 유공자

조선의 사행을 호송하였거나 조선에 사신으로 왕래한 것을 계기로 수직왜인이 된 자들이다. 먼저 사행을 호송한 공으로 수직왜인이 된 자로는 宗金의 아들 宗家茂를 들 수 있다. 특히 종금은 1420년(세종 2) 회례사 송희경의 사행을 막부까지 인도하고 또한 막부와의 교섭을 주선하는 등의 역할을 한 것을 계기로 통교왜인이 된 博多의 대표적인 상인이었다.[296] 宗家茂는 1433년에 아버지 종금과 함께 처음으로 내조하였으며, 1455년(세조 원년)에 수직(호군), 수도서왜인이 되었다.[297] 宗茂信은 종금의 손자로 1480년(성종 11)에는 畠山殿 源義勝의 사자로, 1514년(중종 9)에는 일본국왕사의 도선주로 각각 내조하여 수직왜인이 되었다.[298]

다음에는 일본·유구국사로 내조하여 관직을 제수받은 자로는 壽藺과 道安, 藤原信重이 있다. 수린은 1470년(성종 원년)에 일본국왕사로 내조하여 禪宗大禪師를 제수 받았는데,[299] 이는 왜인에게 승직을 제수한 최초의 사례이다. 도안은 1453년(단종 원년) 3월에 유구국사로 처음 내조한 것을 계기로 하여 1455년(세조 원년)·1457년·1459년에 연이어서 유구국사로 내조하였다.[300] 그 결과 1455년에는 수도서, 1457년에는 표류인을 송환해 와

---

296) 宗金은 '石城商倭' '筑州石城管事' '筑州府 石城縣 藤氏' '石城小吏'로 칭하면서 1420년 12월부터 1450년(문종 즉위년) 12월까지 무려 33회나 통교하였으며 세종7년에는 도서를 사급받았다. 뿐만 아니라 그는 1430년(세종 12) 2월에는 일본국왕 源義教의 사자로서 내조하기도 하였다.(『세종실록』2년 11월 기축, 7년 11월 경인, 8년 12월 계유, 11년 12월 기해, 12년 2월 임오).
博多 상인 宗金에 대한 연구는 다음의 논문이 참고된다.
有光保茂, 「博多商人とその宗金家系」『史淵』16, 구주사학회, 1937 ; 田中健夫, 「日鮮貿易における博多商人の活動」『中世海外交涉史の硏究』, 東京大學出版會, 1959.

297) 『해동제국기』일본국기 축전주 宗家茂.

298) 『성종실록』 권119, 11년 7월 계미. 『중종실록』 권21, 9년 11월 기미.

299) 『성종실록』 권7, 원년 9월 계묘.

서 수직왜인(호군)이 되었다. 도안의 자 林沙也文과 四郞三郞도 역시 수직왜인이다. 藤原信重은 博多의 부상 藤原定淸의 女壻로 1456년에 처음으로 사신을 파견하여 세견선 1선을 정약하였으며, 특히 1471년(성종 2)에는 유구국사 상관인으로 내조하여 동지중추에 제수되었다.[301]

藤安吉은 筑前州 博多人으로 일찍이 그의 아버지가 경관(東平館)에서 죽음으로 인하여 1461년(세조 7)에 내조하여 留京宿衛할 것을 청하여 허가를 받고 특별히 호군에 제수되었다.[302] 藤茂村은 1467년(세조 13)에 藤氏母[303]의 사자로 내조하여 사정에 제수되었는데, 수직 이유는 등안길이 수년 동안 侍朝하였기 때문이었다.[304] 또한 1473년(성종 4) 대마주태수 宗貞國이 藤安吉의 자에게 관직을 제수하여 부업을 계승할 것을 청하여 사정에 제수되었으며,[305] 信盈은 등안길의 사위로서 1469년(예종 원년)에 내조하여 수직(사과)왜인이 되었다.[306] 이들은 모두 등안길의 일족으로 등안길의 아버지가 사신으로 왔다가 사망한 것을 계기로 그의 일족이 수직왜인이 된 극히 이례적인 사례이다.

그러나 이것이 전례가 되어 조선에 사신으로 왔다가 도중에 죽은 자의 자손이 성묘를 핑계로 관직 제수를 요청하여 수직왜인이 되는 사례가 삼포왜란 이후에 많이 나타났다. 먼저 1522년(중종 17)에 일본국왕사 부관인 台叔이 전년에 국왕사 易窓이 청한 新大郞의 예에 의거하여 삼포왜란 때

300) 『단종실록』 권5, 원년 3월 무진. 『세조실록』 권2, 원년 8월 무진. 권8, 3년 7월 을해. 권15, 5년 정월 계사.

301) 『해동제국기』일본국기 축전주 藤原信重. 『성종실록』 권13, 2년 11월 경자, 신유.

302) 『해동제국기』일본국기 서해도 축전주 사과 信盈. 『세조실록』 권24, 7년 6월 신미.

303) 藤氏母는 藤安吉의 어머니로 筑前州 博多城 冷泉津 藤氏母라 칭하고 세조 12년부터 성종 13년까지 내조하였다. 특히 세조 13년에는 亡夫를 위하여 승 3인과 사찰에 안치할 刺血寫法華經 1건을 구청하였다.

304) 『세조실록』 권44, 13년 11월 을해.

305) 『성종실록』 권26, 4년 정월 신해.

306) 『해동제국기』서해도 축전주 사과 信盈.

에 동평관에서 자진한 아버지의 성묘를 위하여 與七郎의 관직 제수를 요청하였다.[307] 林岳宮內少輔도 역시 대내전의 부관으로 내조하여 아버지 皮汝文이 1510년에 동평관에서 죽은 것을 이유로 신대랑의 예에 의거하여 관직 제수를 요청하였다.[308] 이외에도 老古羅汝毛와 平鬼德·平康吉·廉滿 등이 삼포왜란 때에 동평관에서 죽은 而羅多羅의 자손이라 칭하면서 관직의 계승을 요청하였으며, 그중 平鬼德과 平盛胤은 관직을 제수받았다.[309] 또한 畠山殿이나 국왕사의 사신이 내조하였다가 귀국하던 중 죽음에 임하여 자기의 아들이나 족친에게 관직의 제수를 요청하는 경우도 있었다.[310]

한편 일본국왕사나 대내전의 사신이 그의 자손의 관직 제수를 요청하는 경우도 있었다. 먼저 1522년(중종 17)에 일본국왕사 大原이 조카인 佐馬助家久의 관직의 제수를 요청하였으며,[311] 1525년에는 일본국왕사 景林이 좌마조가구의 예에 의거하여 조카인 孫八郎의 관직을 요청하였다.[312] 또한 같은 해에는 대내전 사송 愚室이 반인 與三郎의 관직제수를 요청하기도 하였다.[313]

---

307) 『중종실록』 권45, 17년 7월 기유.

308) 『중종실록』 권56, 21년 4월 병진.

309) 老古羅汝毛는 1534년(중종 29)에 형제인 平盛胤과 平鬼德이 이미 죽어 아버지 而羅多羅를 奉祠할 사람이 없기 때문에 자신이 그 직을 계승하려 한다는 구실로 관직의 제수를 요청하였으며, 1537년에는 親秋가 이라다라의 아들 廉滿의 관직을 계승할 것을 요청하였다. 또한 平鬼德과 平康吉도 역시 1569년(명종 14)에 이라다라의 자라 칭하고 관직의 제수를 요청하였다.(『중종실록』 권77, 29년 8월 임자. 『중종실록』 권77, 29년 8월 임자. 권84, 32년 4월 계해. 『명종실록』 권25, 14년 9월 계사).

310) 1550년(명종 5)에 畠山殿 상관인 如川이 동평관에서 죽기 직전에 조카인 善七郎의 관직제수를 요청하였으며, 1553년에도 일본국왕사 부사 天友가 죽음에 임하여 족친에게 관직을 제수해 줄 것을 요청하기도 하였다.(『명종실록』 권10, 5년 12월 병자. 권14, 8년 3월 경인).

311) 『중종실록』 권45, 17년 7월 기유. 권55, 20년 9월 경진.

312) 『중종실록』 권55, 20년 9월 경진.

313) 『중종실록』 권55, 20년 9월 신유, 임술.

이와 같이 통교상의 유공자는 조선의 사행을 호송하였거나 일본·유구국 사로 직접 내조한 자와 그의 반인, 그리고 조선에 사신으로 왔다가 죽은 자의 자손들이 대부분이었다. 특히 이들 중 상당수는 구주의 축전주인이었으며, 博多 상인과 밀접한 관련이 있었다.

⑤ 도주 관하인

도주의 특송이나 관하인으로 내조하여 수직왜인이 된 자는 皮古汝文·平國忠·助國次·吾都音甫 등을 들 수 있다. 먼저 피고여문은 삼포 항거왜인을 총괄하는 자로서 1458년(세조 4)에 수직(호군)하고 1460년에 도서를 사급 받았으며, 그의 아들 평국충도 역시 수직왜인이었다.[314] 조국차는 1476년(성종 7) 대마도주 宗貞國의 특송으로 처음 내조하였으며, 그 이듬해에는 부호군으로 내조하여 승직(3품직)을 요청하여 호군에 제수되었다. 이후 조국차는 수직왜인으로 또는 도주특송으로 내조하였으며, 특히 1489년(성종 20)에는 도서를 사급받았다. 조국차의 아들 오도음보도 1494년에 수직왜인이 되었다.[315] 또한 宗職吉은 宗盛吉의 아들로 1490년 도주특송으로 내조하였는데, 그 때에 대마도주의 청으로 사직에 제수되었다.[316]

수직왜인 중에는 대마도주의 특송이나 사인으로 내조한 자가 많았다.[317] 이들은 도주와 밀접한 관련을 가지고 있는 자로써 삼포 항거왜인을 總治하는 등 조선과 대마와의 외교관계를 유지하는 데 많은 역할을 하였다.

이상에서 살펴본 바와 같이 수직왜인은 조선에서 적수로서 인식하고 있었거나 자신이 적수로 지칭한 자, 피로인이나 표류인을 송환한 자, 적왜를

314) 『해동제국기』일본국기 대마도 호군 皮古汝文. 『성종실록』 권63, 7년 정월 병인.

315) 『성종실록』 권294, 25년 9월 계묘.

316) 『성종실록』 권236, 21년 정월 계해. 권237, 2월 을사.

317) 도주의 特送 또는 使送으로 내조한 수직왜인은 助國次·宗職吉·藤茂家·皮古三甫羅·三甫羅洒文·皮古仇羅·三未仇羅·多羅而羅·三甫羅而羅·井大郎·仇羅沙也文國助·職久·成重·盛種·平調光·藤原調昌 등 16명이었다.

참살하거나 포송하는데 협력한 자, 통교상의 유공자, 그리고 대마도주의 관하인으로 구성되어 있었다. 이들은 대부분 대마·일기지방의 왜인이었지만, 특히 축전지방의 수직왜인은博多의 상인과 밀접한 관련을 가지고 있었다. 삼포왜란 이후에는 대마지방 수직왜인의 접대를 폐지하였기 때문에 구주지방의 수직왜인이 상당히 많이 분포되어 있었다. 이는 수직왜인에 대한 접대를 부활하는 과정에서 대마도가 아닌 구주지방의 접대 부활을 계속해서 요청한 결과라고 생각한다.

『朝鮮送使國次之書契覺』에 의하면 1572~1574년의 관직소지자 34명 중 26명이, 1580~1586년의 관직소지자 27명 중 21명이 구주지방(일기도 포함)의 왜인이었다. 그 중에서도 특히 博多地方의 수직왜인이 상당히 많이 있었다. 이러한 사실은 1556년(명종 11)에 적변을 보고하러 온 대마도인 調久와 예조와의 문답을 통해서도 당시 수직왜인 중에 博多에 거주하는 자가 많았음을 확인할 수 있다.318)

일본에 거주하는 수직왜인의 특징 중의 하나는 그의 자손들이 계속해서 수직왜인이 되는 경우가 매우 많았다는 점이다. 특히 早田家를 비롯하여 林溫·藤茂家·井大郎·和知難洒毛·六郎洒文·宗盛吉·助國次·皮古汝文·藤九郎·藤影繼·藤安吉·宗家茂·道安·多羅而羅 등이 아버지의 관직을 습위하여 계속해서 수직왜인이 되었다.

318) 禮曹啓與倭人調久(對馬島主所送來報賊變者也)問答之辭 … 又曰 受職倭人博多居住者甚多 雖聞賊變 一不來通 而吾獨再來告之 願受賞職 … (『명종실록』 권20, 11년 4월 기축).

4. 수직왜인의 대우

1) 정치적 대우

아래 <표 4>는 수직왜인에게 제수한 초직(또는 기록상 처음으로 나타나는 관직)을 <표 2>와 <표 3>을 참조하여 작성한 것이다. <표 4>를 통해서 보면 수직왜인이 제수받은 초직은 동지중추사부터 사맹에 이르기까지 매우 다양하게 분포되어 있으며, 그중 전의박사와 사재소감·선종대선사를 제외하고는 모두 서반의 무관직이었다. 그런데 수직왜인이 받은 초직의 품계는 시기에 따라서 변화하고 있었다.

먼저 투화 또는 향화한 왜구의 두목은 선략장군·행사직 등 종5품 이상의 관직을, 그리고 그의 부하들은 사정·부사정·산원 등 정7품관 이하를 제수받은 자들이 많았다. 특히 항왜에게는 '선략장군행사직' '선략장군행별장' '돈용교위행사정' 등의 행직을 제수하는 경우가 많았다. 이러한 사실은 1400년(정종 2)에 "항왜에게 사직(종5품)이하의 직을 제수하고 품계가 선략(종4품)인 자에게는 은대를 하사하였다."[319]고 하는 기록을 통해서도 확인할 수 있다. 한편으로 平原海는 의술이 뛰어났기 때문에 무관직이 아닌 전의박사라는 관직을 제수받기도 하였다.

〈표 4〉 수직왜인의 초직

초직	품계	향화왜	통교왜
동지중추	종 2품	0	4
호군	정 4품	1	26
부호군·선략장군·사재소감	종 4품	2	2
사직·행사직	정 5품	2	7
부사직	종 5품	1	0

319) 『정종실록』 권2, 원년 11월 병신. 授降倭司直以下之職 階宣略者 賜銀帶.

초직	품계	향화왜	통교왜
사과	정 6품	0	4
부사과	종 6품	1	2
사정·행사정	정 7품	6	16
부사정	종 7품	3	0
사맹·산원	정 8품	6	15
전의박사·대선사·미상		1	15
소 계		23	90

반면에 일본 거주 수직왜인은 초직으로 호군과 사정·사맹 등을 제수받는 자가 많았으나 시기적으로는 약간의 변화를 보이고 있다. 즉 藤九郞의 수직이후부터 성종 초까지 3기에는 호군을 제수받는 자가 많았다. 특히 이 시기는 대일 통교체제가 완성된 시기로 적수 또는 적수의 일족이 수직왜인이 된 자들이 매우 많았으며, 초직으로 호군을 제수받는 것이 일반적이었던 것 같다.[320] 그 이유는 조선에서 왜구의 침입을 미연에 방지하기 위한 왜구대책의 일환으로 적수와 그의 일족을 우대하였기 때문이라고 생각한다.

한편으로 사정 이하의 관직을 초직으로 제수받은 자는 대체로 1471년(성종 2) 이후 제4기와 5기에 집중되어 있으며, 수직왜인 중에 도주의 관하인이라고 생각되는 자들이 급속히 증가하는 경향을 보이고 있다. 특히 이 시기에는 수도서인에 대한 통제를 강화하여 세견선을 정약하지 않으면 통교할 수 없었다.[321] 이러한 사실은 수직제도가 왜구 통제라는 본래의 의미에서 조선에 도항할 수 있는 통교권의 의미로 점차 변질되어 가고 있음

320) 이는 1454년에 敬差官 元孝然을 대마도주에게 파견하여 세견선의 정수(50척)을 엄히 준수할 것을 유시하였는데, 그때에 원효연이 가지고 간 사목에 護軍受職者를 세견선 50척에 포함시키는 여부에 관한 조선정부의 입장이 잘 기술되어 있다. 그 중 '受職護軍者'라는 사실을 보면 당시에 수직왜인은 대체로 호군이었음을 알 수 있다.(『단종실록』 권12, 2년 12월 계미).

321) 『성종실록』 권84, 8년 9월 무진.

을 나타내는 것이라 할 수 있다. 그러나 불법적인 통교자가 계속해서 증가함에 따라 조선에서는 삼포왜란을 계기로 수직왜인에 대한 접대를 폐지하는 등 통제를 더욱 강화하였으며, 그들에게 제수하는 초직도 사맹으로 제도화되는 경향이 나타났다.[322] 그리하여 <표 4>에 나타난 바와 같이 삼포왜란이후 수직왜인이 된 자 22명 중에 초직으로 사맹을 제수받은 자가 9명이며, 또한 초직을 알 수 없었던 자의 상당수가 사맹을 제수받았던 것으로 생각한다.

한편으로 宗貞秀·藤原信重·橘康連·平長親 등은 초직으로 당상관을 제수받았는데, 이들은 적왜를 참수한 자와 일본·유구국사 그리고 총통과 화약을 전래한 자들이었다. 수직왜인 중에서 당상관에 오른 자는 위의 4명을 포함해서 모두 15명이었다. 이 중 향화승 平原海를 제외하고 나머지는 모두 일본 거주 수직왜인이었으며, 주로 적수 또는 그의 일족 그리고 도주관하의 특송이었다.

2) 경제적 대우

조선초기 향화왜인에게는 田土와 家舍·의복·식량 등이 지급되었으며, 取妻가 허락되었다. 뿐만 아니라 국가에 대한 부담인 田租는 3년, 徭役은 10년에 한해서 면제되었다.[323] 또한 향화왜인 중에서 관직을 제수받은 자는 향화왜인에게 주어졌던 대우 이외에도 관직에 상응하는 녹봉은 물론 노비·마필·마료까지 지급되었다.[324]

---

322) 『중종실록』 권45, 17년 6월 계사. 『명종실록』 권19, 10년 11월 을미.

323) 향화왜인에게는 제용감에서 봄·가을·여름·겨울을 구분하여 각각 의복 1습씩을 만들어 하사하였는데, 그 폐단이 많았기 때문에 옷 대신에 봄·여름에 저포 2필, 면마포 각 1필, 가을·겨울에 면주 4필, 저포 2필, 면포 1필, 면자 3근 7량을 지급하였다.(『세종실록』 권20, 5년 5월 임진) 또한 향화왜인은 田租 3년, 徭役 10년에 한해서 면제되었다.(『세종실록』 권19, 5년 3월 병오. 권25, 6년 7월 경인. 『經國大典』戶典 收稅, 兵典 復戶).

반면에 일본 거주 수직왜인은 기본적으로 고신과 관직에 상응하는 笠靴와 品帶 등의 관복을 하사받았으며, 연 1회 입조·숙배하여 토산물을 바치고 회사물을 사급받았다. 수직왜인은 연 1회 친조를 통해서 조공과 회사라고 하는 일종의 조공무역을 행하였으며, 이 기회를 이용하여 사무역도 행할 수 있었다. 따라서 수직왜인에게 부여한 연 1회 입조는 통교상의 특권이었다. 『해동제국기』 「조빙응접기」 사선정수조에 "受我國官職者 歲一來朝 不得遣人"라 하여 수직왜인은 세견선 1선의 정약자임을 알 수 있다. 다만 세견선 정약자와의 차이는 사인을 파견하지 못하고 자신이 직접 내조하여야 한다는 점이다.

그러나 조선에서는 수직왜인선에 대한 통제를 강화하여 대마도의 수직인선을 도주의 세견선 50척 내에 포함시키려 하였다.[325] 뿐만 아니라 수직왜인은 부호군에 오른 후부터 조공선이라고 칭하고 粮料를 지급받을 수 있었다.[326] 또한 1512년(중종 7)의 임신약조에서는 삼포왜란에 대한 책임을 물어 도주의 세견선과 세사미두를 반감하는 한편 대마도의 수직인과 수도서인의 세견선·세사미두를 폐지하고, 심처왜의 수직·수도서인도 통제를 강화하였다.[327] 이와 더불어서 왜인에게 제수하는 초직이 사맹으로 제도화되면서 대마도와 심처왜의 수직왜인에 대한 차별이 나타났다. 즉 왜인에게 제수하는 초직은 사맹인데, 심처왜는 사맹이라도 내조할 수 있지만 대마도인은 반드시 호군이어야만 내조할 수가 있었다.[328]

---

324) 有井智德, 앞의 논문, 335~339쪽.

325) 『단종실록』 권12, 2년 8월 을유, 12월 계미. 『성종실록』 권7, 원년 9월 병자.

326) 이는 1509년에 대마도주 특송 貞長과 (三甫羅)而羅가 관직의 제수와 승직을 요청한 것에 대해 "예조에서 아뢰기를 왜노가 처음에는 작은 관직(소직)에 제수되지만 여러 차례 나와서 점차 승직하여 부호군에 이른 뒤에는 별도로 朝貢船이라 칭하고 粮料를 받았습니다. 이 때문에 배의 선수가 점차 많아져서 소비되는 양료가 또한 적지 아니 합니다 "라고 한 사실을 통해서 확인할 수 있다.(『중종실록』 권8, 4년 3월 신해).

327) 『중종실록』 권16, 7년 8월 신유. 『통문관지』 권5, 고린 상, 약조 正德壬申約條.

또한 수직인이라 할지라도 선척을 정약하지 않으면 해마다 내조할 수 없었으며 녹봉도 지급되지 않았다. 이러한 사실은 대내전이 반인 與三次郞과 도주 특송 宗大郞이 수직을 요청한 것에 대해 "조종조에서는 왜인이 적왜를 붙잡아오거나 표류인을 송환해오는 등 조정에 공이 있으면 선척과 도서를 지급하여 내조할 수 있었는데 지금은 그렇지 아니하다. … 비록 小職을 제수할지라도 선척을 주지 않으면 해마다 내조할 수 없고 또한 녹봉을 지급하지 않아도 된다. 허직으로서 이를 위로할 따름 입니다"[329]라고 한 예조판서 허굉의 계를 통해서도 확인할 수 있다. 그러나 모든 수직왜인이 관직에 관계없이 세견선을 정약하여야만 통교할 수 있었는지는 알 수 없다.[330]

한편 수직왜인이 내조하였을 때 상경인수는 당상관은 3인, 상호군 이하는 2인으로서 구주절도사, 도주특송에 비견하는 대우를 받았다.[331] 그 이외에도 『해동제국기』「조빙응접기」에 의하면 수직왜인은 三浦熟供·三浦宴·京中日供·闕內宴·禮曹宴·留浦日限(馬文 도착후 10~5일) 등에서 제추사와 동등한 대우를 받고 있다.

수직왜인 중에는 시위의 임무를 부여받은 경우도 있었다. 이들에게는 수직왜인에게 주어지는 통교상의 특권 이외에도 시위에 필요한 가사와 什器(가구 등), 노비, 안마등이 하사되는 등 다른 수직왜인보다 우대되었

---

328) 禮曹啓曰 … 宗大郞若賜職 當授司猛(倭人初職本司猛也) 雖授司猛不得出入(深島倭則以司猛猶得出入 對馬島倭則必以護軍出來)(『중종실록』 권45, 17년 6월 계사).

329) 『중종실록』 권55, 20년 9월 신유.

330) 대마도 수직왜인의 경우 호군·부호군은 세견선을 정약하지 않아도 내조할 수 있었고 녹봉도 지급받았지만, 그 이하의 관직자는 세견선을 정약하여야만 내조할 수 있었고 녹봉도 지급받을 수 있었음을 의미하는 것이 아닐까. 반면에 심처의 수직왜인은 세견선을 정약하지 않아도 내조할 수 있었던 것 같다.

331) 『해동제국기』「조빙응접기」 상경인수조, 『성종실록』 권11, 2년 9월 경진. 諸使의 상경인수는 국왕사 25인, 거추사 15인, 구주절도사·도주특송 3인, 제추사 1인 이었다.

다.[332] 또한 시위를 허락받은 수직왜인은 내조시기에 어떠한 제한이 없었기 때문에 연 1회 내조할 수 있었던 수직왜인에 비해서 보다 많은 교역의 기회를 가질 수 있었다.[333]

수직왜인 중에는 그들에게 주어지는 연 1회 입조의 특권 이외에 또 다른 통교상의 특권 즉 도서를 사급 받았거나 세사미두의 정약자가 많았다. 먼저 수직왜인 중에 도서를 사급받은 자는 14명인데, 그 중 대마도인이 9명으로 가장 많았고 일기도인 2명, 축전주인이 3명이었다. 그리고 수직 후에 수도서인이 된 자는 6명, 수도서 후에 수직인이 된 자는 5명이었으며, 수직과 수도서를 모두 받은 자는 3명이었다. 그런데 대마도인의 경우 수직 후에 수도서인이 된 경우가 많은 반면에 일기도와 축전주인의 경우 수직·수도서를 같은 시기에 하였거나 수도서 후에 수직한 경우가 많았다. 다만 일기도와 축전주인의 경우 수직 후에 도서를 사급받은 자는 전혀 없었다. 그리고 수직인이 도서를 사급받은 경우 이들은 아마 통교에 있어서 중복된 특권을 향유하였던 것이 아닌가 생각한다.[334]

한편 『해동제국기』에는 세사미두를 사급받는 왜인 14명(대마도13, 일기1)이 기록되어 있다. 그중 대마도주 宗貞國·宗貞秀(彦七)·宗盛弘·宗盛家·宗茂世 등 종씨의 일족 5명을 제외한 井可文愁戒·皮古仇羅·皮古時羅·阿馬豆·六郎洒文·多羅而羅·平茂持·宗盛吉·三甫郎大郎 등 9명이 수직왜인이었다. 이들 중 삼보랑대랑만이 일기도인이었고 나머지는 모두 대마도인이었으며, 그 대부분이 적수 또는 적수의 일족이었다. 그리고 그들이 지급받은 세사미두는 대체로 10~15석이었다.[335] 이같이 조선에서 수직왜인 중

332) 『세종실록』 권107, 27년 1월 신축.
賜投化倭護軍藤九郎衣服笠靴 又賜宅一區 奴婢四口 鞍馬 什器.

333) 有井智德, 앞의 논문, 322쪽.

334) 中村榮孝, 「朝鮮初期の受圖書倭人」 『日鮮關係史の研究』上, 吉川弘文館, 1965, 549~550쪽.

335) 세사미두 10석 井可文愁戒(1), 來則米豆 10석 皮古仇羅·皮古時羅·阿馬豆·六郎洒文·多羅而羅·三甫郎大郎(6), 來則米豆 15석 平茂持·宗盛吉(2)(『해동제국기』일본국

에서도 적수들을 우대하였던 사실은 수직제도가 왜구대책의 일환이었음을 나타내는 것이라 할 수 있다.

5. 수직왜인의 역할

1) 왜구의 토벌 종군

수직왜인은 왜구의 토벌에 종군하였거나 왜구를 진압하는 데 많은 노력을 하였다. 먼저 1406년(태종 6) 정월에 항왜 林溫·藤六·吳文 등이 왜구의 토벌에 종군할 것을 청하였으며, 같은 해 2월에는 항왜 등육·등현 등에게 전라도에서 왜구를 토벌하도록 하였다. 그 중 吳文·藤昆은 전라도의 선군을 거느리고 왜구를 토벌하러 나아갔다가 갈도에서 폭풍을 만나 익사하였다.[336] 平道全은 1410년 2월에 아들인 望古와 휘하 8인을 거느리고 경상·전라·강원도에서 왜적을 방어하였으며, 같은 해 5월에는 왜구의 토벌을 자원하기도 하였다.[337] 그는 또한 1419년(세종 원년) 5월에 왜적선 50여 척이 충청도 비인현 도두음곶에 침입하여 병선을 불태운 사건이 발생하자, 충청도 조전병마사로서 휘하 왜인 16인을 거느리고 출전하여 윤득홍과 함께 백령도에서 적선 1척을 포획하는 전과를 거두었다.[338]

이와 같이 항왜 또는 향화왜로서 수직왜인이 된 자는 왜구의 토벌에 종군하였거나 왜구를 진압하는 데 많은 역할을 하였다. 반면에 藤九郞·宗貞秀·平調光·盛種 등과 함께 일본에 거주하는 수직왜인은 조선에서 난동을 부리고 도망간 적왜를 참수하거나 붙잡아서 호송하는 데 협력하였다.

기 대마. 일기도).

336) 『태조실록』 권11, 6년 정월 정사. 2월 무진. 3월 갑오.

337) 『태종실록』 권19, 10년 2월 갑자. 5월 무자.

338) 『세종실록』 권4, 원년 5월 신해, 정묘.

2) 왜구의 동정 및 일본의 정세 보고

수직왜인은 왜구의 동정을 탐지해서 보고하거나 그에 대한 대책을 세우도록 건의하기도 하였다. 平道全은 도주 宗貞茂의 병문안을 위하여 일시 귀도하였다가 1418년(태종 18)에 皮都知를 보내 종정무의 병을 치료할 약재를 구하는 한편 적선이 조선을 침략하려 한다는 사실을 아뢰어 각 포의 병선으로 하여금 왜적의 침입에 대비하도록 하였다.[339] 또한 1555년(명종 10)에 平信長은 왜인이 명과 조선을 침략하려 한다고 보고하였고, 1566년에는 왜적선 70여척이 조선을 침략하기 위해 떠났다고 보고하기도 하였다.[340]

조선에서는 왜구의 동정에 대한 보고를 토대로 왜구대책을 세우기도 하였다. 즉 1451년(문종 원년) 5월에 藤九郞이 축전주의 博多·壹岐州의 왜인들이 거제도를 약탈할 것이라고 보고하였기 때문에 왜적의 방어를 위하여 거제현의 읍성을 사등리에서 고정리로 이건하는 문제를 의정부로 하여금 논의하도록 하였다.[341] 또한 그는 1455년(세조 원년) 7월에 경상도 諸浦의 선부들이 해물채취나 사환 등의 잡역이 너무 많아서 선상에 있지 못하여 수비가 허술함을 지적하고 선부들의 잡역을 줄여서 해안의 수비를 튼튼하게 하자는 비변지책을 건의하기도 하였다.[342]

특히 등구랑은 1444년(세종 26)에 수직하고 일기도로 돌아갈 때에 왜구의 동정을 알리기 위한 字符의 제도를 정약하였다. 즉

> 경상좌도 처치사 정간과 우도 도만호 김윤부에게 유시하기를 "지금 등구랑이 말하기를 '一字符 하나와 二字符 하나를 만들어서 그것을 반분하

339) 『태종실록』 권36, 18년 3월 갑자.
340) 『명종실록』 권18, 10년 6월 갑자. 권32, 21년 2월 경진.
341) 『문종실록』 권7, 원년 5월 계묘.
342) 『세조실록』 권1, 원년 7월 정유. 권3, 2년 4월 을사.

> 여 하나는 부산포·염포·내이포에 두고, 그중 하나는 제가 가지고 본도로 돌아가서 만약에 왜적의 성식이 있으면 이자부를 보내고 없으면 일자부를 보내겠습니다.'라고 이미 정약을 하고 갔다. 그런 까닭으로 일자부와 이자부를 각각 한쪽씩 보내니, 각자 비밀리 보관하였다가 후에 등구랑이 보낸 사람이 있으면 그 자부를 살피고 빨리 치계할 것이며, 또한 체대 시에도 교대관에게 이 뜻을 자세히 말하고 자부를 주도록 하라"하다.[343]

라 하여 一字符와 二字符를 만들어서 그것을 반으로 나누어 삼포에 비치하고 나머지 반은 등구랑이 가지고 가서 왜구가 침입하려 할 때에는 이자부를, 평시에는 일자부를 보내 왜구의 동정을 알릴 것을 약속하였다.

다른 한편으로 수직왜인은 구주·일기지방이나 일본 국내 정세에 대한 정보를 제공하기도 하였다. 등구랑은 구주·일기지방의 정세에 대한 겸판예조사 강맹경 등의 질문에 대해 대내·소이전을 비롯해서 宗像社務氏卿·宗金·志佐殿·呼子殿등 구주, 일기지방 호족의 계보와 세력의 대소(토지와 병력의 소유규모) 그리고 당시 구주지방의 정세에 대해 구체적 정보를 제공하였다.[344] 또한 平國忠은 1479년(성종 10)에 도주특송으로 내조하여 대내·소이전에 관한 정보를 제공하기도 하였다.[345]

이와 같이 수직왜인은 왜구의 성식을 보고하여 그에 대한 대책을 강구하도록 하였거나 일본의 정세를 알려오기도 하였다. 일본의 정세에 대한 수직왜인의 보고는 조선의 사행이 일본을 다녀와서 쓴 사행록·복명기·문견기록과 함께 조선의 대일정책을 수립하는 중요한 자료로서 활용되었다.

3) 사절의 왕래 및 호송

수직왜인은 전에 왜구로서 활약하였거나 조선에 왕래한 경험이 많아 해

343) 『세종실록』 권104, 26년 6월 정유.
344) 『세조실록』 권1, 원년 7월 정유.
345) 『성종실록』 권103, 10년 4월 정미.

로에 익숙하였기 때문에 조선의 사신으로 일본에 파견되기도 하고 사행을 호송하기도 하였다. 조선의 대일사절로 활약하였던 수직왜인은 平道全·池門·藤賢이 있다. 평도전은 1408년(태종 8)에는 대마도에서 피로인을 쇄환해 왔으며, 그 이듬해에는 보빙사로서 대마도에 파견되었다.346) 또한 1411년과 1416년에는 도주 종정무에게 미두를 사급하고 화호와 금적을 요청하기 위해서 대마도에 파견되었다.347) 또한 항왜 지문은 1419년(세종 원년) 5월에 대마도정벌에 앞서 이종무가 대마도수호(都都熊丸)에게 글을 보내 대마도정벌의 이유와 성심으로 조선에 귀순할 것을 권유하였는데, 그때에 조선의 사절로 대마도에 파견되었다.348) 또한 등현 등은 대마도정벌 직후 대마도주에게 '卷土來降'할 것을 요구하는 병조판서 조말생의 서계를 가지고 대마도에 파견되었으며, 후에 항복과 인신의 하사를 요청하는 대마도 사자와 함께 귀환하였다.349)

그런데 외교사절로서 활약한 자는 주로 향화왜로서 수직왜인이 된 자들이었으며, 그들의 활약 시기는 대마도정벌 직후까지였다. 그 이유는 아마 당시에 일본과 외교교섭을 행한 지가 얼마 되지 않아서 왜어에 능통한 조선인이 많지 않았기 때문으로 생각된다.350)

한편 조선에서 친조하러 온 자나 시위하고 있는 수직왜인으로 하여금 조선의 사행을 호송하도록 하였다. 1476년(성종 7)에 선위사 김자정을 대

346) 『태종실록』 권16, 8년 11월 경신. 권17, 9년 4월 계사.
347) 『태종실록』 권22, 11년 9월 기사. 권32, 16년 7월 임진.
348) 『세종실록』 권4, 원년 5월 계유, 6월 계사.
349) 『세종실록』 권4, 원년 7월 임술. 권5, 원년 9월 임술.
350) 조선에서는 태종 15년에 사역원에 倭學을 설치하여 외방의 향교의 생도와 양가의 자제를 입속시켜 공부하도록 하였다. 그러나 왜학에는 체아직이 1명밖에 없었기 때문에 생도들이 거의 불과 1, 2명에 불과하였으며, 그들은 다만 언어만 통할뿐 문자를 해독하지 못하여 왜서를 번역할 사람이 끊어질까 두려워하였다는 상황을 고려해 볼 때 왜어에 능통한 자들이 많지 않았던 것 같다.(『세종실록』 권49, 12년 8월 정유)

마도에 파견하였는데, 그때에 중추 平茂續, 첨지 皮古汝文, 호군 源茂崎, 특송 助國次등이 선위사 일행을 호행하였다.[351] 또한 1479년에 통신사 이형원을 일본에 파견하였는데 이때에 도주특송으로 내조한 平國忠에게 통신사행을 호송하도록 하였다.[352]

한편으로 수직왜인은 사행의 호송뿐만 아니라 왜어의 번역도 행하였다. 즉 1473년(성종 4) 정월 예조의 계에

> 예조에서 아뢰기를 "향화한 왜인 藤安吉과 藤仇郎은 다 국가에서 후대하는 자입니다. 藤安吉의 아우 부사과 (藤)茂村과 등구랑의 아들 부사직 (藤)也三甫羅는 일찍이 경인년(1470)에 대마도에 사신을 보냈을 때에 호행한 공로가 있고, 지금은 또한 왜어를 번역하였으므로 다른 향화왜인과는 같지 않은데 서로 교체하여서 벼슬을 제수하는 것은 미편합니다. 청컨대 前職을 그대로 두소서."하니 그대로 따랐다.[353]

라 하여 藤安吉의 아우 藤茂村과 藤九郎의 아들 藤也三甫羅가 1470년 대마도 선위관 전양민의 사행[354]을 호송하였을 뿐만 아니라 1473년에는 왜어를 번역하기도 하였음을 알 수 있다.

그 외에도 수직왜인 중에 宗茂信과 胤次는 일본국왕사(南湖, 景雪)의 도선주와 지로선주로 각각 내조하였으며,[355] 첨지 橘康連은 1587년(선조 20)에 平秀吉(豊臣秀吉)의 사자로 내조하여 秀吉의 즉위를 알리고 통신사의 파견을 요청하기도 하였다.[356]

---

351) 『성종실록』 권69, 7년 7월 정묘. 권72, 7년 10월 신사.
352) 『성종실록』 권104, 10년 5월 임술.
353) 『성종실록』 권26, 4년 정월 무술.
354) 선위관 전양민은 1470년 9월에 계해약조와 고초도조어금약의 준수, 삼포 항거왜인의 쇄환을 요청하기 위하여 대마도에 파견되었다.(『성종실록』 권7, 원년 9월 병자).
355) 『중종실록』 권21, 9년 11월 기미, 경신, 갑신, 을유, 병술.
356) 『선조실록』 권21, 20년 9월 계사.

4) 삼포왜인의 총치 및 쇄환

수직왜인은 도주의 특송으로 내조하여 대마도와 조선과의 외교적인 교섭이나 현안을 처리하기도 하였으며, 도주관하로서 삼포 항거왜인을 총괄하였다. 원래 삼포 항거왜인은 총 60호(제포30, 부산포20, 염포10)로 제한되어 있었으나 1436년(세종 18)에 584호(이 중 378호 쇄환), 1466년(세조 12)에 446호(1650인), 1474년(성종 5)에 441호(2209인)로 급속히 증가하였으며,[357] 이는 많은 폐단을 야기하였다. 따라서 항거왜인의 쇄환은 조선과 대마도 간의 당면한 외교문제로 대두되었다. 이에 조선에서는 대마도에 경차관 등을 파견하여 삼포 항거왜인의 쇄환을 요청하는 한편 도주특송으로 내조한 자나 수직왜인으로 하여금 이들을 쇄환해 가도록 하거나 이러한 뜻을 대마도주에게 전달하도록 하였다.

중추 平茂續은 1469년(성종 즉위년)에 대마도로부터 내조하여 삼포 항거왜인을 쇄환하였으며,[358] 대호군 皮古汝文은 1474년에 宗茂勝과 함께 도주 특송으로 내조하여 삼포 항거왜인의 쇄환에 관한 일을 주달하였다.[359] 盛種은 1498년(연산군 4)에 도주특송으로 제포에서 난동을 부린 적왜를 붙잡아 가기 위해 내조하였다.[360]

한편 조선에서는 平國忠이 종무승과 함께 1481년(성종 12) 8월에 도주 종정국의 특송으로 내조하여 대마도주가 적왜를 참수한 일과 삼포왜인의 쇄환을 아뢴 것으로 인하여 가선행호군에 승직되었다.[361]

또한 조선에서는 1466년(세조 12)에 난동을 부린 삼포왜인을 효유하기 위해 수직왜인 藤安吉을 삼포효유사로 삼아 고태필과 함께 파견하였다.[362]

---

357) 이현종, 앞의 책, 243쪽.
358) 『성종실록』 권1, 즉위년 12월 기미.
359) 『성종실록』 권48, 5년 10월 무자.
360) 『연산군일기』 권29, 4년 5월 정사.
361) 『성종실록』 권133, 12년 9월 갑술.
362) 三浦曉諭使藤安吉 副使高台弼辭 其賫去事目 一 宣諭三浦倭人曰 汝等初因販賣 來寓

그들은 이듬해에 도주에게 파견할 왜인 信鹽溫·信古羅·表阿三甫羅등 3인을 데리고 상경하였다. 이와 같이 조선에서는 수직왜인으로 하여금 삼포에서 난동을 부린 왜인을 효유하도록 하는 한편 삼포 항거왜인을 총괄하는 皮古汝文에게 관직(호군)과 도서를 사급하여 우대함으로써 삼포 항거왜인의 폐단을 줄이려고 하였다.

5) 문물의 전수

수직왜인은 조선술·의술·무기제조법 등의 기술을 조선에 전수하였다. 먼저 1413년(태종 13)에는 평도전이 건조한 왜선과 조선의 병선과의 빠르기를 한강에서 시험해 보았으며,[363] 1445년(세종 27)에는 수직왜인 등구랑으로 하여금 왜선체제를 모방하여 병선을 만들도록 하였다[364] 그러나 등구랑이 만든 배는 조선의 배보다 공역과 비용이 2~5배나 많이 들었으며, 또한 판자가 얇아서 쉽게 부서지는 단점이 있었다. 이 외에도 1473년(성종 4)에는 秦盛幸의 건의에 따라 왜선체제를 모방하여 병선을 만들도록 하였다. 그런데 그 배는 속도는 빠르나 쇠못을 사용하였기 때문에 나무못을 사용한 조선의 배보다 내구성이 약하고, 병선의 높이도 1/3정도 낮아 싸움에 불리하였다고 한다.[365]

조선술의 경우 1419년(세종 원년)에 경기좌도 수군첨절제사 이각이 '時事'를 진언할 때에 왜구의 방어를 위하여 병선 건조의 시급성을 지적하였던 점[366]과 1420년에 대호군 윤득민이 만든 쾌선 2척과 왜선과의 빠르기

三浦 厥後潛投日增 歲在甲寅 我先王 命有司書諭爾島主 盡令刷還 請姑留六十人 至于今潛投益多 無賴之徒 得以容匿 至劫逼萬戶 殺掠漁人 予欲推究 第念汝等妄自驚惧 今諭島主 使自推究 故遣使曉諭 爲首曉事者 兩三人上京 親聽予命(『세조실록』 권40, 12년 12월 갑인).

363) 『태종실록』 권25, 13년 정월 갑오.

364) 『세종실록』 권109, 27년 9월 임진.

365) 『성종실록』 권37, 4년 12월 임오.

를 시험하였다[367]는 점을 고려해 볼 때 왜의 조선술이 조선의 조선술 발전에 어느 정도는 영향을 주었을 것으로 생각한다.

한편 수직왜인은 의술과 제련술을 전파하기도 하였다. 조선에서는 의술에 정통하였던 향화승 平原海에게 전의박사를 제수하고 平姓을 하사하는 등 우대하였으며, 그는 후에 중추원부사에 이르렀다. 특히 그는 1403년(태종 3)에는 내의로서 활약하였으며, 사람들의 질병을 치료한 공으로 사패와 노비 2구를 하사받기도 하였다.[368] 사정 表沙貴는 1418년(세종 즉위년)에 일본의 銅鐵匠을 데리고 내조하였으며, 看智沙也文등은 철장으로서 제련술을 전파하는데 기여하였다.

또한 수직왜인은 총통이나 칼 등의 무기를 제조하는 기술을 전파하기도 하였다. 1554년(명종 9)에는 왜인 平信長이 총통을 제조하였는데, 제도가 비록 정밀하였으나 화약을 넣기가 쉽지 않고 위력이 약하여서 후대하여 돌려보냈다.[369] 또한 그 이듬해에는 平長親이 가지고 온 총통이 매우 정교하였고, 그가 만든 화약도 위력이 대단하여 그에게 당상관을 제수하기도 하였다.[370] 또한 宗茂勝의 사송 豆老可文에게 갑자년(성종 5, 1474)의 예에 의거하여 칼을 만들도록 하고, 만든 칼이 특이하면 관직을 제수하고 工人으로 하여금 기술을 전수하도록 하였다.[371]

6) 표류인의 송환

피로인 또는 표류인의 송환을 계기로 수직왜인이 된 자들은 다수 있었지만, 수직왜인이 된 이후 피로·표류인을 송환한 자는 1475년(성종 6) 6월

---

366) 『세종실록』 권5, 원년 8월 계미.
367) 『세종실록』 권10, 2년 11월 신사.
368) 『태종실록』 권5, 3년 5월 정해.
369) 『명종실록』 권17, 9년 12월 갑신, 을유.
370) 『명종실록』 권18, 10년 5월 갑인.
371) 『성종실록』 권146, 13년 9월 기미.

에 표류인 3인을 송환한 왜중추 藤原信重 한 사람뿐이었다.[372] 이러한 사실은 왜인들이 관직과 도서를 획득하기 위한 수단으로 표류인의 송환을 이용하고 있음을 나타내는 것이라 할 수 있다.

6. 맺음말

이상에서 조일외교의 구조나 성격을 이해하기 위한 작업의 일환으로 조선전기 수직왜인의 발생배경과 수직제도의 변천과정, 그리고 그들의 구성과 대우, 역할 등에 대해서 살펴보았다. 이를 종합해보면 다음과 같다.

수직왜인은 조선초기 왜구회유책의 일환으로 실시하였던 수직제도의 결과로서 탄생하였다. 그러나 왜구문제가 일단락되면서 1444년(세종 26)에는 수직왜인의 범위가 항왜나 향화왜가 아닌 일본에 거주하고 있는 왜인에게까지 확대되었다. 수직범위의 확대는 조선의 왜구대책의 변화를 의미하는 것이었다. 즉 조선의 왜구대책이 왜구의 회유→투항→수직이라는 방식에서 이제는 일본 국내 거주자에게 관직을 제수하고 그들을 조선의 외교질서에 편입시켜 왜구의 침입을 미연에 방지하는 방식으로 전환하였다. 반면에 왜구는 문인제도·계해약조 등으로 통교에 제약을 받자 그들의 독자적인 통교권을 확보하기 위한 수단으로 조선에 관직을 구청하여 제수받았다.

수직왜인은 향화왜와 통교왜로 나눌 수 있다. 전자는 대부분이 대마도인으로 태조~태종대에 수직하였다. 그 중 상당수는 일본으로 귀환하여 후에 통교왜인으로 내조하였다. 반면에 후자는 대마도·일기도·축전주에 거주하는 왜인들이 대부분이었다. 이들은 ① 왜구의 두목과 그의 일족 ② 피

372) 『성종실록』 권56, 6년 6월 을사.

로 또는 표류인의 송환자 ③조선에 침입한 적왜를 참수하거나 포송하는데 협력한 자 ④ 조선의 사행을 호송하였거나 일본·유구국사로 왕래한 통교상의 유공자 ⑤ 대마도주의 특송과 그의 관하인으로 구성되어 있었다. 특히 이 중에서 왜구와 밀접한 관련을 가지고 있던 자와 대마도주의 관하인이 많았다. 반면에 축전주의 수직왜인은 博多 상인이 많았다.

수직왜인이 제수받은 초직은 왜인에 대한 통제책의 정비와 확립과정에 따라 변화하였다. 계해약조 이전까지는 대부분 사정 이하의 관직을, 그 이후부터 통교체제가 완성된 1471년(성종 2)까지는 초직으로 호군직을 제수받은 자가 많았다. 그리고 1471년부터 1510년 삼포왜란 이전까지는 사정을, 그 이후에는 사맹을 제수받은 자가 많았다. 특히 1471년 이후에는 관직상의 대우가 낮아지고 수직의 대상도 도주 관하인으로 집중되는 경향을 보이고 있다. 이는 왜구에 대한 회유라는 수직왜인의 본래의 취지가 왜인의 통교적 특권 중의 하나로 변질되어 갔음을 의미한다고 할 수 있다.

항왜로서의 수직왜인은 관직에 상응하는 녹봉과 노비·마필·마료까지 지급받았으며, 통교왜로서의 수직왜인은 연 1회 친조라는 의무이자 통교상의 특권을 부여받은 세견 1선의 정약자로 내조할 때 제추사와 동등한 접대를 받았다.

수직왜인은 왜구의 토벌에 종군하였거나 조선에 침입하였던 적왜의 추포와 왜구 및 일본의 정세를 제공하여 조선이 미리 왜구의 침입에 대한 대책을 세우도록 하는 등 왜구의 침입을 사전에 방지하고 억제하는데 커다란 역할을 하였다. 또한 사절의 왕래 및 호송, 삼포왜인의 총괄 및 쇄환, 피로와 표류인의 송환, 의술·조선술·제련술을 전수하는 등 다양한 역할을 수행하였다.

이와 같이 조선에서는 대일정책의 일환으로 왜인에게 관직을 제수하여 그들을 조선의 외교질서 속에 편입시켜 조일 간의 외교관계를 평화적으로 유지하려 하였다. 특히 일본의 통교자들이 조선의 관직을 제수 받았다는 사실은 그들이 조선의 외교체제에 편입되었음을 의미하는 것이다. 반면에 그들은 관직을 제수받고 독자적인 대조선 통교권을 확보할 수 있었다. 또한 조선조정은 무역선의 성격을 가진 세견선의 증선을 최대한으로 억제하는 대신 그들에 대한 통제가 보다 용이한 수직제도를 적극 활용하였다.[373] 이러한 점을 고려할 때 대마도와의 외교관계에 있어서 수직왜인은 조선과 대마도와의 외교가 기미관계의 외교체제였다는 사실을 나타내는 대표적인 사례라고 할 수 있다.

---

373) 『성종실록』 권132, 12년 8월 무진.
경연에 나아가 강하기를 마치자, 이파가 아뢰기를 "이번에 온 宗茂勝과 平國忠 등은 賊倭를 베어 가지고 와서 고하였으니, 이것이 비록 믿을 수는 없다 할지라도 引見하고 위로함이 어떠하겠습니까." 하니 임금이 말하기를 "좋다" 하였다. 이파가 아뢰기를 "신이 삼포왜인을 쇄환하는 일을 (종)무승 등에게 말하였더니 대답하기를 '만약 서계를 도주에게 보낸다면 우리들이 마땅히 힘을 합하여 쇄환하겠습니다.'라 하고 인하여 배의 수를 더하여 줄 것을 청하고 혹은 수직을 청 하였습니다"라 하니 임금이 말하기를 "배의 수는 더할 수는 없지만 벼슬의 제수는 할 수 있다" 하였다.

제5장

수도서왜인의 구성과 역할

1. 머리말

조선초기의 대일외교는 왜구의 침입과 재발방지 그리고 통교자에 대한 통제와 회유책을 근간으로 전개되었다. 그 중 통교자에 대한 회유책의 하나인 수도서제도는 左武衛·畠山殿 등의 거추사를 비롯하여 구주절도사 및 지방호족(諸酋使)과의 통교에 있어서 중요한 역할을 담당하였다. 특히 수도서제가 조선에서는 일본의 지방호족에 대한 통교상의 우대와 제한이라는 측면에서, 일본의 지방호족에게는 대조선 통교권의 제도적 보장이라는 측면에서 중시되었다. 따라서 조선전기 한일관계에 있어서 수도서제는 일본 지방호족과의 통교와 무역을 파악함에 있어서 매우 중요한 의미가 있다고 생각한다. 그럼에도 불구하고 수도서제도와 수도서왜인에 대한 본격적인 연구는 그리 많지 않다.[374]

따라서 본 장에서는 수도서제의 연원 및 수도서왜인의 각 지역별 분포와 특징을 살펴보고, 이어서 조선의 대일정책의 변화에 따라서 수도서제의 성격이 어떻게 변화되어 가는가를 고찰하려고 한다. 그리고 삼포왜란 이후 폐지되었던 수도서왜인에 대한 접대의 부활을 진행하는 과정에서 대마도주가 도서를 매개로 일본의 지방호족들이 가지고 있었던 대조선 통교권을 어떻게 독점하여 가는가를 살펴보고자 한다. 이를 통하여 조선전기 한일관

374) 수도서제도와 수도서왜인에 대한 연구는 다음의 논문이 참고된다.
中村榮孝, 「朝鮮初期の受圖書倭人」『日鮮關係史の硏究』上, 吉川弘文館, 1970; 田代和生·米谷均, 「宗家旧藏 圖書と木印」『조선학보』156집, 1995.
中村榮孝의 논문은 「鮮初受圖書人考」(『靑丘學叢』7·8호, 1932)를 수정한 것이다. 그러나 이 연구는 시기적으로 조선전기를 다루지 않고 성종대까지로 제한되어 있으며, 또한 제도사적인 면에 치중되어 있다. 田代和生·米谷均의 논문은 對馬宗家에 보관하고 있던 圖書 23개와 木印 14개가 최근에 발견됨에 따라 그것의 형태와 造給 및 사용에 관한 역사적인 배경을 고찰한 것으로 삼포왜란 이후의 조일관계를 규명하였다는 점에서 주목된다.

계에서 수도서왜인이 어떠한 역할을 하였는지 규명하려 한다.

2. 수도서제도의 연원과 그 성격

圖書는 일본의 지방호족이나 통교상의 공로자에게 지급한 일종의 私印으로, 통교자가 내조할 때에 가지고 오는 書契에 찍어 통교상의 증명으로 삼았던 것이다. 특히 도서를 사급받은 자를 수도서왜인이라 하는데, 이들은 조선에 도항할 수 있는 통교권을 인정받았으며, 또한 세견선도 정약 받았다.

한편, 조선 국내에서 도서는 단순히 印章·符節의 성격을 띠고 사용되었다.[375] 반면에 여진인에게 사급한 도서는 왜인의 그것과 마찬가지로 통교상의 증명으로 사용되었다. 즉 조선에서는 여진추장 東所老家茂에게 인신을 하사하여 그의 관하인들이 상경할 때 서계에 하사받은 인신을 찍어 보내게 하거나,[376] 인신이 없는 서계를 가지고 온 자의 상경을 금지시키는 등[377] 도서를 통교상의 증명으로 사용하였다. 그러나 여진인에게 사급한 도서는 왜인의 그것에 비하여 사급 범위와 성격에서 약간의 차이가 있었

375) 국내에서 도서를 사용한 예를 살펴보면 중들이 대왕대비와 奉保夫人의 서명이나 도서를 찍은 勸文書(佛家에서 勸善하는 글)를 가지고 다녔으며, 入明侍女인 臧梔子가 조선조정에 도서의 발급을 요청하였다. 또한 왜인 陳小只는 중이 준 도서로 관문을 위조하여 상경하다가 발각되기도 하였다.(『성종실록』 권10, 2년 4월 기유. 권202, 18년 4월 무자. 『중종실록』 권8, 4년 8월 기축, 9월 신묘).

376) 1443년(세종 25)에 斡朶里 僉知中樞院事 東所老家茂가 관하인이 상경 시에 하사한 印信을 서계에 찍어 보내도록 할 것을 요청하였으며(『세종실록』 권102, 25년 10월 갑진조), 또한 1446년에는 관하인들이 회령절제사에게 청탁해서 마음대로 상경하여 하사받은 인신이 쓸모가 없음을 지적하고 忽剌溫 추장의 예에 의거하여 하사한 인신을 사용하여 회령부에 공문을 보내 관하인들을 상경시키도록 할 것을 요청하고 있다.(『세종실록』 권113, 28년 7월 무자).

377) 『세종실록』 권85, 21년 4월 갑진.

다. 즉 여진인의 경우 도서는 주로 추장에게 사급하였으며, 그 성격도 관하 여진인의 상경을 통제하기 위한 수단으로 이용하였다. 반면에 왜인의 경우는 도서의 사급 범위가 구주절도사·대마도주 등 지방의 호족뿐만 아니라 사송왜인이나 상왜에 이르기까지 광범위하였으며, 그 성격도 초기에는 통교상의 권한을 인정해주는 회유책의 일환이었으나 후에는 점차 통교를 제한하는 수단으로 이용하였다.

기록상 처음으로 도서를 구청하여 사급받은 왜인은 1418년(세종 즉위년) 11월에 西海路 美作太守 淨存이다.[378] 물론 그 이전에도 도서를 구청한 예는 있다. 즉 1410년(태종 10)에 구주절도사 源道鎭이 성명과 字號를 새긴 小印을 요청하였으며,[379] 1416년에는 濃州太守 平宗壽가 도서의 사급을 요청하였으나 사급하였다는 기록은 보이지 않는다.[380] 한편 도서가 통교상의 증명서로 사용되기 시작한 시기는 1419년(세종 원년)이다. 즉 1419년에 關西路 筑前州 石城府管事 平萬京이 통교상의 증명으로 삼기 위해 '萬景'의 도서를 요청하여 사급받았다.[381] 그 후 平宗壽·平萬京·淨存 등이 도서를 사급 받았는데, 이들은 조선 초기에 왜구의 진압과 피로인의 송환에 적극 협력하였던 구주절도사(구주탐제) 源了俊(今川了俊)과 源道鎭의 관하인이었다.[382] 따라서 도서의 사급은 통교상의 공로자에 대한

---

378) 『세종실록』 권2, 즉위년 11월 을해.
그런데 최초의 수도서왜인이었던 淨存은 도서를 사급받은 후 조선에 통교한 기록이 보이지 않는다. 다만 『세종실록』에 平常嘉가 '美作太守' '九州作州刺使' '京都小早河' '九州巡撫使' 등의 직함을 사용하여 1420년부터 1430년까지 16회 통교한 기록이 있다. 이러한 사실로 보아 平常嘉는 淨存과 동일인이거나 혹은 그의 직을 계승하여 조선에 통교한 자일 가능성이 있다.

379) 『태종실록』 권20, 10년 12월 병진.
당시 조선에서는 源道鎭의 요청에 대해 제후의 나라인 조선에서는 사사로이 도서를 발행할 수 없다는 이유로 거절하였다.

380) 『태종실록』 권31, 16년 3월 신축.

381) 『세종실록』 권4, 원년 6월 갑술.

382) 中村榮孝, 앞의 논문, 523쪽.

회유책의 일환이었다고 생각된다.

그 후 세종 초에 이르러서 도서의 사급 범위는 점차 대마도와 일기지방의 호족에게까지 확대되었다. 그러나 도서의 성격은 원래의 의도와는 달리 도항인에 대한 통제의 수단으로 변질되었다. 그리하여 대마도정벌 직후에 대마도를 경상도의 속주로 삼고 도주에게 '宗氏都都熊瓦'라 새긴 도서를 사급하여 그 지방의 통교자는 도주가 친히 서명한 서계를 지참하도록 하였던 것이다.[383] 당시 대마도주에게 도서를 사급한 것은 대마도주가 조선에 臣屬되었음을 의미하는 것이었다. 이는 대마도정벌 직후에 조선에서 대마도주에게 '卷土來降'할 것을 요구한 것에 대한 宗貞盛의 답서에서 조선이 州郡의 예에 의거하여 州名을 정하고 인신을 하사해 준다면 신하의 도리를 지키고 명령에 따를 것이라고 한 사실을 통해서 확인할 수 있다.[384]

한편 대마도주는 도서를 조선과의 통교에 있어서 자신의 권한을 확대하고 나아가 도내에서의 정치적인 지배권을 강화하는 수단으로 이용하였다. 즉 1434년(세종 16)에 대마주태수 宗貞盛은 사신을 보내 서계에 찍는 도서의 위치를 달리하여 도주 자신의 요청인 경우에는 자신의 이름(宗貞盛) 위에, 그 이외에는 직함(對馬州太守) 위에 도서를 찍어 보낼 것이니 이를 구분하여 접대해 주도록 요청하였다.[385] 이는 후에 도항의 목적에 따라 서계에 찍은 도서의 수를 달리하여 매우 긴급한 경우에는 三著圖書, 그 다음은 二著圖書, 그리고 긴요하지 않은 경우에는 一著圖書로 나누어서 구분하는 밀약으로 발전하였다.[386] 특히 이러한 도서의 구분은 이들이 귀환할

---

383) 『세종실록』 권7, 2년 윤정월 임진.

384) 『세종실록』 권7, 2년 정월 기묘.

385) 『세종실록』 권64, 16년 4월 무신.

386) 『세종실록』 권86, 21년 9월 갑술. 『단종실록』 권2, 즉위년 7월 병오.
中村榮孝는 三著圖書를 소지한 자는 도주 자신이 파견한 사송선으로, 二著이하는 도내 각처의 사송선으로, 그리고 一著圖書는 주로 商賈등이 청탁해서 파견한 것으로 추측하였다.(中村榮孝, 「日鮮通交の統制と書契および文引」 『日鮮關係史の研究』 上, 吉川弘文館, 1965. 456쪽).

때에 지급받는 과해량에도 차등이 있었다. 이는 대마도주의 사신 進江次郞은 도주의 사신 중 二著圖書를 소지한 자에게는 10일분의 과해량을, 一著圖書를 소지한 자에게는 3~6일분의 과해량을 지급해 줄 것을 요청하자 첨지중추원사 이예는 三著圖書를 소지한 자는 10일분, 一著圖書를 소지한 자는 5일분의 과해량을 지급해주도록 건의한 것을 통해서 확인할 수 있다.[387]

그리고 단종 초에 이르러서 대마도주의 특송이 三著圖書를 가지고 내조하였으며,[388] 또한 고초도조어금약에 의하면 조어왜인까지도 대마도주의 三著圖書와 문인을 소지하도록 하였다.[389] 이러한 점에서 볼 때 대마도주에게 사급한 도서는 다른 사람의 도서와는 달리 특수한 목적으로 사용되었음을 알 수 있다.

3. 수도서왜인의 지역별 분포와 특징

먼저 『조선왕조실록』과 『해동제국기』을 통해서 조선전기 수도서왜인을 정리하면 <표 1>과 같다.

---

387) 『세종실록』 권86, 21년 9월 갑술.
그런데 『해동제국기』와 『성종실록』에는 통교거리의 원근에 따라 대마도 5일, 일기도 15일, 구주 및 本州·琉球 20일분의 과해량을 지급하도록 규정되어 있다(『해동제국기』 「조빙응접기」 過海料條. 『성종실록』 권11, 2년 8월 병인).

388) 『단종실록』 권12, 2년 8월 을유.
도주의 특송이 三著圖書를 소지하였다는 사실은 조선측의 사료나 대마도의 사료에도 나타나 있다. 즉 성종 11년 5월 을미조에 대마주태수 종정국이 보낸 사신의 서계에 '故鋪三印遣特使'라는 기록이 보이며, 『宗左衛門大夫覺書』에도 '三ッ印'이라는 기록이 보이고 있다.

389) 『해동제국기』 조빙응접기 조어금약. 『성종실록』 권47, 5년 9월 을해.

〈표 1〉 조선전기 수도서왜인 일람표

수도서 왜인	거주 지역	수도서			세견선	수직 여부	세사 미두	통교기간 및 통교건수	출전 및 기타
		여부	년대	구분					
源才	日本	0	1423	자청				1423 1	造給圖書2, 세종 5/정월경술
源義廉	畿內 左武衛	0	1463					1463-1482 3	화재로 소실, 성종 2/12기묘, 海東
源晴秀	畿內	0	1560	형청					畠山殿, 명종 15/5정축
忠吉	畿內 攝津州	0	1467	자청	0			1460-1476 11	海東
平宗壽	東山 美濃州	?	1416	자청				1415-1421 12	도서구청 최초, 태종 16/3신축
淨存	山陽 安藝州	0	1418	자청				1418 2	도서사급 최초, 세종 즉위/11을해
國重	山陽 安藝州	0	1464		0			1462-1504 25	海東
藤(原)兼貞	山陰 石見州	0	1447	자청				1438-1447 8	세종 29/5무오
藤原和兼	山陰 石見州	0	1447	자청	0			1446-1502 32	周布兼貞의 자, 海東
源師能	西海 豊後州	0	1460	부승계	0			1460-1505 26	大友殿, 중종 23/윤10계유.
平萬京	西海 筑前州	0	1419	자청				1418-1428 25	萬京印字, 세종 1/6갑술
宗金	西海 筑前州	0	1425	자청				1420-1450 33	대우관하, 세종 7/10계미
藤原定淸	西海 筑前州	0	1448	자청		0		1446-1452 32	旣贈賜給, 대우관하, 세종 30/7기축
宗家茂	西海 筑前州	0	1455	자청		0		1433-1488 13	宗金 子, 『海東』
道安	西海 筑前州	0	1455	자청		0		1468-1473 3	琉球國使 來聘, 대내관하, 海東
藤原信重	西海 筑前州	0	1456	자청	0			1470-1504 13	搏多부상, 海東, 성종 2/11정미
藤原貞成	西海 筑前州	0	1461	자청	0			1461-1504 22	대우족친, 박다대관, 해동
政忠	西海 筑前州	0	1549	개급청					政尙자, 명종 4/3무인, 기묘, 경인
藤原爲房	西海 肥後州	0	1450	자청	0			1450-1462 4	문종 즉위/10정축.
藤原爲邦(幸)	西海 肥後州	0	1468	자청	0			1460-1504 32	菊池殿, 改名爲幸圖書賜給, 성종 4/5병신, 5/11신유, 海東
源道鎭	西海 肥前州	x	1410	자청				1397-1438 55	請賜姓名字號小印, 태종 10/12병진
源高(呼子)	西海 肥前州	0	1444-64	자청				1444-1464 46	源義 도서개급청, 세종 24/4기유
源五郞	西海 肥前州	?	1444	자청					鴨打殿, 적왜호송, 세종 26/4기유
源聞	西海 肥前州	?	1444	자청				1444-1467 32	鹽津留, 적왜호송, 세종 26/4기유
源吉	西海 肥前州	0	1445	자청	0			1444-1502 24	海東

수도서 왜인	거주 지역	수 도 서			세견선	수직 여부	세사 미두	통교기간 및 통교건수	출전 및 기타
		여부	년대	구분					
源義(呼子殿)	西海 肥前州	0	1450	자청	0			1466-1502 11	源高子, 문종 즉위/6임인, 海東
源教直	西海 肥前州	0	1451-69		0			1451-1469 48	구주총관, 도서반납, 성종 18/2정축
源納	西海 肥前州	0	1455	자청	0			1455-1499 49	소이전 관하, 波多島 居, 海東
源勝	西海 肥前州	0	1455	자청	0			1451-1504 80	표류인송환, 海東, 성종 5/12임오
源永	西海 肥前州	0	1456	자청	0			1447-1502 72	소이관하, 압타전, 海東,
源義	西海 肥前州	0	1456	자청	0			1433-1504 14	소필홍 제, 平戶 거주, 海東
義永	西海 肥前州	0	1456	자청	0			1455-1504 14	海東
源德	西海 肥前州	0	1456	자청	0			1455-1503 29	海東
源盛	西海 肥前州	0	1457	자청	0			1455-1502 32	소이관하, 海東
賴永	西海 肥前州	0	1466-76	자청	0			1466-1504 23	明人호송, 세조 12/윤3무술
源次郞	西海 肥前州	0	1469	자청	0			1443-1503 26	소이관하, 佐志殿, 海東
源豊久	西海 肥前州	0	1471	父承繼				1471-1504 22	父 義松死 圖書改給請, 海東
源義松	西海 肥前州	0	1471전		0			1470 1	死(1469), 源茂松?, 海東
源繁	西海 肥前州	0	1474	도주	0			1474-1502 16	표류인송환, 성종 5/12임오, 6/1무진
源政教	西海 肥前州	0	1477	도주청				1486-1504 10	총관, 源教直개급청, 성종 18/2정축
源幡	西海 肥前州	0	1486	자청	0			1484-1494 8	표류인송환, 尾州太守, 성종 17/4병신
源勝	西海 肥前州	0	1555	자청					唐津太守, 兵符송환, 명종 10/ 12정유, 기사:
源重	壹岐	0	1427	자청				1421-1429 8	重字印賜給, 志佐氏, 세종 9/1임인
(井)大郞家次	壹岐	0	1428					1429-1432 4	세종 10/9계묘
藤七	壹岐	0	1429	자청				1427-1431 4	세종 11/9경신
藤九郞	壹岐	0	1435	부승계		0		1425-1459 24	父(藤七)圖書改給 세종 17/7임오
源正	壹岐	?	1444	자청					佐志殿, 적왜호송, 세종 26/4기유
三甫郞大郞	壹岐	0	1461	자청	0	0	0	1461-1476 4	적수 護軍 藤永繼 자, 海東
源武	壹岐	0	1468	자청	0			1470-1502 41	志佐代官, 海東
源經	壹岐	0	1469	자청	0			1469-1494 33	염진류, 海東
源一	壹岐	0	1486	자청	0			1486-1503 7	표류인송환, 성종 17/4병신
源正	壹岐	?	1470		0			1470-1504 24	呼子代官 源實의 자, 海東

수도서 왜인	거주 지역	수 도 서			세견선	수직 여부	세사 미두	통교기간 및 통교건수	출전 및 기타
		여부	년대	구분					
宗貞盛	對馬	0	1420	조선			0	1418-1459 300	세종 2/윤1 임진.宗氏都都熊丸도서
也伊知	對馬	0	1429	자청				1429-1444 43	左衛門大郎 자, 세종 11/9경신
宗茂直	對馬	0	1433	자청				1429-1445 53	세종 15/6정유
宗彦次郎盛世	對馬	0	1434-38	자청				1434-1443 9	세종 31/5임오
宗彦七盛國	對馬	0	1434	자청	0			1425-1448 45	세종 16/4 기미, 26/윤7기해
宗盛家	對馬	0	1444?	자청	0		0	1441-1473 71	세종 26/11병자, 海東
宗盛弘	對馬	0	1445	자청	0		0	1445-1502 108	세종 27/2임자, 海東
宗茂世	對馬 豆豆浦	0	1449	자청	0		0	1446-1478 47	宗虎熊丸, 세종 31/5임오조
宗成職	對馬	0	1452	자청	0		0	1443-1468 140	兒名千代熊圖書, 단종 즉위/11병술
秦盛幸	對馬 沙加浦	0	1457	도주	0			1460-1486 23	書契.文引담당, 唐人, 海東
又四郎盛數	對馬 沙加浦	0	1458	자청		0	0	1456-1495 15	賊首宮內四郎子, 개명(1468), 海東
六郎洒文	對馬 沙加浦	0	1459	자청		0	0	1453-1477 12	海東(1459)
皮古汝文	對馬 吾溫浦	0	1460	자청		0		1459-1488 5	三浦恒居倭人 총치, 海東
宗彦九郎貞秀	對馬 沙愁浦	0	1460	자청	0	0		1461-1483 43	海東, 성종 5/10 무자, /11신유
多羅而羅	對馬 尼老郡	0	1460	자청		0	0	1462-1495 21	賊首, 海東
宗盛吉	對馬 沙愁浦	0	1463	자청		0	0	1463 1	宗盛家 제, 海 東
井可文愁戒	對馬 可時浦	0	1465	자청		0	0	1453-1475 6	父(井大郎)官襲職(1462), 海東
國久	對馬 沙愁浦	0	1465	도주	0			1494-1502 4	天神山海賊 管掌, 博多居, 海東
皮古仇羅	對馬 仇老世	0	1465	자청		0	0	1468-1489 9	賊首 藤茂家자, 海東
皮古時羅	對馬 訓羅串	0	1469	자청		0	0	1464-1483 5	平茂持의 제, 海東
崇睦	對馬	0	1473	도주	0			1476-1480 11	성종 4/5무오, /6기축
宗茂次	對馬	0	1473	자청	0			1461-1486 18	성종 4/5기해, 8/9무진, 세조 10/7갑술
宗茂勝	對馬	0	1474	자청	0			1478-1496 34	적왜사살, 성종 5/10경자, 20/3병인
立石國長	對馬	0	1476	도주	0			1476-1502 15	삼포총치, 성종 7/7정묘, 8/9무진
崇統	對馬	0	1485	도주	0			1482-1502 19	성종 16/1을유, /2무오

* 전거: 『조선왕조실록』『해동제국기』『朝鮮送使國次之書契覺』
* 해동은『해동제국기』서계각은『조선송사국차지서계각』
* 0표시는 수도서왜인·수직왜인 그리고 세사미두를 사급 받은 자.

<표 1>을 통해서 보면 조선전기 수도서왜인은 1410년(태종 10)에 처음으로 도서를 구청한 九州節度使 源道鎭으로부터 1560년(명종 15)에 도서를 사급받은 畠山殿 源晴秀에 이르기까지 모두 77명이었다. 먼저 조선전기 수도서왜인의 지역별 분포를 보면 肥前·壹岐地方이 32명으로 가장 많았으며, 그 다음이 對馬·九州·本土·四國 순이었다. 이러한 사실은 수도서와 수직제도가 왜인에 대한 회유·우대책의 일환으로 실시되었지만, 그들의 구성과 성격에 있어서 상당한 차이가 있었음을 나타내주는 것이라 할 수 있다. 즉 수직제도는 지역적으로는 주로 대마도를 대상으로 하였으며, 그들의 구성도 조선초기의 왜구와 밀접한 관련을 가지고 있는 자들이 많았다.[390] 반면에 수도서제도는 주로 대마도를 비롯하여 비전·일기지방을 대상으로 하였으며, 그들의 구성도 거추나 제추 등 일본의 지방호족 뿐만 아니라 흥리왜인에 이르기까지 광범위하였다.

다음으로는 수도서왜인의 지역별 구성과 특징에 대해 살펴보자. 먼저 본토 및 四國地方은 畿內지방의 左武衛將軍 源義廉과 畠山殿 源晴秀를 들 수 있다. 특히 이들은 足利氏의 일족으로 細川殿과 함께 막부의 최고위직인 三管領으로 칭하며 정무전반을 총괄하였고, 조선에 도항 시에는 거추사로서 접대를 받았다. 그리고 石見州 因幡守 藤(原)兼貞과 藤(原)和兼은 周布氏로 표류인을 구조하여 송환한 공으로 수도서왜인이 되었다.[391] 그 외에도 攝津州 兵庫津의 忠吉, 安藝州의 淨存과 國重, 美濃州의 平宗壽 등이 있으며, 이 중 淨存과 平宗壽는 구주절도사의 관하인이다.

구주지방의 수도서왜인은 11명으로, 축전주(8명)와 비후주(2명), 풍후주(1명)의 왜인으로 구성되어 있다. 먼저 축전주인은 平萬京·宗金과 宗家

390) 졸고, 「朝鮮前期の受職倭人」『年報朝鮮學』제5호, 구주대학조선사학연구회, 1995.

391) 藤原兼貞과 藤原和兼은 1425년(세종 7)에 무릉도(울릉도)에 피역한 백성을 추포하러 갔던 병선 1척이 長浜에 표착하자 생존자 10명을 구조하여 호송하였다. 이에 조선에서는 사물관압사 이예를 파견하여 표류인 송환에 사의를 표하였다(『세종실록』 권29, 7년 8월 갑술. 권30, 7년 10월 을유. 12월 계사. 권31, 8년 2월 병자).

茂·道安·藤原信重·藤原定清·藤原貞成·小二殿 政忠 등이 있다. 이들은 博多(石城府·冷泉津·覇家臺)지방을 중심으로 한 상인과 그 지역을 관할하는 자 들이었다. 그 외에 肥後州의 菊池殿 藤原爲房, 藤原爲邦(개명 爲幸)과 豊後州의 大友殿 源師能[392]은 大內·小二殿과 함께 구주의 대표적인 호족이었다.

비전·일기지방의 수도서왜인은 32명으로 가장 많았다. 먼저 비전주는 구주절도사 源道鎭·源教直·源政教를 비롯하여 源五郎·源義(肥州太守)·源義松·源豊久·源繁·源幡·源義(呼子壹岐守)·源高·源聞·源納·源永·義永·源德·源盛·賴永·源次郎·源勝(唐津太守)·源吉·源勝(五島宇久守) 등이 있다. 이들은 주로 상·하송포의 호족이 주축을 이루고 있었다. 일기주는 佐志·志佐·呼子·鴨打·鹽津留氏 등 肥前州 松浦地方의 호족에 의해 분치되었기 때문에[393] 송포지방과 밀접한 관련을 가지고 있다. 따라서 비전주의 송포와 일기도를 구분하는 것은 거의 불가능하다. 다만 기록을 통해서 일기지방에 거주한 것으로 확인할 수 있는 자는 源重·井大郎家次·藤七과 藤九郎·三甫郎大郎·源正(佐志殿)·源正(呼子壹岐代官 牧山十郎)·源武·源經·源一 등 10명이다. 이 중 藤九郎 부자와 三甫郎大郎은 일기주 毛都伊浦(本居浦)에 거주하는 자로서 수직왜인이었다.[394]

한편으로 구주와 비전·일기지방의 수도서왜인 중에는 대내·대우·소이전의 관하인이 상당히 많이 있었다.[395] 그 이유는 대내·대우·소이전이 구

392) 1528년(중종 23)에 일본국왕사가 대우전 源義鑑의 도서를 요청하였는데, 그때에 源師能에 대해서는 '源師能 庚戌年遣使來朝 繼其父持直 受圖書 居關西道大友殿'이라 하여 아버지의 뒤를 이어서 도서를 사급 받았음을 알 수 있다. 그러나 그가 처음 내조한 것은 源持直이 죽은 다음 해인 1460년(세조 6, 경진)이기 때문에 위의 庚戌(1490, 성종 21)은 庚辰의 오기라고 생각한다(『중종실록』 권64, 23년 윤10월 계유. 『세조실록』 권12, 6년 4월 임신).

393) 『해동제국기』 「일본국기」 일기도.

394) 『해동제국기』 「일본국기」 일기도 毛都伊浦.

395) 『해동제국기』 「일본국기」에 의하면 대내전 관하인으로는 道安이, 대우전 관하로

주지방의 대표적인 호족으로서[396] 조선초기부터 다른 지방의 호족에 비해서 통교상으로 우대를 받았던 사실과 많은 관련이 있다고 생각한다. 즉 大內殿은 대대로 山口에 거주하면서 周防·長門·豊前·筑前州 등 4주를 관장하였으며, 병력이 강하여 감히 그의 명령을 거역하지 못하였다고 한다. 특히 대내전은 선조가 백제 온조왕의 후손으로 칭하면서 통교하였으며, 다른 지방의 호족보다도 우대받았다.[397]

大友殿은 북구주의 호족으로 親繁이 대내전 持直의 뒤를 이어 대우전이라 칭하였으며, 소이전과 博多를 분치하였다.[398] 小二殿은 太宰府에 거주하여 大都督府라 칭하였다. 1441년(嘉吉 원년) 赤松의 난에 막부장군은 소이전에 징병을 요청하였으나 거절당하자 대내전(持世)으로 하여금 소이전을 토벌하게 하였다. 소이전은 대내전과의 싸움에서 패하여 비전주로 도망갔다가 다시 대마도로 가서 美女浦에 거주하였다. 소이전은 자기의 영지를 빼앗겼지만 대마도를 관할하고 있었기 때문에 계속해서 조선과의 통교에서 우대받았다.[399]

대마지방의 수도서왜인은 모두 25명이었다. 이들의 특징을 살펴보면, 먼저 도주인 宗貞盛과 宗成職이 도서를 사급 받았다는 점이다. 특히 대마도주에게 도서를 사급하는 것은 전례가 되어 조선후기까지 계속되었다. 그리하여 임진왜란 후 국교를 재개하면서 1609년(광해군 원년)에 맺은 기유약조에서는 도주에게 전례에 따라 도서를 만들어주고 그것을 종이에 찍어서 예조, 교서관, 부산포에 비치하고 서계가 올 때마다 검찰하게 하였다.[400]

는 藤原信重·貞成·定清·宗金·宗家茂 등 5명이 있다. 또한 소이전 관하로는 源義(呼子)·源納·源永·源盛·源次郎 등 5명이 있다.

396) 『문종실록』 권4, 즉위년 10월 정축.
이러한 사실은 구주에서 세력을 가지고 있는 호족은 대내·소이·대우·국지전 4인뿐이라고 한 향화왜인 藤賢의 말을 통해서 확인할 수 있다.

397) 『해동제국기』 「일본국기」 주방주 大內殿.

398) 『해동제국기』 「일본국기」 석견주 大友殿.

399) 『해동제국기』 「일본국기」 축전주 小二殿.

또한 도주 宗成職은 '成職' 도서뿐만 아니라 아명인 '千代熊'의 도서를 함께 사급 받았다.[401] 이 아명도서는 대마도의 세견선 증선을 억제하는 상황[402]에서 대마도주가 세견선의 증선을 위한 수단으로 이용하였다고 생각한다.

둘째, 대마도의 수도서왜인 중에는 도주의 일족이나 관하인이 많이 분포되어 있다. 먼저 도주의 일족으로는 宗彦次郎盛世·宗彦七盛國·宗盛弘·宗茂世·國分寺住持 崇睦과 崇統 등 6명이며, 도주 관하로는 秦盛幸·皮古汝文·宗茂次·立石國長·助國次 등 5명이다. 이 중 대마도주가 도서를 구청한 경우가 秦盛幸·國久·崇睦·崇統·立石國長 등 5명이었다. 이는 문인제도와 계해약조 정약 체결 이후 세견선에 대한 제한이 엄격해지자 대마도주가 세견선의 증선을 목적으로 일족이나 관하인들의 도서를 조선에 요청하여 사급 받았기 때문으로 생각된다.

셋째, 수도서왜인 중에는 宗盛國(법명 妙意) 이후 대마도주와 적대관계에 있었던 仁位 宗氏가 宗茂直·宗盛家·宗彦九郎貞秀·宗盛吉·宗茂勝 5명이나 있었다.[403] 이는 인위 종씨가 조선의 왜인통제책으로 제한을 받자 독자적인 통교권을 확보하기 위해 노력하였음을 나타내는 것이라 할 수 있다.

마지막으로 수도서왜인 중에는 왜구의 두목이나 그의 일족이 也伊知(六郎次郎)·六郎洒文·又四郎盛數·多羅而羅·國久·井可文愁戒·皮古仇羅·皮

---

400) 『광해군일기』 권17, 원년 6월 정축. 『通文館志』 권5,交隣 상, 萬曆己酉約條, 『增正交隣志』 권4, 光海元年己酉改定約條. 『春官志』立約,萬曆己酉約條.

401) 『단종실록』 권4, 즉위년 11월 병술.

402) 아명도서를 사급받기 이전인 1445년(세종 27)에 대마도주가 세견선 20선의 증선을 요청하였으나 거절당하였으며(『세종실록』 권108, 27년 5월 정해), 또한 단종초에는 대마도의 세견선에 대한 통제를 강화하여 수도서·수직왜인을 비롯해서 三著圖書特送倭人도 도주의 세견선 50척에 포함시키려고 하였다.(『단종실록』 권12, 2년 8월 을유, 12월 계미).

403) 대마도주 및 그의 일족, 仁位 宗氏에 대한 계보는 제2장 대마 종씨의 가계표 참조.

古時羅 8명이나 되었다. 이들 중 也伊知와 國久를 제외하고 모두 수직왜인이었으며, 또한 상당수는 대마도주의 특송으로 내조하기도 하였다. 이는 조선초기의 왜구들이 점차 도주관하로 흡수되어 가는 과정을 나타내는 것이라고 생각한다.

4. 수도서제의 변화와 대마도주의 통교권 독점

수도서제도는 대일 통교통제책의 일환으로 실시되었기 때문에 조선의 대일정책에 따라 그 모습이 약간씩 변화하고 있다. 먼저 조일간의 외교관계의 변화에 따라 수도서왜인의 구성과 수도서제도가 어떻게 변화하고 있는가를 살펴보자. 다음 <표 2>는 조선전기 한일관계의 시기구분[404]에 따라 도서의 구청 또는 사급 시기를 지역별로 정리한 것이다.

〈표 2〉 수도서왜인의 지역별 분포

시기 / 지역	제 1 기 (1392~1419)	제 2 기 (1420~1443)	제 3 기 (1444~1471)	제 4 기 (1472~1510)	제 5 기 (1511~1592)	소 계
本州·四國	2	0	5	0	1	8
九州	2	1	7	0	1	11
肥前·壹岐	1	4	22	4	1	32
對馬島	0	5	15	5	0	25
미상	0	1	0	0	0	1
소 계	5	11	49	9	3	77

<표 2>를 통해서 보면 수도서왜인은 시기적으로 세종 말에서 성종 초에 이르는 제3기에 49명으로 가장 많았으며, 그 다음이 4기, 2기, 1기, 5기 순

404) 시기구분의 근거와 내용에 대하여는 제2장 대마도의 대조선 통교와 무역 참조.

으로 나타났다. 먼저 각 시기별로 수도서제의 특징을 살펴보자. 제1기는 대일 외교체제에 있어서 수도서제가 처음으로 등장한 시기이다. 그러나 그 수는 5명에 불과하였으며, 사급 범위도 대마도주를 제외하고는 구주절도사와 그의 관하인으로 한정되어 있었다. 그 이유는 아마 고려 말보다 왜구의 침입이 감소하기는 하였지만 여전히 계속되는 상황이었고, 또한 일본으로부터의 통교도 다른 시기에 비하여 활발하지 못하였기 때문이다. 그리고 앞서 살펴본 것처럼 이 시기의 수도서제는 외교상의 공로자에 대한 우대책의 일환으로 실시되었다.

제2기에는 도서의 사급 범위가 비전·일기·대마지방의 왜인에게까지 확대되어 갔다. 이는 대마도정벌 이후 대마·일기지방에 거점을 두고 있던 왜구들이 평화적인 통교자로 전환하여 활발하게 도항하였기 때문이라 생각한다. 그러나 아직 대일통교체제가 정비되지 않아서 수도서왜인의 수는 그리 많지 않았다. 한편으로 이 시기부터 수도서왜인에 대한 통제가 시작되었다. 그리하여 대마도주와 구주절도사에게 도서를 사급하고 이를 통해 수도서왜인을 포함한 관하인을 간접적으로 통제하려는 서계제를 실시하였다. 특히 수도서왜인은 1438년(세종 20)에 정약된 문인제도에 의해서 이전과는 달리 많은 제한을 받았다. 한편, 대마도주는 三著·二著·一著圖書의 밀약을 통해서 조선과의 통교에 있어서 자신의 권익을 확보하려 하였다.

제3기는 수도서왜인의 세견선정약이 시작되었고, 그들에 대한 통제가 강화된 시기이다. 그럼에도 수도서왜인의 수는 49명으로 가장 많았으며, 사급범위도 전 지역으로 확대되었다. 이는 문인제도·계해약조 등으로 통교의 제한이 강화되자 일본의 지방호족들이 대조선 통교권을 획득하기 위해 다투어 도서의 구청을 요청하였으며, 조선에서는 그들의 요청을 받아들여 도서를 사급해주고 대조선 통교권을 인정해주는 대신 그들을 조선의 외교체제 속에 편입시키려 하였기 때문이었다.

한편 조선에서는 대마도의 세견선이 계속해서 증가하자 대마도의 수도서왜인에 대한 제약을 강화하여 대마도의 수도서왜인선도 도주의 세견선 50척에 포함시키려고 하였다.[405] 그러나 1455년 한 해 동안 조선에 도항한 諸處 사송왜인이 6,116명에 이르자 위약자들에 대한 규제를 더욱 강화하였다.[406] 그 후 1470년(성종 원년)에 대마도 선위사 전양민을 파견하여 심처왜의 세견선을 정약하였는데, 그 중 상당수는 수도서왜인이었다.[407] 이로써 계해약조 이후 계속되어 온 수도서왜인의 세견선 정약은 어느 정도 마무리되었다.

그런데 수도서제는 통교상의 우대라는 측면은 사라지고 단순히 세견선의 정수를 확인하고 허위를 규찰하는 수단으로 변질되었다. 그리하여 문종, 단종대부터 도서는 오로지 통교자의 비위를 검찰하는 편의법으로 '감합의 제'에서 안출된 '符驗의 制'인 통신부와 거의 같은 목적을 가지게 되었다.[408]

제4기는 수도서왜인에 대한 세견선 정약을 체제화하고 위반자를 엄격하게 통제 한 시기이다. 따라서 도서를 구청하여 사급받은 자의 수가 9명으로 급격히 감소하고 있다. 또한 이 시기에는 통교자 자신이 도서를 구청하는 경우보다 대마도주가 구청하는 경우가 많았다. 이는 대마도주가 사송선의 증선을 위해 노력하고 있음을 나타내는 것이라 할 수 있다. 그에 반해서 조선에서는 1477년(성종 8)에 수도서왜인에 대한 세견선 정약을 체제화함으로써 수도서왜인에 대한 통제를 더욱 강화하였다.[409] 그러나 세견선

---

405) 『단종실록』 권12, 2년 8월 을유.

406) 『세조실록』 권11, 원년 12월 기유.

407) 『성종실록』 권7, 원년 9월 병자.
전양민이 가지고 간 예조에 서계에 의하면 세견선 1선정약자는 25명(豊後州 2, 攝津州 1, 周防州 1, 安藝州 2, 石見州 1, 筑前州 2, 薩摩州 2, 肥前州 10, 壹岐 3, 肥後州 1명), 1·2선 정약자는 12명(筑前州 2, 薩摩州 2, 肥前州 5, 肥後州 1, 壹岐 2명) 이었으며, 그 중 19명이 수도서왜인이었다.

408) 中村榮孝, 앞의 논문, 555쪽.

409) 『성종실록』 권84, 8년 9월 무진.

무정약자가 도서와 서계를 가지고 오는 사례[410]와 이미 죽은 사람의 도서를 차용하여 통교하는 사례가 빈번하게 발생하였다. 그 대표적인 예로는 1509년(중종 4)에 深左衛門이 이미 사망한 지 30년이나 지난 源義의 도서를 가지고 통교하다가 발각되었다.[411] 이러한 왜인들의 불법적인 도항은 조선조정의 재정적인 부담을 가중시켜 왜료의 부족현상까지 초래하였다. 그리하여 1509년에는 경상도에서 1년에 지급해야 할 왜료(22,000석)가 공납의 원수(15,000석)보다 많아서 그 부족분을 병인년(중종 원년, 1506) 이전의 미납 전세로 채워서 지급하도록 하였다.[412]

따라서 조선에서는 1509년에 경차관 윤은보를 대마도에 보내 먼 지역에 거주하는 수도서왜인 중에 도서를 사급 받은 지 50년이 경과하여 이미 죽은 자가 많음에도 그들의 세견선이 끊이지 않는 것은 중간에서 간사한 자들이 사칭하기 때문이라고 지적하면서, 앞으로는 수도서한 후 50년이 경과한 자는 접대를 허락하지 않을 것이니 대마도주는 도서를 잘 검찰하여 문인을 발급하도록 통유하려 하였다.[413] 이와 같이 불법적인 도항이 계속되자 조선에서는 수도서·수직한 후 50년 이상 된 자의 통교를 금지시키는 등 강경한 조치를 취하였으며, 이것이 결국 삼포왜란의 한 요인이 되었다고 생각된다.

---

410) 예조에서 경상도관찰사의 관문에 의거하여 아뢰기를 '전에 왜인 原忠이 내조하였으나 본래 (세견선)정약자가 아니어서 거절하고 받아들이지 아니하였습니다. 그런데 지금 또 대마도주의 서계를 받아왔으나 가히 (접대의) 단서를 열 수 없으니 거절하여 돌려보내는 것이 어떠하겠습니까.' 하니 그대로 따르다(『성종실록』 권155, 14년 6월 계해). 이외에도 무정약자에 대한 접대 거부 사례로는 長門州 赤間關 太守 藤原貞重이 있다(『성종실록』 권160, 14년 11월 계묘).

411) 『중종실록』 권8, 4년 7월 병신. 『해동제국기』일본국기 비전주 源義.
肥前州 平戶寓鎭 肥州太守 源義는 少弼弘의 동생으로 平戶에 거주하여 병자년(1456, 세조2)에 도서를 사급받고 세견선 1척을 정약하였다.

412) 『중종실록』 권8, 4년 3월 갑인.

413) 『중종실록』 권8, 4년 3월 무오. 4월 임술, 계유. 권10, 5년 2월 기축.

제5기는 수도서왜인에 대한 접대가 폐지되고, 이를 부활하는 과정에서 대마도주가 대조선 통교권을 독점해 가는 시기이다. 이 시기에 새로 도서를 사급받은 자는 3명에 불과하였다. 이는 『조선왕조실록』의 편찬과정에서 왜인관계 기사를 이전 시기보다 간략하게 서술한 사료상의 문제도 있을 수 있지만, 근본적인 이유는 삼포왜란과 임신약조, 사량왜변과 정미약조, 달량왜변과 정사약조 등 외교관계의 단절과 회복이 반복되면서 조일간의 외교관계가 쇠퇴하였기 때문이라고 생각한다. 특히 조선에서는 삼포왜란 이후 수도서왜인·수직왜인에 대한 통제를 더욱 강화하여 왜인들의 접대와 교역의 비용을 줄이려고 노력하였다.

이에 1512년에 맺은 임신약조에 의거하여 대마도주의 아들 및 그의 대관, 수도서, 수직왜인의 세견선과 세사미두를 폐지하였으며, 심처의 수도서왜인 중 도서를 받은 시기와 통교상의 공로 등을 검토하여 접대여부를 결정하고, 통교를 허락한 자에게는 새로운 도서를 개급하였다.[414] 그런데 임신약조의 조항에 의하여 접대가 폐지된 심처의 수도서왜인은 35명에 이르렀으나, 접대를 허락받고 도서를 개급받은 자는 몇 명이었는지 알 수 없다.[415] 다만 『日鮮通交史』에는 正德 14년(1519, 중종14)과 15년에 上松浦呼子壹岐代官 牧山十郎 源正과 九州探題 源政教에게 새로 사급한 도서의 그림이 수록되어 있을 뿐이다.[416] 이 중 源政教는 1477년에 도서를 사급

414) 『중종실록』 권16, 7년 8월 신유.

415) 『중종실록』 권65, 24년 2월 기묘, 신사.
심처왜인 중에서 1471년 이전(도서를 사급받은 지 40년이 경과)의 수도서왜인은 44명인데, 그 중 源武,井可文愁戒를 포함하여 35명의 접대를 폐지하였다. 따라서 임신약조에 의거 도서를 개급해야 할 대상은 접대가 폐지되지 않은 9명과 1471~1512년 사이의 수도서왜인 5명 등 14명에 불과하였다. 이로써 보면 이때에 도서를 개급받은 자는 그리 많지 않았음을 짐작할 수 있다.

416) 『日鮮通交史』(釜山甲寅會編,1915) 前篇古代紀 267쪽 그림, 中村榮孝, 『日鮮關係史の研究』下, 「十六世紀 朝鮮の對日條約更定」135-36쪽 참조. '政教'의 도서에는 '正德十四年(중종 14,1519)十月 日造'라 새겨져 있으며, '源正'의 도서에는 '正德十五

받았음을 확인할 수 있지만, 源正은 아버지 源實의 뒤를 이어 세견선을 정약하고 1470년부터 1504년까지 24회 통교한 기록은 있으나 도서를 사급받은 기록은 확인할 수 없다.[417)]

그 후 일본국왕사와 대마도주는 임신약조에 의해 통교가 폐지된 자들의 통교를 부활하려고 노력하였다. 1528년(중종 23)에 일본국왕 사신 一鶚東堂이 대우전 源義鑑에게 도서를 사급해 줄 것을 요청하였다. 이에 조선에서는 대우전이 임신약조 때에 접대가 폐지된 35인과는 다르지만 40년 전의 수도서자는 접대를 허락하지 않는다는 임신약조의 조항을 들어 그들의 요청을 거절하였다.[418)] 이로써 보면 조선에서는 도서를 새로 사급해주는 데 매우 신중하였음을 알 수 있다.

그 후 1544년(중종 39)에 사량왜변으로 다시 통교가 단절되고 1547년(명종 2)에 국교가 회복되면서 정미약조가 맺어졌다. 이때에 수도서왜인·수직왜인에 대한 통제가 더욱 강화되어 50년 이전의 수도서·수직자는 임신약조에 의거하여 접대를 폐지하였다.[419)] 또한 그 과정에서 일본국왕사 安心과 菊心은 수도서왜인·수직왜인에 대한 접대의 부활을 계속해서 요청하였으나 거절당하였다. 그런데 당시에 예조판서 신광한이 50년 전의 수도서왜인·수직왜인 중 사망한 자를 제외하면 그 수는 그리 많지 않을 것이지만 그들에게 4~5년을 기다리도록 하라고 진언하였다.[420)] 이를 통해서 보면 조선에서는 접대를 허락할 수도서왜인이 그리 많지 않았음에도 그들의 접대 부활에 신중을 기하였음을 알 수 있다. 그 후에도 대마도주는 계속해서 세견선 5척을 증선해 줄 것과 심처왜인의 도서·관직을 다시 사급해 줄 것을 요청하였으나 역시 거절당하였다.[421)]

年 八月 日造'라 새겨져 있다.

417) 『해동제국기』일본국기 일기도 小于鄉. 『성종실록』『인종실록』『중종실록』

418) 『중종실록』 권64, 23년 윤10월 계유, 을해. 권65, 24년 2월 신사.

419) 『명종실록』 권5, 2년 2월 을미.

420) 『명종실록』 권5, 2년 2월 을사.

그러다가 1552년에는 정미약조에 의거하여 통교가 중단된 구주지방의 제추와 수도서왜인 중 임신년(1512)에 접대가 폐지된 藤熙久를 제외하고 그 나머지에 대해 다시 접대를 허가해 줄 것인가에 대해서 논의하였다.[422) 그러나 논의 결과는 알 수 없고, 다만 1554년(명종 9)에 편찬된 『攷事撮要』 「接待倭人事例」에 受圖書遣船人이 15인(1년 1회 내조), 수직왜인이 26인(1년 1회 친조, 伴從1)으로 기록되어 있을 뿐이다.

이와 같이 일본국왕사를 비롯하여 대마도주 등이 계속해서 수도서왜인의 접대를 부활하려고 노력하였지만 조선에서는 좀처럼 그들의 요구를 받아들이지 않았다. 그러다가 1563년(명종 18)에 일본국왕사 景轍이 삼포왜란 이후 접대가 폐지되었던 30명의 접대를 다시 부활시켜 줄 것을 요청하자 비로소 문적에 기록된 자 10명의 도서를 환급해주고 접대를 부활하였다.[423) 그러나 그들이 구체적으로 누구인지는 알 수 없다. 이로써 그동안 접대가 폐지되었던 수도서왜인에 대한 통교가 부분적으로 부활되었다. 그 후 1567년에 일본국왕사가 다시 20명의 도서 사급 등 5개조를 요청하였다.[424) 이때에 다시 이전(명종 18년)에 접대가 부활되지 않았던 20명중에서 海東(諸國)紀·約條册·圖書册 등에 기록된 盛久 등 12명의 도서를 환급해주고, 나머지 약조책, 도서책에 기록되지 않은 敎實 등 8명은 도서를 환급해주지 않았다.[425)

---

421) 『명종실록』 권8, 3년 10월 기유.
422) 『명종실록』 권13, 7년 11월 갑진.
423) 『명종실록』 권29, 18년 9월 계묘.
424) 『명종실록』 권34, 22년 5월 경오.
이 때에 일본국왕사가 요청한 5개조는 ① 薺浦를 추가로 개항해 줄 것, ② 선척을 尺量하는데 이전의 포면 척을 사용할 것, ③ 대마도의 세견선 30척의 대중소선을 정하지 말 것, ④ 藤熙久의 접대를 허가해 줄 것, ⑤ (명종 18년에 접대가 허락되지 않은) 20명에게 접대를 허락하고 도서를 사급해 줄 것 등이다. 이 중에서 마지막의 ⑤를 제외하고는 나머지 요구는 거절당하였다.
425) 『명종실록』 권34, 22년 5월 신미, 계유.

이와 같이 대마도주는 조선과의 통교 감소가 대마도의 사활과 관련되어 있었기 때문에 일본국왕사를 사칭하거나 또는 무력 시위 등 온갖 수단을 동원하여 심처 수도서왜인의 통교를 부활하려고 노력하였다.[426] 그 결과 1563년과 1567년 두 차례에 걸쳐 삼포왜란 이후 폐지되었던 수도서왜인 중에 22명의 접대가 다시 부활되었다. 그러나 이때에 사급된 도서는 전과는 달리 통교상의 특권으로 변질되었다. 따라서 수도서는 조선에 세견선을 파견할 수 있는 통교권의 확보를 의미하는 것이었다. 뿐만 아니라 부활된 수도서왜인의 통교권은 본인에게 돌아가지 않고 대마도주에게 집중되었으며, 그 과정에서 도주는 대조선 통교권을 더욱 확대하고 독점하였던 것이다. 그 결과 대마도주는 세견선은 물론 수도서·수직왜인의 통교권까지 완전히 장악하였다.

이러한 사실은 대마의 기록인 『朝鮮送使國次之書契覺』[427]에 잘 나타나 있다. 그 자료에는 1572~1574년, 1580~1586년까지 대마도주의 세견선 30

426) 특히 1544년(중종 39)에서 1555년(명종 10)에 이르는 시기는 달량왜변을 비롯해서 26차례의 왜구의 침입이 있었다.(이현종, 「丁未約條 締結始末과 그後 倭寇」『조선전기 대일교섭사연구』, 한국연구원, 1964. 298쪽)

427) 『朝鮮送使國次之書契覺』(九州史料叢書,田中健夫校訂, 九州史料刊行會編, 1955)은 크게 2부분으로 구성되어 있다. 전반부의 「印冠之跡付」는 대마의 북단 鰐浦에 파견된 船遣奉行이 元龜 3년(1572)부터 天正 2년(1574)까지 3년간 조선에 도항하는 선척을 검찰한 기록이다. 이에는 당해년도에 조선에 왕래한 선박이 언제, 몇 척이 도항하였는가, 그 선의 소속은 누구인가와 正官 都船主의 이름이 기록되어 있다. 후반부의 「國次印官之引付」는 대마의 府中에서 도항에 필요한 문서를 작성하여 발급할 때의 跡付로서 天正 8년(1580)부터 14년까지 7년간의 기록이다. 이는 이시기의 한일관계 사료가 극히 부족한 상황에서 임진왜란 직전의 조일통교를 해명할 수 있는 귀중한 자료이다.

『朝鮮送使國次之書契覺』에 대한 대표적 연구로는 다음과 같다.

長正統, 「『朝鮮送使國次之書契覺』の史料的性格」『朝鮮學報』33, 1964; 中村榮孝, 「十六世紀朝鮮の對日條約更定」『日鮮關係史の硏究』下, 吉川弘文館, 1970; 長節子, 「一岐牧山源正と松浦黨鹽津留氏の朝鮮通交權」『中世日朝關係と對馬』, 吉川弘文館, 1981.

척을 비롯하여 수도서왜인·수직왜인의 대조선 통교의 내용이 기록되어 있다. 이를 통해서 보면, 원래의 수직왜인이나 수도서왜인이 통교한 것이 아니라 대마도주를 비롯하여 그의 관하 또는 일족이 假託하여 통교하고 있음을 알 수 있다. 뿐만 아니라 수도서왜인·수직왜인의 통교권은 매매의 대상이 되기도 하였다.[428)]

한편으로 『朝鮮送使國次之書契覺』에 기록된 印(圖書)·冠(官職)의 원래 소유자를 지역별로 나누어 보면 다음 <표 3과> 같다.

〈표 3〉『朝鮮送使國次之書契覺』의 印(圖書)·冠(官職) 소유자

지역 / 시기	本州·四國	九州	肥前·壹岐	對馬島	未詳	소계
1572~1574	13(5)	31(19)	29(7)	4(1)	4(2)	81(34)
1580~1586	15(5)	30(16)	28(5)	5(1)	4(2)	82(27)

* 전체에서 ( )안의 수를 뺀 것이 印이며, ( )안의 숫자는 冠(官)이다.
* 『朝鮮送使國次之書契覺』의 기록을 참고하여 작성하였다.
* 中村榮孝氏의 표1 圖書·官職告身所持者一覽과 표2(B) 圖書·官職告身所務者一覽을 참조하였다.(「十六世紀朝鮮の對日條約更定」『日鮮關係史の研究』下, 吉川弘文館, 1970)

<표 3>을 통해서 보면 수도서왜인(印)이 수직왜인(冠·官)보다 많았음을 알 수 있다. 그리고 1580~1586년이 1572~1574년에 비해서 수도서왜인은 증가하고 수직왜인은 감소하는 경향을 보이고 있다. 이는 1580~86년에 새로 印冠을 소지한 자 12명중 11명이 印所持者(수도서왜인)이었기 때문이었다. 그리고 지역별로 보면 비전·일기지방은 수도서왜인이, 구주지방은 수직왜인이 많은 특징이 있다.[429)] 특히 수직왜인의 경우 조선전기 수직왜

428) 『朝鮮送使國次之書契覺』 印冠之跡付 元龜 4년(1573) 6월 6일조에는 八島彦三郎이 上松浦 呼子 一岐代官 源正의 印을, 그리고 天正 2년 3월 14일조에는 川村左馬允이 一岐 飯田殿(源集)의 印을 사서 통교하고 있다.

429) 특히 『朝鮮送使國次之書契覺』에 기록된 구주지방의 수직왜인은 대부분이 축전주 博多地方에 거주하는 자들이었다. 이러한 사실은 1556년에 예조에서 왜인 調久와

인의 지역별 분포와 큰 차이가 있었다. 즉 조선전기 수직왜인 90명 중 대마도인이 52명으로 가장 많았으며, 그 다음이 구주 20명, 일기 9명, 본주 2명, 미상 7명이었다.[430)]

또한 『朝鮮送使國次之書契覺』에서는 대마도의 印·官 소유자가 크게 감소하고 있음을 알 수 있다. 이러한 원인은 아마 임신약조 이후 폐지되었던 수도서·수직왜인의 통교를 부활하는 과정에서 주로 대마도 이외의 지역인 비전이나 구주지방의 심처왜의 통교 부활을 집중적으로 요청하였기 때문이라 생각한다. 이는 대마도에 대한 통제를 강화하는 상황에서 대마도보다는 비전·일기·구주지방의 수도서·수직왜인의 통교를 부활하는 것이 훨씬 용이하였음을 나타내는 것이라고도 할 수 있다. 따라서 대마도주는 그 지방의 수도서·수직왜인의 통교를 부활하여 자신의 사송선으로 이용하려고 하였다.

5. 수도서왜인의 역할

이 절에서는 도서를 구청하거나 사급한 이유를 통해서 수도서왜인의 역할을 유추해보려고 한다. 먼저 도서를 구청하거나 또는 사급한 이유에 대해서는 다음 몇 가지 유형으로 나누어 볼 수 있다.

첫 번째 유형으로는 먼저 조선의 피로인이나 표류인을 송환하여 도서를 사급받은 경우이다. 그 대표적인 사람으로 宗茂次·源繁·源一·源幡 등을 들 수 있다. 먼저 대마주 伯耆守 宗茂次는 1464년(세조 10)에 사행 도중

문답을 하였는데 그 내용 중에 "(調久가) 또 말하기를 수직왜인은 박다에 거주하는 자가 매우 많은데, 비록 적변을 듣고서도 한사람도 통고해주지 않았다. 그러나 나만이 다시 와서 이를 고하였으니 상으로 관직을 제수받기를 원합니다."(『명종실록』 권20, 11년 4월 기축)라고 한 사실을 통해서도 확인할 수 있다.

430) 제4장 수직왜인의 구성과 역할 참조.

조난을 당한 통신사(송처검)의 선군 한을을 구조 송환한 공으로 도서를 구청하였으나 사급받지 못하였고, 1473년(성종 4)에 다시 도서를 구청하여 사급받았다.[431] 肥前州 下松浦 五島鳴主 源繁은 1475년에 五島지방에 표박한 승도를 송환한 공으로 도서를 사급받고 세견선 1척을 정약하였다.[432] 또한 일기 本城 源一과 尾州太守 源幡은 1486년(성종 17)에 표류인을 호송해온 공으로 역시 도서와 세견선 1척을 사급받았다.[433] 이 외에도 1555년(명종 10)에 上松浦 唐津太守 源勝은 元積이 싸움에서 죽을 때에 소실한 병부를 가지고 와서 도서를 사급받기도 하였다.[434]

두 번째 유형으로는 조선에 침입하여 난동을 부리고 도망간 적왜를 사살하였거나 붙잡아서 호송하는데 협력한 경우이다. 그 대표적인 사람은 源高·源正·源五郎·源聞·宗茂勝 등이 있다. 1443년에 서여서도에 정박하고 있던 제주 공선 1척을 약탈해간 적왜를 붙잡아오기 위해 일기도에 파견되었던 초무관 강권선이 적왜 4명을 붙잡아서 호송하는데 呼子 壹岐守 源高, 壹岐太守 源正, 鴨打 三河守 源五郎, 鹽津留 伊勢守 源聞이 적극 협력하였으며, 이를 구실로 도서를 구청하였으나 사급여부는 확인할 수 없다.[435] 宗茂勝은 宗彦九郎貞秀의 동생으로 정해년(세조 13, 1467)에 삼포에서 난동을 부린 적왜를 사살한 공을 이유로 1474년에 도서를 구청하여 사급받았다.[436]

세 번째 유형으로는 사신 왕래나 삼포왜인의 총치 또는 서계·문인의 관장 등 조일양국이 원만한 외교관계를 유지하는데 노력하여 도서를 사급받은 경우이다. 그 대표적인 자는 宗金과 道安·秦盛幸·立石國長·皮古汝文·

431) 『세조실록』 권33, 10년 7월 갑술. 『성종실록』 권30, 4년 5월 기해.
432) 『성종실록』 권50, 5년 12월 임오. 권51, 6년 정월 무진.
433) 『성종실록』 권190, 17년 4월 병신.
434) 『명종실록』 권19, 10년 12월 정유, 기사.
435) 『세종실록』 권104, 26년 4월 기유.
436) 『성종실록』 권48, 5년 12월 임오.

賴永 등을 들 수 있다. 먼저 宗金은 1420년(세종 2)에 회례사 송희경의 사행을 막부까지 인도하고 또한 막부와 교섭을 주선하는 등의 역할을 함으로써 1425년에 도서를 사급받았다.437) 道安은 1453년(단종 원년), 1455년(세조 원년), 1457년, 1459년 등 4차례나 琉球國使로 내조하였으며, 1453년에 도서를 사급받고 이어서 1455년에 호군직을 제수받았다.438) 秦盛幸은 본래는 중국인으로 도주 宗成職의 시기에 서계와 문인을 관장하였으며, 1457년에 도주의 청으로 도서를 사급받고 세견선 1척을 정약하였다.439)

皮古汝文과 立石國長은 삼포 항거왜인을 총치하던 자들로 도서를 사급받았다.440) 그리고 1466년(세조 12)에 上松浦 那久野 能登守 賴永은 壽藺 등을 보내 중국인 피로를 송환하고 도서의 사급을 요청하였으나 거절당하였다. 그러나 壽藺이 조선국왕의 국서를 일본의 막부장군에게 전달한 후부터 賴永은 계속해서 조선에 통교하였으며 도서를 사급받았다.441)

네 번째 유형으로는 해적의 우두머리였거나 또는 휘하에 병력을 가지고 있는 자들이다. 『해동제국기』에 의하면 수도서왜인 중에 휘하에 병력을 가지고 있는 자로는 비후주의 菊池爲邦, 비전주의 源義(呼子)·源永(鴨打)·源義(少弼弘 제)·源盛·源次郎 등이 있으며, 해적수로 기록된 자는 대마의 多羅而羅·又四郎盛數·皮古仇羅·國久, 일기의 三甫郎大郎 등을 들 수 있다.442)

마지막 유형으로는 도서를 사급받은 자가 죽거나 연로하여 그의 자손이나 가독을 계승한 자가 도서의 改給을 요청하는 경우이다. 원래 도서는 그

---

437) 『세종실록』 권30, 7년 10월 계미.
438) 제4장 수직왜인의 구성과 역할 참조.
439) 『해동제국기』 일본국기 대마도 秦盛幸.
440) 『해동제국기』 일본국기 대마도 皮古汝文.
『성종실록』 권69, 7년 7월 정묘. 권84, 8년 9월 무진.
441) 『세조실록』 권38, 12년 윤3월 무술, 기해. 『성종실록』 권84, 8년 9월 무진.
442) 『해동제국기』 일본국기.

사람의 이름을 새겨서 符信으로 삼았기 때문에 부자간이라도 차용을 할 수 없었다.[443] 그러나 이러한 원칙은 제대로 지켜지지 않았으며, 실제로는 부자간의 도서 계승이 상당히 많이 이루어지고 있었다. 처음으로 부자간에 도서의 계승이 이루어진 사례로는 藤九郎으로, 그는 1435년(세종 17)에 아버지 藤七[444]이 죽자 도서를 반납하고 도서를 개급받았다.[445] 그 후에도 肥前州 平戶寓鎭 肥州太守 源豊久는 1469년에 아버지 源義松이 죽자 도서를 반납하고 새로운 도서를 요청하여 사급받았다.[446] 또한 1549년(명종 4)에 小二殿 政尙은 연로하여 더 이상 통교할 수 없음을 이유로 嗣子인 政忠에게 도서를 개급해 줄 것을 요청하여 역시 사급받았다.[447] 이외에도 조선전기 수도서왜인 중에서 畠山殿 源義賢과 源晴秀, 石見州의 藤原兼貞과 和兼, 축전주의 宗金과 宗家茂, 藤原定淸과 信重, 비전주의 源政敎와 源敎直, 呼子 源高와 源義, 대마도의 宗盛世와 宗茂世, 宗茂直과 宗貞秀(出羽守), 宗盛家와 宗盛吉, 國分寺住持 崇睦과 崇統 등이 모두 부자관계이거나 또는 그의 친족이었다.

이러한 사실을 통해서 볼 때 자손들에 의한 도서의 계승은 매우 광범하게 이루어지고 있었으며, 그것은 조선후기까지도 계속되었다. 그리하여 1658년(효종 9)에 대마번주 平義眞이 자신의 이름이 새긴 도서를 구청하여 서계에 찍어 진위를 판별하도록 하였으며, 그 후 도주의 도서를 반납하고 새로운 도서를 요청하는 도서개청차왜는 대차왜(參判使)로서 1693년 7월부터 1814년 4월에 이르기까지 모두 9차례나 도항하고 있다.[448]

---

443) 『세종실록』 권96, 24년 5월 을축.

444) 藤七은 1429년(세종 11)에 내조하여 左衛門大郞의 자인 也伊知(六郞次郞?)와 함께 도서를 구청하여 사급받았다.(『세종실록』 권45, 11년 9월 경신)

445) 『세종실록』 권69, 17년 7월 임오.

446) 『해동제국기』 일본국기 비전주 源豊久.

447) 『명종실록』 권9, 4년 3월 무인.

448) 『교린지』 차왜조. 『변례집요』 권1, 별차왜.
『변례집요』에 의하면 대마도에서는 도서개청차왜를 1693년, 1702년, 1720년,

이상의 사실을 통해서 수도서왜인의 역할을 살펴보면, 그들은 피로인이나 표류인의 송환하였고, 적왜의 사살이나 호송에 협력하였으며, 사신의 왕래나 삼포왜인을 총치하는 등 조일간의 외교관계를 원만하게 유지하는데 일조하였음을 알 수 있다. 한편 조선에서는 일본의 지방호족에게 도서를 사급하여 통교권을 보장해주는 대신 그들을 조선의 통교체제 속에 편입시키려 하였다. 이는 도서의 사급이 일본 지방호족의 요청에 의해서 이루어졌지만 무조건 도서를 사급하는 것은 아니었다. 즉 도서는 조선조정이 왜구의 통제 및 피로인 송환, 외교상의 공로 그리고 일본 내에서 세력의 강약 등 여러 가지 조건을 고려하여 사급하였다. 그리고 점차 시간이 지날수록 수도서왜인이라 하더라도 통교상의 많은 제한이 가해졌다. 그러한 의미에서 볼 때 수도서제는 일본의 지방호족들을 조선의 기미관계 외교체제 속에 편입시키려는 조선 측의 의도에 의해서 널리 시행되고 있었음을 알 수 있다.

다음에는 수도서왜인과 수직왜인과의 관계에 대해서 살펴보자. <표 1>에 의하면 수도서왜인 중에는 수직왜인이 14명이었으며, 모두 제3기에 수직왜인이 되었다. 그리고 이들의 수도서 또는 수직시기를 비교해보면 수직을 먼저 한 경우(6명)가 수도서를 먼저 한 경우(5명)보다 약간 많았으며, 수직과 수도서를 동시에 한 경우도 3명이나 되었다. 그런데 수직왜인이 다시 도서를 사급받는 이유는 1년 1회 친조라고 하는 수직왜인의 한계점 때문에 자신이 직접 내조하지 않고 세견선을 파견할 수 있는 수도서왜인이 되려고 하였다.

수도서 겸 수직왜인은 수직왜인과 수도서왜인이 갖는 통교상의 특권을 함께 가졌을 것으로 생각된다. 한편으로 수도서한 후 수직 또는 수직 후 수도서의 기간은 대체로 1~12년이었다. 그리고 수도서 겸 수직자의 지역별 분포를 보면 대마도 9명, 축전주 3명, 일기주 2명으로 대마도인이 가장

1732년, 1733년, 1753년, 1765년, 1779년, 1814년에 계속해서 파견하고 있다.

많았다. 이는 조선전기 수직왜인의 대부분이 대마도인이었던 사실을 고려할 때 당연한 결과이기도 하지만 다른 한편으로는 대마도인이 다른 지방의 사람보다 우대받고 있음을 나타내는 것이라 할 수 있다.

다음에는 수도서왜인 중에 세사미두를 정약받은 자는 13명이다. 그 중 三甫郎大郞 1명만 일기도인이고 나머지는 모두 대마도인이었으며, 세사미두의 수는 대마도주를 제외하고는 대체로 10~20석이었다.

다음은 수도서왜인과 세견선 정약과의 관계에 대해서 살펴보자. 수도서왜인의 세견선 정약은 계해약조(1443) 이전에는 전혀 나타나지 않고 그 이후부터 비로소 나타난다. 그리하여 1444년에 대마도의 수도서왜인인 宗盛國과 宗盛家가 세견선을 정약한 것을 시작으로[449] 비전·일기·구주지방의 수도서왜인들이 다투어서 세견선을 정약하기에 이르렀다. 그 결과 <표 1>에 의하면 수도서왜인 중 39명이 세견선을 정약하였다. 이로써 보면 계해약조 이후에 수도서왜인이 된 자 중에서 수직왜인을 제외한 대부분이 세견선을 정약하였음을 알 수 있다. 그러나 다음 사료를 보면 수도서왜인이라 할지라도 모두 세견선을 정약하지는 못하였던 것 같다.

> 예조에서 아뢰기를, "왜인에게는 혹은 도서를 주되 歲約이 없거나 ,혹은 세약은 있으되 도서가 없는데, 세약을 정한 자는 비록 도서가 없어도 접대하는 것을 허락하나 약조를 정한 것이 없는 자는 비록 도서가 있어도 변장이 임의로 보내지 못하고 왕복하여 자품하므로 이 때문에 오래 포소에 머무르게 되어 편안하지 못합니다. 도서는 주었으나 정한 세약이 없는 자는 다만 賴永, 宗茂次, 國長 세 사람뿐인데 당초에 도서를 준 것은 통신을 허락하는 것이니 청컨데 금후로는 매년 한번 씩 입조를 허락하는 것이 어떠합니까?" 하니 그대로 따랐다.[450]

---

449) 『세종실록』 권105, 26년 윤7월 기해. 권106, 동년 11월 병자.
450) 『성종실록』 권84, 8년 9월 무진.

이는 수도서왜인과 세견선 정약과의 관계를 알려주는 대표적인 사료로서, 세견선 정약자는 도서를 사급받지 않아도 접대를 허락받았지만 수도서왜인은 세견선을 정약하지 않으면 접대를 허락받지 못하였음을 알 수 있다. 그리고 1477년(성종 8)에 이르러서 수도서왜인의 세견선 정약을 체제화함으로써 세견선의 정약이 사송선의 통제원칙으로 되었다.

한편으로 수도서왜인 중에서 수도서와 세견선의 정약이 동시에 이루어진 경우가 26명으로 수도서한 후에 세견선을 정약한 경우 11명보다 월등히 많았다. 이로써 볼 때 수도서와 동시에 세견선을 정약받는 것이 일반적이었음을 알 수 있다. 그러나 후기로 갈수록 수도서한 후에 세견선을 정약하는 경우가 증가하는 경향을 보이고 있다. 그리고 세견선을 정약한 후에 도서를 사급받는 경우도 2명이나 있었는데, 이는 극히 예외적인 경우라 생각된다. 왜냐하면 세견선을 정약한 자는 도서를 사급받지 않더라도 사송선을 파견할 수 있었기 때문이다. 그리고 수도서·수직·세견선 정약을 모두 한 자는 축전주의 藤原信重과 대마도의 宗貞秀 2명뿐이다.

6. 맺음말

이상에서 수도서제의 연원과 성격 및 수도서왜인의 지역별 분포와 특징 그리고 수도서제의 변천과정과 역할에 대해서 살펴보았다. 수도서제는 원래 통교상의 공로자를 회유하기 위해서 실시하였으나 세종 초부터는 도서의 사급 범위가 확대되면서 도항인의 통교를 제한하는 수단으로 변질되었다. 그리하여 대마도정벌 이후 도주에게 '宗氏都都熊瓦'라는 도서를 사급하고 이를 이용하여 도내의 통교자를 통제하려 하였다.

수도서왜인은 수직왜인과는 달리 비전·일기지방이 가장 많았으며, 그 다음이 對馬島·九州·本州 및 四國 순이었다. 본주 및 사국지방의 수도서왜인은 막부장군의 측근인 左武衛와 畠山殿, 石見州의 周布氏 등으로 다른 지역에 비하여 매우 적었다. 구주지방은 구주탐제를 비롯하여 博多지방을 중심으로 상인과 그 지역을 관할하는 자들이 주류를 이루고 있었으며, 비전·일기지방은 상·하송포의 호족들이 주축을 이루고 있었다. 특히 구주와 비전·일기지방의 수도서왜인 중에는 구주지방의 대표적인 호족인 대내전·대우전·소이전의 관하인이 많이 있었다.

대마지방 수도서왜인의 특징은 ① 宗貞盛·宗成職 등의 도주가 도서를 사급 받았으며, 특히 宗成職은 아명도서를 사급 받았다. ② 도주의 일족이나 관하인들이 많이 분포되어 있으며 ③ 도주와 대립하고 있던 인위 종씨가 독자적인 통교권의 확보를 위하여 도서를 구청하여 사급 받았다. ④ 수도서왜인 중에는 왜적의 두목 또는 그의 일족이 많았고, 그들은 대부분 수직왜인을 겸하고 있었다.

도서의 사급은 왜구의 통제 및 피로인의 송환, 외교상의 공로, 그리고 일본 내에서의 세력의 강약들을 고려하여 이루어졌다. 도서는 원래 부자간이라도 차용할 수 없었으나 이러한 원칙은 제대로 지켜지지 않았고 부자간의 도서계승이 매우 광범위하게 이루어지고 있었다.

수도서제도의 각 시기별 특징을 살펴보면, 제1기는 외교상의 공로자에 대한 우대책으로 수도서제도가 처음으로 등장하였으며, 제2기는 도서의 사급 범위가 비전·일기·대마지방까지 확대되고 점차 수도서제도가 통교상의 제한으로 변화되어 갔다. 제3기는 수도서왜인의 세견선 정약이 시작되었으며, 그들에 대한 통제를 보다 강화하였다. 그럼에도 이 시기에 수도서왜인이 가장 많았으며, 사급 범위도 일본의 전 지역으로 확대되었다. 그러나 점차 통교상의 우대라는 측면은 사라지고 단순히 세견선의 정수를 확인하고 허위를 규찰하는 수단으로 변질되었다. 제4기는 수도서왜인에 대한 세견선의 정약을 체제화하고 위반자에 대한 엄격한 통제를 가한 시기이다. 그러나 불법적인 도항이 계속되고 왜료의 부족 현상까지 초래하자 수도서한 후에 50년이 경과한 자의 통교를 금지시키는 등 강경한 조치를 취하였으며, 이것이 삼포왜란의 한 원인이 되기도 하였다. 제5기는 삼포왜란으로 수도서왜인들에 대한 접대가 폐지되었고, 이를 부활하는 과정에서 대마도주가 대조선 통교권을 독점하여 갔다.

수도서왜인은 첫째로 피로인이나 표류인의 송환, 둘째로 적왜의 사살이나 호송에 적극 협력, 셋째로 사신의 왕래나 삼포왜인의 총치 등 당시 조일간의 외교관계를 원만하게 유지하는데 많은 역할을 하였다.

수도서제도와 수직제도는 왜인에 대한 회유책으로 실시되었지만 양자는 그 성격상 약간의 차이가 있었다. 수직제도는 왜구의 금지와 재발을 방지할 목적으로 주로 왜구의 두목이나 왜구와 밀접한 관련을 가지고 있는 자를 대상으로 하였다. 따라서 수직왜인은 대부분 대마도와 일기도지방의 왜인이었다. 반면에 수도서제는 일본과의 원활한 외교관계를 유지하기 위해서 실시하였으며, 일본의 지방호족을 대상으로 하였다. 따라서 수직왜인보다는 지역적으로 그 범위가 매우 넓었다. 그런데 수도서왜인은 사송왜인을 파견할 수 있었지만 수직왜인은 반드시 자신이 친조를 하여야 했기 때문에 조선에서는 수도서제도 보다는 수직제도를 적극적으로 활용하였다.

결국 조선에서는 수직제도와 수도서제도를 통해서 왜구와 일본의 지방호족을 조선의 외교체제 속에 편입시키고 일본과의 외교관계를 원만하게 유지하려 하였던 것이다.

제6장

대마도사행의 종류와 역할

1. 머리말

조선시대 조일 간의 외교관계에 있어서 대마도는 중요한 역할을 하였다. 이는 대마지방의 왜인들이 대조선 통교의 절반가량을 차지하고 있다는 점과 대일사행의 절반 이상을 대마도에 파견하고 있다는 점을 통해서 확인할 수 있다. 또한 대마도는 지리적으로 조선과 일본의 중간에 위치해 있었기 때문에 한일관계에서 그 역할이 매우 중요시되었다. 따라서 조선에서는 조선과 일본 간의 외교문제가 발생하였을 경우 대마도주에게 사신을 파견하여 당면한 외교문제를 해결하려 하였다. 특히 조선에서 대마도에 파견한 '대마도사행'은 왜인통제책의 근간이 된 문인제도와 계해약조를 정약하는 등 대마도와의 외교를 실질적으로 수행하였다.

따라서 조선과 일본과의 외교관계를 보다 명확하게 규명하기 위해서는 조선에서 대마도에 파견한 사행에 대한 구체적인 분석이 선행되어야 한다고 생각한다. 그러나 '대마도사행'에 대한 구체적인 연구는 대마도경차관을 제외하고는 전혀 없는 실정이다.451)

본 장에서는 조선전기에 조선에서 일본에 파견한 대일사행의 실태를 개관하고 이어서 대마도에 파견한 사행의 종류 및 연원, 사행의 임무와 역할 등을 구체적으로 분석하려고 한다. 이를 토대로 조일 간의 외교관계에 있어서 대마도사행이 갖는 역할과 의의를 규명하려 한다. 이러한 작업은 조선전기에 대마도를 비롯한 지방호족과의 외교관계가 어떻게 형성되고 전개되었으며, 조일 간의 외교관계에 있어서 대마도의 역할에 대한 실마리를 제공해 줄 수 있을 것으로 기대한다.

---

451) 졸고, 「조선전기의 對馬島敬差官」 『전북사학』15, 전북대 사학회, 1992.

2. 대일사행의 파견 실태

1392년 조선을 건국한 이성계는 고려 말의 왜구대책을 계승하여 실시하는 한편 일본에 사신을 파견하여 왜구의 금압을 요청하는 등의 외교적인 노력도 병행하였다. 이성계는 건국 직후인 1392년 11월에 승려인 覺鎚를 실정막부의 3대장군 足利義滿에게 파견하여 왜구의 금지를 요청하였으며, 이에 대해 족리의만은 鎭西守臣(구주절도사 今川貞世: 源了俊)에게 왜구의 금지와 피로인의 쇄환을 명하였다.452) 이로써 조선과 일본 간의 외교교섭이 시작되어 그 후 임진왜란이 일어나기 직전까지 총 65회의 사행을 일본에 파견하였다. 먼저 조선전기의 대일사행을 파견 대상과 사행의 명칭, 외교교섭 대상별로 도표화하면 다음 <표 1> <표 2> <표 3>과 같다.

〈표 1〉 조선전기 대일사행의 파견 대상

왕 대 / 파견대상	태조	정종	태종	세종	단종	세조	성종	연산	중종	명종	선조	소 계
幕府將軍	1	1	5	7		1	2				1	18
九州節度使	3											3
大內殿	1		2									3
壹岐島主			2	2								4
對馬島主	2	1	11	6	2	3	4	1	2	1		33
其他(미상)			4									4
소 계	7	2	24	15	2	4	6	1	2	1	1	65

* 위 표는 <별표 1> <조선전기 대일사행 일람표>를 참고하여 작성하였다.

<표 1>을 통해서 보면 조선전기(1392~1592)에 일본에 파견한 사행은 총 65회였으며, 그 중 48회는 태조~세종대에 집중되어 있었다. 특히 태종대는 가장 많은 24회(연 평균 1.3회)를 파견하는 등 대일외교에 적극적이었음을

452) 『善隣國寶記』上, 明德三年壬申 答朝鮮書(相國寺의 僧 絶海中津 撰).

알 수 있다. 그러나 대일사행은 계해약조 정약 이후부터 급격히 감소하는 경향을 보이고 있다. 이는 조선초기의 다양한 왜구대책으로 인한 왜구의 소멸과 문인제도·계해약조 등 왜인들에 대한 통제책의 정비로 대일 외교 체제가 어느 정도 정비되었기 때문이었다고 생각한다.

대일사행의 파견대상은 <표 1>과 <표 3>에 나타난 바와 같이 막부장군을 비롯하여 구주절도사·대내전·일기도주·대마도주 등으로 분산되었다. 이는 조선전기의 외교교섭의 대상이 조선국왕과 일본의 막부장군(일본국왕), 조선국왕과 여러 지방호족으로 다원화되었음을 나타내는 것이다. 이와 같이 외교의 교섭대상이 다원화된 이유는 막부장군의 통치력이 지방호족까지 미치지 못하였기 때문이었다. 따라서 조선에서는 대일사행을 통해서 얻은 일본의 국내정세를 토대로 막부장군의 통치력이 미약하여 왜구를 금지시킬 능력이 없다고 판단하고 외교교섭의 대상을 왜구를 통제할 수 있는 세력인 구주지방의 호족들에게까지 확대하였다.

〈표 2〉 조선전기 대일사행의 명칭

왕 대 / 사행명	태조	정종	태종	세종	단종	세조	성종	연산	중종	명종	선조	소계
통신사				3		1	2			1	1	8
통신관			3									3
회례사	4	1	1	4								10
회례관			4									4
보빙사		1	4									5
객인호송관			1									1
초무관				1								1
사물관압사				1								1
체찰사				1								1
경차관			1	3	1	2	1		1			9
치전관·치부관					1			1				2

왕 대 / 사행명	태조	정종	태종	세종	단종	세조	성종	연산	중종	명종	선조	소계
수문사									1			1
선위사(관)						1	3					4
미상	3		10	2								15

* 위 표는 <별표 1> <조선전기 대일사행 일람표>를 참고하여 작성하였다.
  (이하 <표 3>도 같은 자료에 의하여 작성함)
* 파견 시와 복명 시에 사행의 명칭이 다른 경우에는 파견 시의 명칭을 택하였다.
* 사행의 명칭이 없이 사행목적이 보빙인 경우에는 보빙사로 처리하였다.
* 태조 6년 회례사 박돈지의 사행은 大內義弘의 주선으로 막부장군을 접견하였으나 대내전의 사행에 포함하였다.
* 정종 2년 회례사 윤명의 사행과 태종 13년 통신관 박초의 사행은 대마도와 일기도에 같이 파견하였으나 편의상 대마도에 포함하였다.
* 선조 23년의 豊臣秀吉에게 파견한 통신사 황윤길의 사행은 막부장군에 포함하였다.

대마도정벌 이후 왜구문제가 어느 정도 해결되었으나 일본으로부터 도항하는 왜인에 대한 통제가 대일외교의 현안으로 등장하였다. 따라서 조선조정은 대일 외교체제에 대한 정비와 변화를 모색하였다. 그리하여 통교왜인에 대한 통제책을 정비하는 한편 계해약조 이후부터는 외교의 교섭대상을 대마도주와 막부장군으로 이원화하였다. 그 결과 단종대부터 임진왜란 전까지 조선에서 일본에 파견한 사행 17회중 13회를 대마도주에게, 4회를 막부장군에게 파견하였다.

조선에서 일본에 파견한 사행의 명칭은 위의 <표 2>에 나타난 바와 같이 통신사·통신관·회례사·회례관·보빙사·객인호송관·초무관·사물관압사·체찰사·경차관·치전관·치부관(치위관)·수문사·선위사(관) 등으로 매우 다양하였다. 그 중 회례사·경차관·통신사가 많이 파견되었다.

각 왕대 별로 일본에 파견한 사행의 명칭을 살펴보면, 건국 초기인 태조·정종대에는 주로 회례사를 많이 파견하였으며, 태종대에는 회례사를 비롯하여 통신관·회례관·보빙사·객인호송관·경차관 등 사행의 명칭이 다양해졌다. 또한 이 시기에는 사행의 명칭을 알 수 없는 경우가 많았는데,

이는 아마 대일 외교체제가 정비되지 않았기 때문에 나타난 현상으로 생각한다. 세종대에는 이전에 파견하였던 통신관·회례관·보빙사 등의 사행이 단절되고, 통신사를 비롯하여 초무관·사물관압사·체찰사 등의 사행이 새로이 등장하였다. 그러나 계해약조 이후에는 사행의 파견대상이 대마도주와 막부장군으로 이원화되었고, 사행의 명칭도 막부장군에게 파견하는 통신사와 대마도주에게 파견하는 경차관·치전관·치부관·수문사·선위사 등으로 변화되었다.

아래 <표 3>에 나타난 바와 같이 조선에서 일본의 지방호족에게 파견한 사행의 명칭도 매우 다양하였다. 막부장군에게는 통신사·통신관·회례사·보빙사 등을 18회 파견하였는데, 회례사와 보빙사는 계해약조 이전에, 통신사는 계해약조 이후에 주로 파견하였다.[453] 반면에 조선전기에 막부장군이 조선에게 파견한 사행은 총 70회로 조선의 사행보다도 매우 많았다.[454]

---

453) 조선전기에 조선에서 막부장군에게 파견한 사행 18회중 京都까지 가서 사명을 완수한 사행은 10회에 불과하였으며, 나머지는 사행을 파견하였다는 기록만 있는 것이 3회, 도중에 사행이 중지된 경우가 5회이었다. 특히 京都에 가서 사행을 완수한 것은 1590년(선조 23) 풍신수길에게 파견하였던 사행을 제외하면 1443년(세종 25) 변효문의 사행이 마지막이었다. 이는 1443년 이후 대일교섭의 대상이 대마도로 집중되었음을 나타내는 것이라 할 수 있다. 이러한 사실은 1522년(중종 17)에 통신사 파견의 논의가 있었을 때 영의정을 비롯한 조정의 대신들이 조종조 이래 일본에 통신한 것은 3차례뿐이며, 그 중 신숙주의 사행만이 무사히 임무를 마치고 귀환하였다고 주장하면서 해로의 험난함과 삼포에서의 작란을 이유로 통신사를 파견하지 말 것을 요청하였던 사실을 통해서도 추측할 수 있다(『중종실록』 권44, 17년 2월 경진). 이 사료는 약간 과장되기는 하였지만(1522년 이전에 파견한 통신사 6회 중에 사행을 무사히 마친 것은 3회이다), 통신사의 파견에 대해 조선조정이 매우 신중을 기하였음을 알 수 있다.

454) 조선전기에 막부장군이 조선에 파견한 사행은 총 70회이다. 왕대별로는 정종대 1회, 태종대 12회, 세종대 10회, 문종대 1회, 세조대 7회, 성종대 9회, 연산군대 4회, 중종대 12회, 인종대 1회, 명종대 8회, 선조대 5회로 특히 태종·세종·중종대에 많은 사절을 파견하였다.(한문종, 「조선전기 일본국왕사의 조선통교」 『한일관계사연구』21, 2004. 15쪽)

〈표 3〉 조선전기 대일사행의 파견대상과 명칭

사행명 \ 파견대상	막부장군(일본국王)	구주절도사(구주탐제)	대내전	일기도주	대마도주	기타(미상)	소계
통신사	7				1		8
통신관	1				1	1	3
회례사	5	3	1		1		10
회례관			1	1		2	4
보빙사	3		1		1		5
객인호송관				1			1
초무관				1			1
사물관압사					1		1
체찰사					1		1
경차관					9		9
치전관·치부관					2		2
수문사					1		1
선위사(관)					4		4
미상	2			1	11	1	15
소 계	18	3	3	4	33	4	65

구주절도사(구주탐제)에게는 태조대에 회례사만 3회를 파견하였으며, 대내전에게는 1397년(태조 6)부터 1408년(태종 8)까지 회례사·회례관·보빙사를 각각 한 차례씩 파견하였다. 그리고 일기도주에는 회례관·객인호송관·초무관 등을 4회 파견하였는데, 시기적으로는 1448년(세종 30) 피상의의 사행을 제외하고는 계해약조 정약이전 1408년과 1409년, 1443년(세종 25)이었다. 특히 1408년과 1409년의 사행은 모두 일기지방의 호족의 하나인 志佐殿에게 파견한 것이다.

대마도주에는 통신관·통신사·회례사·보빙사·사물관압사·체찰사·경차관·치전관·치부관·수문사·선위사(관)등을 33회나 파견하였다. 이는 조선전기 대일사행 65회중 절반 이상을 차지하는 것으로 조선전기 대일외교에 있어서 대마도와의 관계가 중시되었음을 나타내는 것이라 할 수 있다. 대일사행 중에 경차관·사물관압사·체찰사·치전관·치부관·수문사·선위사(관)는 다른 지방호족에게는 파견되지 않고 오직 대마도주에게만 파견되었다. 그 중 사물관압사와 체찰사는 계해약조 정약 이전에, 치전관과 치부관·수문사·선위사는 그 이후에 파견되었으며, 경차관은 계해약조의 이전과 이후에도 계속해서 파견되었다. 그리고 통신관·통신사·회례사·보빙사는 주로 태조~태종대에 파견되었다.

이와 같이 조선에서는 통신사·통신관·회례사·회례관·보빙사·객인호송관·체찰사 등을 계해약조 정약 이전에 막부장군을 비롯한 구주절도사·대내전·일기도주·대마도주등에게 파견하였으며, 계해약조를 정약한 이후에는 일본국왕에게 통신사를, 대마도주에게 경차관·치전관·치부관·수문사·선위사를 파견하였음을 알 수 있다. 이러한 사실을 통해서 보면 조선전기의 대일외교는 계해약조의 정약을 계기로 크게 변화되었음을 알 수 있다.

3. 대마도사행의 종류와 파견 목적

1) 통신관·회례사·보빙사

통신사는 조선의 국왕이 일본의 막부장군(일본국왕)에게 파견한 사행으로, 이들은 조선국왕 명의의 서계와 예물을 지참하였으며 통신사 또는 국왕사의 칭호를 사용하였다. 그리고 사행의 삼사(정사·부사·서장관)는 중앙관인으로 구성되었으며, 회례나 보빙의 의미를 가지지 않고 막부장군의 길흉경조와 양국 간의 긴밀한 외교문제를 해결하기 위해서 파견되었다.455)

455) 三宅英利는 「室町時代の朝鮮通信使」(北九州大學 文學部紀要B系列 16卷, 1984) 3~6쪽에서 통신사 규정의 원칙으로 다음과 같은 5가지 항목을 들고 있다.
① 조선국왕이 일본장군에게 파견한 것. ② 파견목적이 일본장군에 관한 吉凶慶弔와 양국간의 긴급한 문제를 해결하기 위한 것(회례와 보빙의 의미를 가지지 않을 것), ③ 조선국왕이 일본장군에게 보내는 서계와 예물을 휴대할 것. ④ 삼사(정사·부사·서장관)가 중앙관으로 구성된 것. ⑤ 통신사 또는 그에 상당하는 국왕사의 칭호가 있는 것.

조선전기에 통신사라는 사행의 명칭이 처음으로 등장하는 것은 1413년(태종 13) 박분의 사행이다. 그러나 이 사행은 통신관과 통신사를 혼용하고 있으며[456], 또한 사행의 구성이나 파견목적 또한 알 수 없기 때문에 통신사라고 칭하기에는 문제가 있다고 생각한다. 따라서 통신사의 규정에 가장 근접한 것은 1428년(세종 10) 박서생의 사행이다.[457] 그 이후 통신사는 막부장군에게 7회, 대마도주에게 1회 파견되었다. 그런데 대마도주에게 파견하려 한 1557년(명종 12)의 통신사는 사행의 목적이 대마도주의 세견선 환급 요청에 대한 대마도의 정세를 탐지라는 점[458]과 사절의 구성이 확실하지 않은 점 등 여러 가지 면에서 통신사라고 칭하기에는 문제가 있다고 생각한다. 따라서 이 사행은 통신관이라는 표현을 사용하는 것이 타당하다고 생각한다.

통신관이라는 명칭의 사행이 처음으로 파견된 것은 1397년(태조 6) 12월에 大內義弘에게 파견한 박돈지의 사행이다. 그러나 이때에는 회례사와 통신관을 혼용하였다.[459] 그후 통신관이 파견된 것은 1408년(태종 8) 일본 통신관 박화의 사행이다.[460] 대마도에 통신관이 처음으로 파견된 것은

456) 박분은 파견 시에 통신사라 칭하였으나 사행 도중에 병이 나서 귀환하였을 때에는 통신관으로 칭하였다(『태종실록』 권26, 13년 12월 병오. 권27, 14년 2월 을사).

457) 『세종실록』 권40, 10년 12월 갑신.

458) 1555년(명종 10)에 왜선 70여 척이 달량포에 침입하여 전라병사 원적과 장흥부사 한온을 살해하고 영암까지 침입하였던 달량왜변으로 일본과의 외교관계는 거의 단절되었다. 2년 후인 1557년에 대마도주와 일본국왕사 天富와 景轍이 정미약조에 의해서 삭감된 대마도의 세견선 5척을 환급해 줄 것을 요청함에 따라 통신사 파견에 대한 논의가 제기되었다. 그 결과 조선에서는 대마도의 형세를 살핀 후에 환급여부를 결정하기로 하고 대마도에 통신사의 파견을 명하였다(『명종실록』 권22, 12년 정월 기사, 갑술).

459) 박돈지의 사행은 파견 시에는 회례사로, 귀환 시에는 통신관으로 칭하였다(『태조실록』 권12, 6년 12월 계묘. 『정종실록』 권1, 원년 5월 을유).

460) 『태종실록』 권15, 8년 3월계해.
박화의 사행은 파견목적이나 지역이 구체적으로 명시되어 있지 않다. 다만 피로인 남녀 1백여 명을 쇄환하여 왔던 점으로 보아 사행의 목적은 피로의 쇄환과 왜

1413년 6월 박초의 사행이다. 그러나 박초의 사행은 파견목적과 대상에 대해서 자세히 알 수 없다. 다만 박초를 파견할 때에 일기도의 志佐殿에게 호피·세마포·인삼 등을, 대마도주에게 쌀과 콩 1백석과 술 120병을 사급하였다[461]는 사실로 보면 아마 사행의 대상은 대마도주와 일기도의 지좌전이었을 것이다. 사행의 목적은 왜구의 금지를 요청하기 위한 것이었다고 생각된다. 그런데 '일본통신관' 박초가 귀환하여 '일본회례관'으로 복명하였던 것[462]으로 보아 이 시기에는 통신관과 회례관을 혼용하였다. 이러한 사실을 고려해보면 막부장군 이외의 지방호족에게는 통신관을 파견하였으며, 사행의 목적은 피로의 쇄환과 왜구의 금지를 요청하는 것이었음을 알 수 있다. 그러나 통신관의 파견은 1413년 박초의 사행을 끝으로 단절되었다.

회례사와 보빙사는 원래 막부장군의 사신에 대한 회답과 보빙의 목적을 띠고 파견된 사행이다. 그러나 이들 사행은 막부장군 뿐만이 아니라 구주절도사·대내전·일기도주·대마도주 등에게도 파견되었으며, 사행의 목적은 일본사신에 대한 답례와 보빙 그리고 피로인이나 표류인의 송환에 대해 치하하기 위한 것이었다. 그리고 회례사는 1410년(태종 10) 이전에는 주로 구주절도사와 대내전·대마도주 등에게 파견되었고, 그 이후에는 막부장군에게만 파견되었다.

보빙사는 1410년 이전에 5차례에 걸쳐 막부장군과 대내전·대마도주 등에게 파견되었다. 그러나 기록에는 '보빙사'라는 명칭은 보이지 않고 다만 사행의 목적이 보빙이었기 때문에 보빙사라 칭하였으며, 성격상 회례사와 유사한 사행이었다고 생각한다.[463] 한편으로 1410년 이전에 대내전·일기

구의 금지에 대한 요청이었을 것으로 생각된다.

461) 『태종실록』 권26, 13년 6월 계해.

462) 『태종실록』 권26, 13년 11월 경자.

463) 특히 보빙사는 일본국왕사에 대한 답례의 성격을 띠고 파견하는 사신이었던 것 같다. 이는 1398년의 최운사, 1404년의 여의손, 1406년의 윤명 사행은 일본국왕사에 대한 보빙을 목적으로 파견되었음을 통해서 확인할 수 있다(『정종실록』 원년

도 등의 지방호족에게는 회례관을 4회 파견하였다. 이로써 보면 1410년 이전에는 회례사와 회례관은 구분이 없이 사용되었으며, 그 이후부터 회례사는 막부장군에게만 파견되는 사신으로 변하였음을 알 수 있다.

대마도에 회례사와 보빙사라는 명칭의 사신을 파견한 예는 각각 한 차례밖에 없다. 즉 1399년(정종 2)에 왜구의 금지와 피로쇄환의 요청을 위해서 회례사 윤명을 대마도와 일기도에 파견하였으며,[464] 1409년에 보빙하기 위해서 호군 평도전을 대마도에 파견하였다.[465]

2) 경차관[466]

경차관은 대마도에만 파견한 사행으로, 조선에서는 1418년(태종 18)부터 1510년(중종 5)까지 9회(태종 1회, 세종 3회, 단종 1회, 세조 2회, 성종 1회, 중종 1회)를 파견하였다. 그런데 대마도 경차관은 명칭으로 보면 조선초기의 '경차관'에서 그 연원을 찾을 수 있다. 원래 경차관은 조선왕조가 개창된 이후 파견하였던 대지방관으로 그들은 왕명에 따라 특별한 업무를 수행하며 지방관의 업무까지 관여하였고, 또한 직단권을 가지고 수령의 능부를 검핵하고 신문·치죄하는 일을 담당하였다.[467] 기록상 처음으로 경차관을 파견한 때는 1396년(태조 5) 8월로, 이때에 예빈경 신유정을 삼남지방인 충청·전라·경상도경차관으로 삼아 왜구의 침입에 대비하도록 하였다.[468]

8월 계해. 『태종실록』4년 10월 계사. 6년 2월 신사). 또한 1478년(성종 7)에 대마도선위사 김자정의 복명기에 보면 '일본국왕이 여러 번 사신을 보내 통신하였으므로 우리나라에서도 사신을 보내 보빙하려 하는데 방금 족하가 병란 때문에 통신할 수 없다고 하나 그렇다면 병란은 언제 끝날 것입니까'(『성종실록』 권69, 7년 7월 정묘)라고 한 질문의 내용을 통해서도 확인할 수 있다.

464) 『세종실록』 권107, 27년 2월 정묘.

465) 『태종실록』 권17, 9년 4월 계사.

466) 대마도경차관에 대해서는 졸고 참조.

467) 정현재, 「조선초기의 경차관에 대하여」 『경북사학』1, 1979, 135~170쪽.

그 이후 태종대에 이르러서는 경차관의 파견이 더욱 빈번해졌으며, 1413년(태종 13)에는 경차관이 각 지방에 나아가서 수행하여야 할 임무를 규정한 봉행사목이 마련됨으로써 대지방관으로서의 경차관제도가 의례화되었다.[469] 경차관은 항례적으로 파견된 것이 아니라 그 지방에 특별한 일이 있을 때에 수시로 파견되는 임시사절이었으며, 그들의 수행임무는 국방·외교상의 업무뿐만이 아니라 지방관의 업무에 이르기까지 다양하고 광범위하였다.[470]

그런데 우리는 대지방관이었던 경차관을 조선이 아닌 여진과 대마도에 파견하였다는 사실에 주목해야 할 필요가 있다. 먼저 경차관을 조선 이외의 지역에 처음으로 파견한 때는 1405년(태종 5) 이다. 즉 태종 5년 9월에 경차관 조흡을 동북면에 파견하여 여진 추장인 童猛哥帖木兒를 회유하여 조선의 조정에 입조하게 하였다.[471] 이후 조선에서는 경차관을 동북면지방에 계속해서 파견하였는데, 이들 경차관은 야인의 압송[472]과 기근의 진휼,[473] 그리고 동북면을 선위하거나 초무[474]하는 일을 수행하였다.

---

468) 『태조실록』 권10, 5년 8월 정유.

469) 『태종실록』 권26, 13년 8월 무오.

470) 조선초기의 경차관은 ① 軍器點考·焰硝·審城基·徙民, 對女眞·對倭關係를 주로 하는 國防·外交上의 업무와 ② 損實,災傷·量田·分田品·堤堰·採銀을 주로 하는 財政·產業上의 업무 ③ 賑濟·賑恤·救荒·,義鹽 등의 일을 주로 하는 賑濟·救荒의 업무, ④ 獄事·推鞫·捕敵·奴婢推刷·人物推刷·戶籍·軍籍 등의 일을 주로 하는 獄事·推刷관계의 업무 그리고 ⑤ 問民疾苦·刷馬·赦宥·印經·材木 등의 기타 업무를 수행하였다(정현재, 앞의 논문, 137~141쪽).

471) 『태종실록』 권10, 5년 9월 병오.

472) 1406년에 상호군 차지남을 경차관으로 삼아 동북면지방에 파견하여 李好心波 등의 야인을 압송해오도록 하였다(『태종실록』 권11, 6년 6월 계미).

473) 1410년에는 군기소감 권초를 동북면경차관으로 삼아 기근을 진휼하도록 하였다(『태종실록』 권19, 10년 4월 정유).

474) 1410년에는 조연의 여진정벌로 인하여 童猛哥 관하의 지휘들이 원한을 품고 변경지방을 침입할까 두려워하여 전흥을 경차관으로 삼아 여진 추장인 동맹가에게 파견하여 그로 하여금 관하 지휘들을 선유하도록 하였다(『태종실록』 권19, 10년 3

이와 같이 1405년부터 1410년까지 빈번하게 경차관을 동북면지방에 파견한 이유는 무엇일까? 이는 아마 북방의 변방에 위치해 있는 여진인에 대한 회유책의 일환이었다고 생각한다. 동북면지방은 조선을 건국한 태조 이성계의 지역적 기반이 되었던 곳이었다. 그리고 태조는 즉위 후에 여진인을 초유하여 여진의 2대 부족인 올량합(우량하이)과 알도리(알타리)가 내알하기도 하였다.[475]

한편으로 대지방관이었던 경차관을 대마도에 처음으로 파견한 것은 1418년(태종 18) 4월이었다. 즉

> 대마도수호 宗貞茂가 죽으니 행사직 이예를 보내 치제하고 이어서 쌀·콩·종이 등을 부의하였다. (이는) 종정무가 대마도주로 있는 동안에 위엄이 여러 섬에 행하여지고 우리국가(조선)를 흠모하여 충성하고 여러 도적을 금제하여 자주 변방을 침입하지 못하게 하였기 때문에 그의 죽음에 특별히 후사한 것이다.[476]

라 하여 그동안 왜구를 금지시키는데 공이 많았던 대마도주 종정무의 죽음에 대해 치제와 부의하기 위한 왜인 회유책의 일환으로 경차관을 대마도에 파견하였다. 그 후 세종대에 이르러서 경차관의 파견이 빈번해지면서 1439년(세종 21)에는 경차관이 대마도에 가서 행할 사목이 마련됨으로써 대마도경차관의 파견이 외교 의례화되었다. 이와 더불어서 그들의 수행임무도 약간 변화하여 대마도주의 죽음에 대한 치제와 부의에서 세종대에는 점차 대마도와의 외교문제를 처리하기 위한 것으로 확대되어 갔음을 알

월 임진). 또한 1484년과 1486년에 영안도 알타리지방에 경차관을 파견하여 그 지방을 초무하도록 하였다(『성종실록』 권162, 15년 정월 기축. 권197, 17년 11월 임신).

475) 이현종, 「여진관계」 『한국사』9, 국사편찬위원회, 1984, 425쪽.

476) 『태종실록』 권35, 18년 4월 갑진.

수 있다.

이와 같이 조선에서 대마도에 경차관을 파견한 이유는 무엇이었을까? 그 이유는 그동안 조선의 가장 큰 골칫거리였던 왜구의 침입이 1410년(태종 10)을 고비로 급격하게 감소한 반면 일본으로부터 오는 내조왜인의 수가 증가함에 따라 조선에서는 그동안 유지하였던 외교체제를 정비할 필요성을 느꼈기 때문에 대마도에 경차관을 파견하여 당면한 외교문제를 해결하려 하였던 것이 아닌가 생각한다. 이는 일본으로부터 오는 왜사를 효과적으로 통제하기 위하여 1438년(세종 20) 4월에 경차관 이예를 대마도에 파견하여 대마도주와 문인제도를 정약하였던 사실을 통해서도 확인할 수 있다. 그리고 경차관의 파견은 그동안 여러 지방호족에 파견하였던 사행을 중지하고 외교창구를 대마도로 일원화하여 그들을 조선의 외교질서 속에 편입시킴으로써 보다 더 원활한 외교체제를 유지하고 강화시킬 수 있었다. 결국 대마도경차관의 파견은 태종·세종대를 거치면서 형성된 족리막부 약체관[477]과 결합하여 다원적이었던 대일 외교체제를 막부장군과 대마도주를 축으로 이원화하여 대마도를 조선의 외교질서 속에 편입시키는데 크게 기여하였다.

대마도경차관은 왜인들에 대한 통제와 문인제도의 정약, 계해약조와 고초도조어금약의 준수와 위반자의 처벌 요청, 그리고 삼포 항거왜인의 쇄환 등 당시 조선과 대마도 사이에서 발생하였던 외교현안을 처리하고, 더불어

---

477) 1429년(세종 11)에 통신사 박서생이 사행을 마치고 귀환하여 올린 계에는 대마에서 兵庫에 이르기까지 왜적의 분포와 지배계통을 분석하고, 실정장군과의 수호는 왜구를 금지시키는데 그다지 도움이 되지 못하기 때문에 왜구를 통제할 능력이 있는 서일본지방의 제후들과 직접 교섭하여 왜구를 통제하는 것이 효과적이라 지적하고 있다(『세종실록』 권46, 11년 12월 을해). 이러한 인식은 결국 족리막부를 조선과 대등한 국가로 인식하지 않고 단순히 여러 지방호족 중의 하나로 파악하려 하였던 족리막부의 약체관으로 연결되었다. 족리막부의 약체관에 대하여는 다음의 논문이 참고된다. 高橋公明, 「外交儀禮よりみた室町時代の日朝關係」 『史學雜誌』91-8, 1982.

서 도주와 도주 가에 대한 치제와 문위를 하기 위해서 파견되었다.[478]

한편으로 대마도경차관은 태종·세종대에는 명칭을 그대로 사용하였으나 단종 대부터는 명칭의 분화가 나타난다. 그 이유는 대마도경차관의 역할 증대와 관련이 있는 것 같다. 즉 1438년에 문인제도, 1443년에 계해약조가 정약된 이후 일본과의 외교체제가 어느 정도 정비되자 그동안 대마도를 비롯한 여러 지방 호족에 사신을 파견하던 다원적인 외교체제가 막부장군과 대마도주를 축으로 한 이원적인 외교체제로 변화하였다. 그리하여 계해약조 체결 이후에는 구주의 大內殿 등 여러 지방호족에 파견하였던 사신이 단절되고 그것이 대마도주에게 집중됨에 따라서 대마도경차관의 역할은 더욱 증대되었다. 그 결과 단종대부터는 대마도경차관의 역할이 치전 치부관(치위관)·수문사·선위사등으로 세분화되었다. 이러한 면에서 볼 때 이들 사행은 넓은 의미에서 경차관의 범주에 포함시켜도 좋을 것 같다.[479]

---

478) 졸고, 앞의 논문, 21~37쪽.

479) 대마도경차관의 범주에 치전·치위관, 수문사, 선위사 등을 포함시킨다면 이는 조선후기 대마도에 파견한 問慰行과 사행의 성격이 유사하다고 생각된다. 이는 대마도경차관이 대마도주에게 파견한 사행이라는 점과 대마도주에게 보내는 예조참의의 명의로 된 서계와 별폭을 지참하였다는 점 그리고 도주의 경조사의 문위와 기타 외교적인 사무를 처리하기 위해서 파견하였다는 점 등이 조선후기 문위행이 갖추어야 할 기본요소와 일치한다. 다만 문위행과 다른 점은 경차관은 왜학역관이 아닌 중앙의 관리를 임명한 반면 문위행은 당상관과 당하관에 왜학역관을 임명하였다는 점과 경차관은 관백의 경조사나 도주의 환도를 문위하기 위해서 파견하지 않았다는 점이다. 이와 같이 조선전기의 대마도경차관이 여러 가지 면에서 조선후기 문위행과 유사성이 있는 것으로 보아 아마 대마도경차관은 조선후기 문위행의 초기형태가 아닐까 생각된다. 그러나 이에 대한 자세한 연구는 후고로 미루고자 한다. 조선후기 문위행이 갖추어야 할 일반적인 요소에 대해서는 홍성덕, 「조선후기 문위행에 대하여」(『한국학보』59집, 1990) 155쪽.

3) 사물관압사

사물관압사는 조선의 표류인을 구조하여 송환하여 준 일본의 지방호족에게 하사하는 예물을 가지고 가는 사행으로, 1426년(세종 8)에 한차례 파견되었다. 즉 세종 7년 8월에 강원도 평해인 김을지 등이 처자를 거느리고 역을 피해 무릉도에 몰래 들어가서 거주하자 전판장기현사 김인우를 우산·무릉도 등처안무사로 삼아 쇄환해오도록 하였다. 김인우는 50여 명의 군사를 거느리고 무릉도에 가서 피역한 남여 20명을 붙잡아서 귀환하였는데, 그때에 병선 2척 중 선군 46명이 탄 배 1척이 조난 당하였다. 그 후 長浜因幡守는 石見州 長浜에 표착한 선군 장을부 등 10명을 구조하여 대마도로 호송하였으며, 대마도 도만호 左衛門大郎은 다시 이들을 조선에 송환하였다.[480] 이에 조선에서는 1426년 2월에 사물관압사 이예를 대마도에 파견하였다. 그런데 서계에 보면 사행의 목적은 石見州 因幡守와 左衛門大郎, 藤次郎이 표류인을 구조하여 송환하여 준 일에 대한 致賀와 예물을 사급하는 것과 아울러서 도주 宗貞盛의 조모의 죽음에 대해 부의하기 위한 것도 포함되어 있었다.[481] 그러나 石見州 因幡守에게 보내는 서계와 예물은 좌위문대랑에게 전송하도록 하였던 것으로 보아 사행의 목적지는 대마도이었음을 알 수 있다.

4) 체찰사

체찰사는 원래 임시사절의 하나로, 지방에 변란이 있을 때 그 지방에 파견되어 군대를 지휘하거나 또는 군사업무를 관장하였다. 고려시대에는 왜구나 홍건적의 침입을 막고, 원의 사신을 위로하기 위해서 동·서북면이나 여러 지방에 도체찰사와 체찰사를 파견하였다.[482] 조선시대에는 1402년

480) 『세종실록』 권29, 7년 8월 갑술. 권30, 7년 10월 을유. 12월 계사.
481) 『세종실록』 권31, 8년 2월 병자.

(태종 2) 삼포에 체찰사를 파견하였으며[483], 특히 이 시기에는 고려 말과는 달리 정1품은 도체찰사, 종1품은 체찰사, 정2품은 도순찰사, 종2품은 순찰사로 각각 품계에 따라 그 명칭이 확연하게 구분되어 있었다.

이와 같이 군사적인 목적을 띤 체찰사를 대마도에 파견한 것은 1443년(세종 25)이다. 대마도에 체찰사를 파견한 경위를 살펴보면, 세종 25년 6월에 명의 海寧衛地方을 약탈하고 대마도로 돌아가던 왜적이 서여서도에 정박하고 있던 제주 공선 1척을 공격하여 재물을 약탈하여 간 사건이 발생하였다. 이에 세종은 먼저 윤인소를 대마도에 파견하여 도내의 사정을 탐지[484]하게 하는 한편 같은 해 7월에 이예를 체찰사로, 모순을 부사로 삼아 서여서도에 침입하였던 적왜를 붙잡아오도록 하였다. 대마도체찰사 이예의 일행은 4개월 후인 11월에 도주가 쇄환해 준 적왜 13명과 피로인 7명을 데리고 귀환하였다.[485]

이로써 보면 대마도에 파견한 체찰사는 그 성격이 국내와 같이 군사적인 목적을 띠고 있었음을 알 수 있다. 그러나 체찰사는 1443년에 한차례만 파견되었을 뿐 그 이후에는 단절되었다. 한편으로 조선에서는 같은 사건

---

482) 먼저 1363년(공민왕 12)에는 경천흥을 서북면도원수로, 이순을 도체찰사로 삼아 서북면지방을 방비하도록 하였으며, 1368년에는 김란을 서북면도체찰사로 삼았다(『고려사』 권40, 세가40, 공민왕 12년 5월 임진. 권41, 세가41, 공민왕 17년 10월 갑술). 또한 1375년(우왕 원년)에는 북원이 사신을 보내오니 찬성사 황상을 서북면체찰사로 삼고, 좌부대언 성석린을 체찰사로 삼아 강계에 가서 사신을 위로하여 보냈다. 1383년에는 원수 김입견과 체찰사 최공철이 평창·원주 등지에 침입하였던 假倭 50여명을 참하였다(『고려사』 권133 열전46, 우왕 원년 6월. 권135 열전48, 우왕 9년 6월).

483) 사간원에서 올린 시무수조 중에 군민의 염철과 부세·조운의 일은 도관찰사에 맡기고 삼도의 체찰사와 경기 좌우도의 찰방은 다 소환하도록 건의하였는데, 이를 통해서 볼때 조선시대에 들어와서도 삼도에 체찰사를 파견하였음을 알 수 있다(『태종실록』 권3, 2년 2월 신미).

484) 『세종실록』 권100, 25년 6월 계사, 정유.

485) 『세종실록』 권102, 25년 11월 병오. 권103, 26년 2월 임오.

(西餘鼠島 事件)을 해결하기 위해 일기도에는 체찰사가 아닌 초무관을 파견하였다.[486]

5) 치전관·치부관

치전관과 치부관은 대마도주의 죽음에 대한 치제와 부의를 하기 위해 파견된 사행이다. 이 사행은 1452년(단종 즉위년)과 1496년(연산군 2)에 2회 파견되었다. 그런데 1452년의 사행은 1418년에 파견한 대마도경차관과 명칭에 있어서 차이가 있을 뿐 사행목적은 동일한 것이었다. 즉 1452년 6월 22일에 대마도주 宗貞盛이 죽고 그의 아들 宗成職이 도주직을 계승하였다는 소식을 듣고[487] 8월에 치전관 이견의와 치부관 피상의를 파견하여 대마도주 종정성의 죽음에 대한 치제와 부의를 하였다.[488] 따라서 치전관과 치부관은 그 성격상 경차관에서 분화된 것이라 생각된다.

그 후 치전관·치부관은 연산군대에 치전관과 치위관으로 명칭이 변화하였다. 그리하여 1496년에는 도주 宗貞國의 죽음에 치제하고 신도주인 宗材盛의 습위를 치하하기 위해서 치전관 김률과 치위관 장정을 대마도에 파견하였다.[489]

그런데 치전이란 치제와 같은 의미로서 국가에서 왕족이나 대신 또는 국가를 위하여 죽은 사람에게 제문과 제물을 갖추어 지내주는 제사이며,[490] 치부란 임금이 신하가 죽었을 때에 내리는 부의이다.[491] 따라서 대마도에

486) 『세종실록』 권101, 25년 8월 갑신.
487) 『단종실록』 권2, 즉위년 7월 병오. 8월 갑자.
488) 『단종실록』 권4, 즉위년 10월 을사.
489) 『연산군일기』 권14, 2년 윤 3월 정묘.
490) 전개성유후 성석용이 죽자 중관을 보내 치제하고 부의와 증직을 하였다(『태종실록』 권5, 3년 4월 임신). 또한 월천군 문빈이 죽으니, 3일 동안 철조하고 치제와 부의를 하였다. 시호를 내려 평익이라 하였다(『태종실록』 권26, 13년 7월 신묘).
491) 禮葬贈諡하는 법을 정하였는데, 종1품 이상은 禮葬贈諡, 정2품은 贈諡致賻, 종2품은 致賻하였으며, 공덕이 있으나 관품이 미치지 못하는 자는 사헌부의 품신에 의

치전관과 치부관을 파견하였다는 사실은 조선에서 대마도 및 대마도주를 조선의 번병 또는 번신으로 인식하고 있었음을 보여주는 것이라 할 수 있다.[492] 그리하여 조선에서는 번신인 대마도주가 죽으면 조선의 신하가 죽었을 때와 마찬가지로 사신을 보내 치제하고 부의하였다.

한편, 조선 국내와는 달리 치전관과 치부관(치위관)을 구분하여 사행의 정사와 부사로 삼은 이유는 아마 도주의 죽음에 대한 치제와 신도주의 습위 축하를 구분하기 위한 것이었다고 생각한다. 그리하여 정사인 치전관은 도주의 죽음에 대한 치제를, 부사인 치부관(치위관)은 부의와 더불어 신도주의 습위를 축하하였다. 이같이 전임 도주의 죽음에 대한 치전(치제)을 신도주에 대한 부의와 문위보다 중시한 이유는 조선조정이 주자학적 가치관과 명분론에 입각하여 사신을 파견하였기 때문이었다. 그리고 신도주에 대한 부의와 문위를 한 것은 그동안의 우호관계를 계속 유지하여 신도주와의 마찰을 줄이고 변란을 미연에 방지하려는 목적이 있었다고 생각한다.

거하여 의논하여 취지하도록 하였다(『태종실록』 권10, 5년 12월 계미). 의정부에서 치부하는 법을 아뢰니 그대로 따랐다. 정2품은 미두 50석을, 종2품은 40석을 치부하는데, 예조에서 때에 따라 취지하여 행이하였다(『태종실록』 권11, 6년 3월 계묘).

492) 한편으로 대마도내에서도 조선의 번병 또는 번신이라는 의식이 존재하고 있었다. 즉 1476년에 宗貞國은 선위사 김자정에게 '아들 貞秀가 가업을 계승하여 오래토록 번리의 신하(永作籬臣)이 될 것'이라고 하였으며(『성종실록 』 권69, 7년 7월 병자), 1487년에는 대장경을 구청하면서 "영원토록 귀국의 번병의 신하(貴國藩屛之臣)로 칭하여 충절을 다할 것이다"고 하였다(『성종실록 』 권200, 18년 2월 정축). 또한 1489년에는 특송을 파견하여 "나는 귀국의 동번이다(我爲貴國之東藩)"고 하면서 황금과 주홍무역을 요청하기도 하였다(『성종실록』 권224, 20년 정월 병자). 특히 이러한 번병의식과 번신의식은 도주인 宗貞國의 집권기에 집중적으로 나타나는데, 이 시기는 조선의 성종대에 해당한다. 그리고 종정국은 조선과 가장 활발하게 통교한 도주이다. 또한 이러한 번병의식은 삼포왜란 직후에 대마주대관 宗盛親이 '대마도는 서해의 번병이고 조선과 일본국이 왕래하는 咽喉'임에도 불구하고 왜인들의 접대에 대한 불만으로 왜란을 일으켰다고 말한 것에서도 엿볼 수 있다(『중종실록』 권11, 5년 4월 을미).

그런데 경차관과 체찰사·선위사 등은 조선의 필요에 의해서 파견하였지만 치전·치부관(치위관)은 대마도주의 요청이 있을 때에만 파견하였다. 이러한 사실은 1509년(중종 4) 4월에 가덕도와 보길도에서 난동을 부린 유포 왜인에 대한 치죄를 목적으로 예빈사정 윤은보를 대마도경차관으로 삼아 파견하였는데, 사행도중에 대마도주가 죽었다는 소식을 듣고 예조에서 올린 다음의 계의 내용을 통해서 확인할 수 있다.

> 예조에서 아뢰기를 "대마도주가 죽었는데 전례를 상고하니 도주가 죽고 새로운 도주가 서면 우리나라에 사신을 보내어 반드시 도서를 구청한 연후에 국가에서 치위 치전 양사를 파견하였습니다. (그러나) 지금은 경차관이 이미 장도에 올랐으니 이를 어찌 처리해야 하겠습니까." 하니 전교하기를 "도주에게 사신을 파견하여 조위하는 일을 부원군이상으로 하여금 의논토록 하라" 하였다.493)

이 사료에 의하면 조선에서는 도주가 죽고 신도주가 습위하였을 경우 대마도에서 반드시 사신을 보내어 도서의 개급을 요청한 후에 치위·치전사를 파견하는 것이 전례이었음을 알 수 있다. 조선에서는 이러한 외교상의 전례에 따라 이미 파견한 대마도경차관 윤은보의 사행을 도중에 중지시키고 대마도의 부고를 기다려 조위사를 파견하기로 결정하였다.494)

한편 조선에서는 경차관과 치전·치위관을 서로 구분하려고 하였다. 이는 1557년(명종 12) 정월에 호남지방에 침입하였던 왜적을 살해한 공을 치하하기 위해 대마도에 사신을 파견하려고 한 다음의 논의를 통해서 확인할 수 있다.

---

493) 『중종실록』 권8, 4년 4월 갑신.

494) 府院君金壽童 右議政柳順汀等議曰 對馬島主事 則待訃告 議遣弔慰使 敬差官尹殷輔之行可停(『중종실록』 권8, 4년 4월 갑신).

> 영경연사 윤개가 말하기를 "(대)마도와 통신을 하자는 논의는 지난해에 비롯된 것이 아니라 이미 일찍부터 있었습니다. ---- 조종조에 도주가 죽으면 관인을 보내 치제하였고, 도주가 (새로)서면 관인을 보내 치위하였으며, 죄가 있으면 관인을 보내 책유하였는데, 권주를 구류한 일은 무슨 일로서 그리 한 것인지 알지 못하겠습니다."하였다.[495]

위의 사료에서 보면 대마도주의 죽음에 대한 치제와 신도주의 습위를 축하하기 위해서는 치전관과 치부관(치위관)을, 도주(또는 대마도인)의 죄를 책유하기 위해서는 경차관을 파견하였음을 알 수 있다.

이와 같이 사행의 파견목적에 따라 경차관과 치전·치위관을 구분하여 파견하려고 하였음에도 불구하고 치전관·치위관이 경차관을 겸하거나 또는 혼용하는 경우도 있었다. 먼저 치전·치위관이 경차관을 겸한 예는 1496년(연산군 2) 윤3월에 파견한 치전관 김률과 치위관 장정의 경우를 들 수 있는데, 이들은 사행을 마치고 귀환하여 '대마도경차관'으로 복명하였다.[496] 이로써 보면 연산군대에 경차관과 치전관을 혼용하였을 가능성도 배제할 수는 없지만 그 보다는 치전관이 경차관을 겸하였던 것으로 생각된다. 이는 결국 치전관·치위관의 임무가 끝난 후에는 제포왜인의 난동사건에 대한 치죄를 요청하는 경차관으로서의 임무를 수행하고 귀환하여 경차관으로 복명하였을 가능성이 크다.

경차관과 치전관·치위관을 구분하지 않고 혼용하거나 또는 양자를 동시에 파견한 예는 1510년(중종 5) 2월에 파견한 이식과 강중진의 사행을 들 수 있다. 이들은 출발할 때에 대마도치위관 이식과 경차관 강중진으로 칭하였으나 사행도중에 삼포왜란이 일어나자 부산포에서 강중진과 김석철이 올린 계에는 이식을 각각 치위관과 경차관으로 달리 칭하고 있다.[497]

---

495) 『명종실록』 권22, 12년 정월 계미.
496) 『연산군일기』 권15, 2년 6월 무자.
497) 『중종실록』 권11, 5년 4월 을미에는 '치위관 이식'으로 기록되어 있으며, 그 다음

6) 수문사

조선에서는 대마도주가 죽거나 새로운 도주가 습위한 경우 도주의 요청에 있은 후에 치전·치부관(치위관)을 파견하였다. 그러나 정상적인 방법이 아닌 반란으로 새로운 도주가 습위한 경우에는 치전·치부관(치위관) 대신에 수문사를 파견하였다. 이는 1522년(중종 17) 5월 일본국왕사와 함께 온 대마도 특송이 대마도주가 새로 들어섰음을 알리고 치위사의 파견을 요청하자, 조정에서는 논의 끝에 치위사 대신 수문사의 파견을 결정하였던 다음의 사실을 통해서 확인할 수 있다.

> 조가 아뢰기를 "새 대마도주의 접대는 이전처럼 해 줄 것을 간절히 청하지만 당초 약조를 세울 때에 만세토록 변경하지 않기로 기약한 것이니 지금 다시 고쳐 경솔하게 허락해 줄 수가 없습니다. 대마도주의 특송이 치위사와 함께 가기를 청하는데 만일 부자가 서로 계승한 것이라면 치위사를 보내야 하지만 이번은 그의 숙부를 살해하고 스스로 선 것이므로 (치위사를) 보낼 수가 없습니다. 전례로 보아 이런 일이 있게 되면 수문사를 보냈었으니 이번에도 역시 수문사를 보내는 것이 어떠하겠습니까" 하니 "아뢴 대로 하라"고 전교하였다.498)

이는 대마도주가 새로 습위하였을 경우 전례대로 치위사를 파견하여야 하나 1522년(중종 17)의 경우에는 宗狩野介盛親이 자기 숙부인 宗盛長을 죽이고 스스로 도주가 되었기 때문에 치위사를 파견할 수 없고 다만 전례에 따라 수문사의 파견을 결정한 것이다. 결국 조선에서는 대마도주가 죽거나 새로운 도주가 습위한 경우 부자간의 습위 등 정상적인 방법에 의해서 새로운 도주가 들어섰을 경우에는 치위사를 파견하는 것이 전례이었지만, 반란 등 비정상적인 방법에 의해 도주가 습위한 경우에는 수문사를

날인 동월 병신에는 '경차관 이식'으로 기록되어 있다.

498) 『중종실록』 권44, 17년 5월 신유.

파견하였음을 알 수 있다.

7) 선위사(관)

선위사는 외국사신의 노고와 난리 또는 큰 재해를 당한 백성들의 위로, 그리고 왜구를 참살, 포획하였거나 군공을 세운 자를 위로하기 위해서 임시로 파견한 대지방관의 하나이다.[499] 조선시대에 선위사를 처음으로 파견한 것은 1402년(태종 2)이며, 그 이후부터 계속해서 파견하고 있다. 그런데 선위사는 명칭상으로는 멀리는 중국의 당·원대의 宣慰司에서 그 연원을 찾을 수 있으며,[500] 가까이는 전시대인 고려 말에 동·서북면에 파견한 선위사와 같은 것이다.[501]

대지방관의 하나인 선위사는 경차관과 마찬가지로 대마도보다는 동북

499) 선위사는 ① 조선시대에 외국사신의 노고를 위로하기 위해 파견한 임시관직으로, 중국의 사신은 원접사를 의주에, 선위사(2품 이상)를 도중의 5처(의주·안주·평양·황주·개성부)에 파견하였고, 일본국·유구국의 사신은 선위사(3품 조관)를 보내어 맞이하고 전송하였다(『경국대전』예전 대사객조). ② 난리 또는 큰 재해 뒤에 백성의 질고를 위문하기 위해 파견한 임시관직이다. ③ 왜구를 참살·포획하였거나 변란에 큰 공을 세운 자를 위로하기 위해서 파견하였다. 전라도 도절제사 홍서가 왜인 10여명을 붙잡았기 때문에 아들 섭을 선위사로 삼았다(『태종실록』 권4, 2년 11월 기축). 서북면지방을 잘 방어한 서북면도순문사 조박에게 선위사를 파견하여 궁온을 하사하였다(『태종실록』 권12, 6년 9월 임술).

500) 선위사는 원의 지방관아인 선위사사로 지방과 중앙정부와의 중계를 관장하여 行中書省의 政令을 지방의 군현에 전달하고, 또한 지방 군현의 청원을 행중서성에 상달하였다. 그리고 변방에 있으면서 군정을 관장하고 도원수부·원수부를 겸하여 관장하였다(『唐書』孔巢父傳 兼御史大夫爲魏博宣慰使. 『元史』百官志, 宣慰司掌軍民之務 分道以總郡縣 行省有政令則布于下 郡縣有請則達于省 有邊陲軍旅之事 則兼都元帥府).

501) 1375년(고려 우왕 원년) 4월에 판밀직사사 이성림을 서북면 선위사로 삼고, 밀직부사 조사민을 동북면 선위사로 삼았다(『고려사』 권133, 열전46 우왕 원년 4월). 또한 동왕 원년 9월에 판밀부사 이림을 서북면 선위사로 삼았다(『고려사』 권133, 열전46 우왕 원년 9월).

면지방에 먼저 파견되었다. 즉 1404년(태종 4)에 상호군 박령을 선위사로 삼아 童猛哥帖木兒와 波乙所에게 중국의 사신에게 변을 일으키지 못하도록 하였다.[502] 그 후 대마도에 선위사를 파견한 것은 1461년(세조 7) 4월이다. 즉 대마도주 宗成職의 어머니가 죽자 상호군 피상의를 파견하여 선위하였는데, 실제의 사행임무는 도주의 모가 죽은 것에 대한 부의와 도주가의 실화, 왜적의 聲息 보고에 대한 하사품을 사급하기 위한 것이었다.[503] 그런데 피상의의 사행은 사행의 명칭이 기록되어 있지 않다. 다만 '선위'라는 표현이 있었던 것으로 추측해보면 그것이 사행의 명칭을 의미하는 것으로 생각된다. 그 후 1470년(성종 원년)에는 선위관을, 1476년과 1487년에는 선위사를 계속해서 파견하였다. 그런데 선위사와 선위관은 같은 성격의 사행이었지만 양자의 구분은 정사의 품계에 따랐던 것 같다. 즉 사행의 정사가 3품 이상이면 선위사로, 3품 이하면 선위관으로 칭하였다.[504]

1470년에 파견한 선위관 전양민은 심처왜의 세견선 정약과 수외 세견선의 출선금지 그리고 문인발행의 신중과 삼포 항거왜인의 송환요청, 유포일한 등 왜인의 접대규정의 준수 등 조선과 대마도 간의 외교현안이었던 문제를 해결하기 위해서 파견하였다.[505] 그리고 1476년에 파견한 선위사 김자정은 삼포왜인의 쇄환과 난동왜인에 대한 처벌을 요청하고 아울러서 도주의 아들의 醮禮를 축하하기 위한 것이었다.[506] 1487년에 파견한 선위사 정성근은 변란에 대비하여 대마도와 화호를 유지하고 도내의 정세를 탐지하기 위해서 파견하였다.[507] 이러한 사실을 종합해 볼 때 선위사(관)는 조

502) 『태종실록』 권8, 4년 7월 계축.

503) 『세조실록』 권24, 7년 4월 임진.

504) 이는 대마도에 파견한 선위사(관) 중에 사역원첨정(정4품)인 전양민만 선위관으로 칭하였을 뿐, 상호군 피상의, 승문원판교 김자정, 직제학 정성근은 모두 정3품관으로 선위사라 칭한 사실을 통해서 추측할 수 있다.

505) 『성종실록』 권7, 원년 9월 병자.

506) 『성종실록』 권64, 7년 2월 병술.

507) 『성종실록』 권201, 18년 3월 병인.

선과 대마도 간의 외교문제를 처리하고, 또한 도주의 어머니의 죽음에 대한 조위와 아들의 초례 축하 그리고 도주 가의 화재에 대한 문위를 위하여 파견되었음을 알 수 있다.

그런데 성종대에는 대마도에 파견할 사행의 명칭을 둘러싸고 명칭을 선위사로 할 것인가 경차관으로 할 것인가에 대한 논란이 발생하기도 하였다. 즉 1475년 10월에

> 예조겸판서 윤자운이 … 아뢰어 말하기를 "지금 이덕숭을 경차관이라 칭하여 대마도에 보내려고 하시나 신등이 생각하기에 전일에 (宗)茂勝이 삼포왜인을 쇄환해 갈 것을 약속하였으나 지금까지 可否가 없으니 지금 이 (경차관)로서 명칭을 삼아 파견한 즉 (전에 무승의 약속을) 독촉하는 것과 같아 옳지 못할까 염려됩니다. 지난번에 도주가 적왜를 죽이고 지금은 또 그의 아들을 醮禮하였으니 이러한 두어가지 일로서 서계를 하여 선위사라 칭하여 파견함이 어떠하겠습니까." 하니 전교하기를 "아들의 초례로서 말하고 선위한 즉 후에 이를 가지고 예로 삼지 않겠는가." 하였다. 자운 등이 말하기를 "임금의 상교가 진실로 마땅하오나 먼저 적을 죽인 것을 위로하고 겸하여 아들을 초례한 것을 언급하는 것이 좋겠습니다." 하니 전교하기를 "가하다" 하였다.[508]

라 하여 예조겸판서 윤자운은 지금 이덕숭을 경차관으로 칭하여 대마도에 파견하는 것은 전에 宗茂勝이 삼포왜인을 쇄환하기로 한 약속을 재촉하는 것과 같기 때문에 경차관이라 칭하는 것은 옳지 못하다고 지적하고, 지난번에 대마도주가 적왜를 살해하였고 지금은 그의 아들이 초례를 하였으니 선위사라 칭하여 파견하자고 건의하였다. 이로써 보면 경차관은 삼포왜인의 쇄환 요청 등의 외교적인 일을, 선위사는 도주에 대한 선위의 일을 담당하였음을 알 수 있다. 그러나 실제로 수행한 임무는 도주에 대한 선위

508) 『성종실록』 권60, 6년 10월 병술.

뿐만이 아니라 삼포왜인의 쇄환과 일본의 정세탐지, 문인발급에 관한 일 등 외교적인 일을 처리하기 위한 것이었다.[509)]

사행의 명칭에 대한 논란은 대마도선위사 정성근의 사행에서도 나타난다. 즉 성종이 변란에 대비하여 화평할 때에 대마도에 사신을 파견하는 것이 옳다고 판단하고 대마도에 경차관을 파견하려 하자 의정부에서는 사행의 위험과 국가의 체면을 이유로 사행의 파견을 중지하도록 요청하였다.[510)] 그 후 어떠한 과정을 거쳐 바뀌었는지 알 수 없으나, 1487년 3월에 정성근은 대마도선위사로 개칭하여 파견되었으며, 사행목적은 변란에 대비한 화호와 일본의 정세를 탐지하기 위한 것이었다.[511)]

이와 같이 조선에서는 대마도 경차관과 선위사(관)를 구분하려 하였지만, 어떤 경우에는 경차관과 선위관을 혼용하기도 하였다. 즉 1468년(세조 14) 7월에 김호인의 사행에 대해 1469년(성종 원년)에는 대마도경차관으로[512)], 1479년에는 대마도선위관으로 다르게 기록하고 있다.[513)] 이와 같이 김호인의 사행을 각각 다르게 기록한 이유는 무엇일까? 그 하나는 성종대에 경차관과 선위관을 혼용하였을 가능성이며, 다른 하나는 성종대에 선위사(관)의 파견이 갑자기 많아지면서 사관이 경차관과 선위사(관)를 잘못 기재하였을 가능성이다. 그러나 앞에서도 살펴본 것처럼 1475년(성종 6)의 김자정의 사행과 1487년의 정성근의 사행시에 사행의 명칭을 경차관으로 할 것인가 선위사로 할 것인가에 대한 논란이 제기되었던 사실로 보아 성종대에는 경차관과 선위사를 서로 구분하였던 것으로 생각된다. 따라서 양자를 혼용하였을 가능성보다는 사관이 잘못 기록하였을 가능성이 더욱 크다.

---

509) 『성종실록』 권64, 7년 2월 병술.
510) 『성종실록』 권198, 17년 2월 병술.
511) 『성종실록』 권201, 18년 3월 병인.
512) 『성종실록』 권2, 원년 정월 계사.
513) 『성종실록』 권103, 10년 3월 정해.

4. 대마도사행의 역할 및 의의

1) 외교현안 처리

대마도사행의 주요한 역할 중의 하나는 당시 조선과 일본 또는 대마도 간에 발생한 외교문제를 처리하는 것이었다. 특히 조선초기 대일외교에 있어서 중요한 문제는 왜구의 금압과 피로인의 쇄환 그리고 급증하는 왜사를 통제하는 것이었다. 대마도사행의 역할은 첫째로 고려 말 조선 초에 극심한 피해를 주었던 왜구의 금지를 요청하고 피로인을 쇄환하는 것이었다. 조선에서는 이러한 문제를 해결하기 위해 다양한 왜구대책을 세우는 한편 막부장군과 구주절도사·대내전·대마도주와 외교교섭도 행하였다. 특히 대마도는 왜구의 소굴이었고 일본으로부터 도항하는 왜인의 경유지였기 때문에 조선에서는 일찍부터 대마도에 사신을 파견하여 왜구와 피로인의 문제를 해결하려 하였다. 그리하여 1399년(정종 2)과 1400년(태종 원년)에 대마도주에게 사신을 파견하여 왜구의 금지를 요청하는 한편 왜구에게 붙잡혀간 피로인을 쇄환해 왔다.[514]

또한 조선에서는 왜구의 금지와 피로인의 송환을 위해서 대마도주에게 미두 2~3백석을 사급하였으며,[515] 이는 후에 대마도주의 세사미두로 정례화되었다. 그러나 대마도정벌 이후 왜구가 소멸되고 피로인의 쇄환이 어느 정도 이루어짐에 따라 대마도사행의 역할은 일본으로부터 도항하는 통교자를 제한하는 제도나 약조의 정비에 주력하게 되었다.

둘째로 대마도사행은 급증하는 왜사를 통제하기 위한 각종 제도와 조약

---

514) 『세종실록』 권107, 27년 2월 정묘.

515) 조선에서 대마도주에게 미두를 하사한 예는 태종 6년, 7년, 10년, 11년, 13년, 16년 등으로, 주로 태종 6년~16년 사이에 집중되어 있었다(『태종실록』 권11, 6년 3월 기미. 권14, 7년 10월 기해. 권19, 10년 5월 기묘. 권22, 11년 9월 기사. 권26, 13년 6월 계해. 권32, 16년 7월 임진).

을 체결 하였다. 먼저 1414년(태종 14)에 대마도주·소이전 등의 사인이 칼로 사람을 해치는 등 난폭한 행동을 자행하자 항왜 池溫을 대마도주에게 보내 일본국왕과 대내전, 구주절도사, 대마도주 등 10처의 사송인을 제외하고 보내지 못하도록 설유하였다.[516] 또한 1426년(세종 8)에는 이예가 문인의 초기형태라고 할 수 있는 노인제를 대마도주와 협의하였으며[517] 1438년에는 조선의 강력한 왜인통제책의 하나인 문인제도를 정약하였다.[518] 뿐만이 아니라 1443년에는 체찰사 이예가 대마도주와 계해약조를 정약하여 도주의 세견선과 세사미두를 제한하였다.[519] 특히 계해약조로 대표되는 세견선의 제한은 이후 모든 통교자들에게 적용되어 대일 외교체제의 기본이 되었다. 결국 조선에서 대마도에 사신을 파견하여 정약한 문인제도와 계해약조는 대마도를 비롯한 일본의 지방호족들을 조선의 외교체제 속에 편입시키는데 결정적인 기여를 하였다.

셋째로 대마도사행은 조선과 대마도 간에 맺은 각종 조약의 이행과 위반자의 처벌을 요구하였다. 특히 계해약조의 정약 이후 대일 외교체제가 어느 정도 정비되었기 때문에 대마도사행은 문인제도와 계해약조·고초도조어금약 등의 이행과 위반자에 대한 처벌을 요청하는 역할을 수행하였다. 먼저 1447년(세종 29) 경차관 조휘를 대마도에 파견하여 고초도조어금약 위반자에 대한 처벌과 계해약조에 규정된 50척 이외의 세견선의 출선금지를 요청하였으며,[520] 또한 1452년(단종 즉위년)에는 세견선의 정수 문제

516) 『태종실록』 권28, 14년 8월 정미.
517) 『세종실록』 권32, 8년 5월 갑인.
518) 『세종실록』 권82, 20년 9월 기해조.
519) 계해약조의 정약과정에 대하여는 제3장 참조.
520) 『세종실록』 권116, 29년 5월 병신.
대마도경차관 전병조좌랑 조휘가 와서 복명하기를 … 돌아올 때 (종)정성이 候樓加臥를 보내서 토산물을 올리어 은혜를 사례하고 예조에 글을 보내기를 "이제 보내는 글을 받자오니 감격하여 받들어 이기지 못하겠습니다. 고초도에 고기를 잡으러 왕래하는 자가 만일 지세포(만호)에 보고하지 않거나 또는 병기를 가지고

즉 세견선 50척 내에 三著圖書特送船과 수직인선의 포함여부 그리고 원처인과 대마도인과의 차별접대 문제, 조약의 위반자에 대한 처리를 위해서 경차관 원효연을 파견하였다.[521] 또한 1470년(성종 원년)에는 선위관 전양민을 파견하여 심처왜의 세견선 정약과 수외 세견선의 출선 금지, 삼포 항거왜인의 쇄환, 유포일한의 엄수 등을 요청하였다.[522] 그리고 1476년에는 선위사 김자정을 파견하여 세견선 정약의 위반자와 도서의 위조자를 일일이 열거하고 그들에 대한 조처를 대마도주에게 요청하였다.[523]

넷째로 대마도사행은 도항하는 왜사들의 접대에 관한 규정을 대마도주에게 알리고 도주로 하여금 내조하는 왜사들에게 이 규정을 준수하도록 설유하게 하는 일을 수행하였다. 이는 1439년(세종 21)에 파견된 대마도경차관이 가지고 간 왜인접대사목의 내용을 통해서 확인할 수 있다.[524]

① 사송선을 대중소와 소소선으로 사분하고 격인(격군)의 정수를 각각 40, 30, 20, 10명으로 정하였으며,

② 격인의 정수 이외의 사람에게는 식량을 지급하지 않는다.

③ 문인이 없는 사람은 접대를 허락하지 않는다.

④ 서계를 위조해 온 자가 많으므로 세종 20년과 21년의 서계의 度數

있으면 귀국에서 약속(고초도조어금약)에 따라 처치하실 것이며, 나도 또한 모든 섬에 고기잡는 자를 엄하게 다스리어 수에 넘게 보내지 않도록 하겠습니다. (그리고) 모든 표류선에 병기를 숨겨가지고 이곳저곳으로 횡행하여 소란을 부리는 자는 행장의 유무를 논하지 않고 도적선으로 논죄할 것이옵고, 1년간에 왕래하는 상선은 50척 이외에는 또한 보내지 않을 것이며, 전자에 고기잡이하고도 세금을 바치지 않고 도망하여온 여섯 사람은 이미 추국하여 장차 세금을 징수하여 보내겠사오니 비옵건데 이 뜻을 전하여 아뢰소서." … 하였다.

521) 『단종실록』 권11, 2년 12월 계미.

522) 특히 전양민이 가지고 간 서계에는 심처왜의 세견선 정약자(1·2선 정약자 12인, 1선 정약자 25인)의 거주지와 명단이 기록되어 있었다.(『성종실록』 권7, 원년 9월 병자)

523) 『성종실록』 권64, 7년 2월 병술.

524) 『세종실록』 권85, 21년 4월 갑진.

및 인명의 총수를 써 보내고 그것의 진위를 상고토록 할 것,
⑤ 각인의 위조한 서계를 가져다 보여줄 것,
⑥ 각처 사송인의 서계의 진위여부를 조사한 후 문인을 발행할 것,
⑦ 흥리왜인의 留京日數는 물건의 다소에 따라 2개월에서 20일로 제한한다.
⑧ 시일이 오래되고 멀리 있는 사람을 쇄환하려 온 자는 접대하지 않는다.
⑨ 宗貞盛 이외의 문인 서계는 사용을 엄금한다.
⑩ 제처사송은 삼포에 균박하고 서계에 포소의 이름을 기재토록 한다.
⑪ 宗彦七 宗茂直도 宗貞盛의 문인이 없으면 접대를 허락하지 않는다.

특히 이 왜인접대사목은 성종대의 『해동제국기』「조빙응접기」에 집대성된 대일통교제도의 토대가 되었을 것으로 생각된다.[525] 이와 같이 대마도사행은 왜인들이 내조하였을 때 지켜야 할 일과 조선에서의 왜인들에 대한 접대내용 등을 규정한 왜인접대사목을 대마도주에게 통보하고 도주로 하여금 내조하는 왜인들에게 이 규정을 널리 알리고 엄수하도록 요청하기 위해서 파견하였다.

다섯째로 대마도사행은 삼포에 거주하고 있는 항거왜인의 송환과 난동왜인의 추포 및 치죄를 위해 파견되었다. 삼포 항거왜인의 송환은 주로 대마도주의 특송이나 삼포를 관리하는 자들을 통하여 이루어졌다. 그러나 조선에서는 대마도에 사행을 파견하여 대마도주에게 직접 삼포 항거왜인의 쇄환을 요청하기도 하였다. 특히 1476년에는 삼포 항거왜인이 날로 증가

525) 왜인접대사목의 내용은 『해동제국기』 <조빙응접기>의 使船大小와 船夫定額,給料, 三浦分泊, 留浦日限, 三浦禁約의 내용과 거의 같다. 예를 들면 『해동제국기』의 <使船定數船夫定額條>에 사선을 대중소로 삼분하고 선부(격군)의 수를 각각 40·30·20명으로 정액하였으며, <三浦均泊條>에는 대마도에서 오는 사선은 부산포·제포·염포에 나누어 정박하도록 규정하고 있다. 그런데 이러한 규정이 왜인접대사목과 거의 같은 것으로 보아 성종 대에 완성된 통교제도의 기초가 되었다.

하여 총 611호(제포 308호, 부산포 67호, 염포 236호)에 이르자 선위사 김자정을 파견하여 정약한 수(60호) 이외의 항거왜인을 쇄환해가도록 요청하였다.[526] 또한 1509년(중종 4)에는 대마도경차관 윤은보를 파견하여 약조에 의해 정해진 60호 이외의 삼포 항거왜인을 쇄환하여 갈 것과 아울러 1508년 겨울 가덕도에서 목재를 채취하던 웅천현인 9명을 살해하고 의량과 기물을 약탈해간 적왜와 그 이듬해 3월 20일 왜선 5척이 보길도에 정박 중이던 제주 공마선을 공격하여 6명을 살해하고 재물을 약탈해간 적왜를 추포하여 치죄할 것을 요청하였다. 그리고 내조자 중에 수도서인의 도서를 위조하여 문인을 지급받아 온 자가 많음으로 대마도주가 도서의 위조여부를 잘 살펴서 문인을 지급해 줄 것을 요청하기도 하였다.[527]

한편으로 1494년(성종 25)에는 경차관 권주를 파견하여 제포왜인의 어량쟁탈사건[528]과 적선이 전라도 추산도와 제주 대탈도에서 공선과 상선 등을 약탈해 간 사건에 대한 책유와 아울러 적왜들을 추포하여 치죄할 것을 요청하였으며,[529] 1496년(연산군 2)에도 왜인들이 어량을 쟁탈한 사건에 대한 책유를 위해서 김률을 파견하였다.[530] 그리고 1443년(세종 25)에 체찰사 이예는 서여서도에 침입하여 제주의 공선을 약탈해간 적왜를 추포해오기도 하였다.[531]

여섯째로 대마도주에게 관직을 제수하기 위해 대마도사행을 파견하였다. 원래 왜인에게 관직을 제수하는 수직제도는 조선 건국초에 태조가 왜

---

526) 『성종실록』 권64, 7년 2월 병술.
527) 『중종실록』 권4, 4년 4월 무진.
528) 『성종실록』 권283, 24년 10월 신축.
이는 1493년 10월 제포왜인 50여명이 근해 어민들의 어장을 빼앗고 웅거하자 첨절제사 여승감이 관인을 보내 이를 중지시키려 하였으나 도리어 왜인들이 거역하고 관인을 구타한 사건이다.
529) 『성종실록』 권289, 25년 3월 을묘.
530) 『연산군일기』 권14, 2년 윤3월 정묘.
531) 『세종실록』 권101, 25년 7월 경오.

구를 회유하기 위해서 항왜들에게 시행한 제도로 1396년(태조 5) 12월 倭魁 疚六(藤陸)에게 선략장군을 처음으로 제수하였다.[532] 1444년(세종 26)에는 항왜뿐만이 아니라 일본국내 거주자에게도 관직을 제수하기에 이르렀다. 그런데 세조대에는 대마도주에게 관직을 제수하려 하였다.

대마도주에게 관직을 제수하게 된 과정을 살펴보면, 1461년(세조 7) 6월 대마도주 宗成職의 사자 頭奴鋭가 와서 도주에게 관직의 제수를 요청하였다. 이에 세조는 대마도주에 제수할 관직의 품계를 종1품과 정2품 중 어느 것으로 할 것인가와 관직을 제수할 때에 대마주태수의 직함도 겸할 것인지를 영의정 정창손과 좌의정 신숙주 등 3정승과 좌·우찬성 등에게 의논하도록 하였다. 그 결과 정창손 등은 대마도주에게 높은 관직을 가벼이 줄 수 없다는 이유로 종2품인 '知中樞院事 兼對馬島都按撫使'를 제수하자고 하였다.[533] 그러나 세조는 대마도주 종성직에게 종1품관인 '判中樞院事 兼對馬州都節制使'의 제수를 결정하였다.[534] 그 후 1461년 7월에 행상호군 김치원을 대마도경차관으로, 도관좌랑 김관을 종사관으로 삼아 도주의 사신 豆奴鋭 등이 귀환할 때 같이 동행하여 도주에게 관직을 제수하도록 하였다.[535]

---

532) 『태조실록』 권10, 5년 12월 병오.

533) 『세조실록』 권25, 7년 6월 임오.
정창손 등이 의논하여 아뢰기를, "만일 (대마도주에게) 1품을 준다면 다만 높은 벼슬을 가벼이 주는 것이 될 뿐만 아니라 후일에 다시 벼슬을 더하여 주기를 요구한다면 다시 무슨 벼슬을 주겠읍니까? 마땅히 2품을 주게 하소서. 또 그 직함은 知中樞院事 兼對馬州都按撫使로 하는 것이 마땅합니다." 하니, 임금이 말하기를 "진실로 말한 바와 같다. 그러나 지금 2품을 주고 다시 청하는 것으로 인하여 1품에 올려주면 이는 은혜가 위로부터 나온 것이 아니므로 반드시 깊이 기뻐하지 않을 것이니 지금 1품을 제수하는 것만 같지 못할 것이다" 하고, 인하여 좌참찬 이승손, 우부승지 이문형과 더불어 사급할 의복 등의 물건을 의논하게 하였다.

534) 『세조실록』 권25, 7년 6월 계미.

535) 그러나 대마도주에게 관직 제수는 사자인 豆奴鋭가 자기 스스로 요청한 것으로 판명되어 실현되지 못하였던 것 같다.(『세조실록』 권26, 7년 12월 계사)

한편으로 좌의정 신숙주와 이조판서 최항이 대마도주 宗成職에 줄 교서의 내용을 보면 당시 조선의 대마도에 대한 인식을 엿 볼 수 있다.

> "경의 부조가 대대로 남쪽의 변방을 지켜서 나라(조선)의 번병이 되었는데, 지금 경이 능히 선조의 뜻을 이어서 더욱 공경하여 게으르지 아니하며 거듭 또 사람을 보내어 爵名을 받기를 청하니, 내가 그 정성을 아름답게 여겨 특별히 崇政大夫 判中樞院事 對馬州兵馬都節制使를 제수하고 경에게 旗纛 金鼓 弓矢 鞍馬 官服 등의 물건을 내려주니 경은 이 寵命에 복종하여 공경하라"[536]

이 교서를 통해서 보면 조선초기에 대마도주는 왜구가 조선연안을 침략하지 못하도록 왜구의 통제에 많은 노력을 하였으며, 조선에서는 대마도를 조선의 번병으로 인식하고 대마도주에게 관직을 제수하였음을 알 수 있다. 이는 대마도를 조선의 동쪽의 울타리로 인식하였던 대마번병의식의 구체적인 표현이라 할 수 있다. 대마번병의식은 대마도정벌을 계기로 구체화되었으며, 조선에서는 이러한 인식을 토대로 대마도를 조선중심의 외교질서 속에 편입시키려 하였다. 따라서 대마번병의식은 태종·세종대에 막부를 조선과 대등한 국가로 인식하지 않고 단순히 여러 지방호족 중의 하나로 파악하려고 하였던 족리막부 약체관[537]과 더불어 대마도를 조선중심의 외교질서 속에 편입시키려 하였음을 의미하는 것이라 할 수 있다.

2) 대마도주 및 도주 가에 대한 문위

대마도사행의 중요한 역할 중의 하나는 대마도주 및 도주 가에 대한 치제와 문위를 하는 것이었다. 특히 조선에서는 대마도를 조선의 번병으로

---

536) 『세조실록』 권25, 7년 8월 을미.
537) 高橋公明, 「外交儀禮よりみな室町時代の日朝關係」 『史學雜誌』91-8, 1982.

인식하고 있었기 때문에 대마도주가 죽었을 경우 조정대신의 예에 의거하여 치제와 부의를 하였으며, 이는 조선과 대마도 간에 중요한 외교의례 중의 하나가 되었다. 그리하여 대마도주가 죽거나 새로운 도주가 습위하였을 때에 조선에서는 1418년(태종 18)에는 경차관 이예를, 1450년(단종 즉위년)에는 치전관 이견의와 치부관 피상의를, 1468년(세조 14)에는 경차관 김호인을, 1496년(연산군 2)에는 치전관 김률과 치위관 장정을, 1510년(중종 5)에는 경차관 강중진과 치위관 이식을, 1522년에는 수문사를 각각 대마도에 파견하여 도주의 죽음에 대한 치제와 부의 및 신도주의 습위를 축하하였다.

그와 아울러서 조선에서는 대마도주의 부나 모가 죽었을 경우에도 사행을 파견하여 조위하였다. 즉 1406년(태종 6)에는 宗貞茂의 부가 죽자 관인을 보내 미두 200석을 사급하였으며,[538] 1426년(세종 8)과 1461년(세조 7)에는 宗貞盛과 宗成職의 모가 죽자 사물관압사와 선위사를 파견하여 문위하였다.[539] 또한 조선에서는 도주 가의 화재에 대한 위로[540]와 도주의 아들의 초례를 축하하기 위해서 사행을 파견하기도 하였다.[541]

이와 같이 대마도사행은 도주나 그의 부모의 죽음에 대한 치제와 문위뿐만이 아니라 도주가의 화재를 위로하고 도주 아들의 초례를 축하하는 일을 수행하였다.

3) 대마도 및 일본의 정세탐지

일본 국내의 정세탐지는 대마도사행 뿐만이 아니라 조선에서 일본에 파견하는 모든 사행에게 주어지는 가장 기본적인 수행임무 중의 하나이다.

---

538) 『태종실록』 권11, 6년 3월 기미.
539) 『세종실록』 권31, 8년 2월 병자. 『세조실록』 권24, 7년 4월 임진.
540) 『세종실록』 권116, 29년 5월 병신. 『세조실록』 권24, 7년 4월 임진.
541) 『성종실록』 권64, 7년 2월 병술.

조선에서는 대마도사행에게 직접 대마도 및 일본의 정세를 탐지하여 보고하도록 한 경우도 있었지만, 사행 도중에 보고들은 사건(문견사건)을 기록하였다가 귀환 후에 보고하는 경우도 많이 있었다. 먼저 사행 전에 미리 대마도주 부자의 직무를 관찰하여 보고하도록 한 것은 1494년(성종 25) 3월에 성종이 사행을 떠나는 대마도경차관 권주를 인견하여 행한 다음의 대화내용을 통해서 알 수 있다.

> 대마도경차관 권주가 하직하니 임금이 인견하고 이르기를 "그대는 도주父子가 하는 바의 일을 가서 보는 것이 옳겠다. (그리고) 지난번에 정성근은 국량이 넓지 못하여 도주 부자로 하여금 화를 내게 하였으니 그대는 마땅히 너그럽게 대처하라" 하였다. 권주가 말하기를 "신이 마땅히 마음을 다하겠습니다. 그러나 사자의 일은 가볍지 않으므로 아마도 임무를 감당하지 못할 듯합니다."하였다.542)

또한 1557년(명종 12)에는 일본국왕사와 대마도주 특송이 도내의 흉년 등을 이유로 정미약조 이후 삭감된 세견선 5척을 환급해주도록 요청한 것에 대해 조선에서는 환급여부를 결정하기 전에 사신을 파견하여 대마도내의 정세를 살피도록 하였다.543)

한편으로 대마도사행은 대마도에 파견한 사행이기 때문에 주로 대마도내의 정세를 탐지하였으나, 때로는 일본 본토지방의 정세를 탐지하기도 하였다. 특히 1443년(세종 25) 이후 대일사행 중에는 막부장군이 거주하고 있는 京都까지 도달한 사행이 없었기 때문에 일본의 국내정세에 대한 정보는 대마도사행이나 일본의 통교자를 통해서 얻을 수밖에 없었다.

먼저 1455년(단종 3)에 경차관 원효연은 일본 내의 정세를 탐지하여 치계하였다. 즉

---

542) 『성종실록』 권228, 25년 3월 정유.
543) 『명종실록』 권22, 12년 정월 갑술.

대마도경차관 첨지중추원사 원효연이 보고 들은 사건을 치계하였다. --- (3월) 18일에 피상의가 (看)知洒文의 집에 가보니 중이 앉아 있으므로, (知洒文이) 다른 곳으로 인도해 가서 비밀히 말하기를 '행차가 처음 이르렀을 때에 구류하려 하였으나 의논이 분분하였는데 이제 그쳤으니 가히 기쁩니다.'하고, 또 말하기를 '저 客僧은 소이전이 보내어 兵事를 청하러 온 자입니다.' 하므로 '무슨 까닭으로 병사를 청하는가?'하니 대답하기를 '소이전이 일찍이 대내전에게 추방당하여 싸우려고 한지가 오랩니다. 지금 대내전의 신료들이 모반을 일으킨 사건이 발각되어 謀臣과 智將이 많이 죽었습니다. 그러므로 소이전이 이틈을 타서 (대내전을) 공격하려고 하는 것입니다. 지금 본도의 적수들이 모두 강남으로 가서 도둑질을 하려 하니 가을에 군사를 보내겠다고 대답 하였습니다'라고 하였습니다.[544]

이에서 보면 수직왜인 피상의가 대마도인 看知洒文을 방문하여 그로부터 사행 초에 대마도주가 사신을 구류하려고 한 일과 대내·소이전의 싸움과정 그리고 소이전이 도주에게 兵事를 요청한 이유 등을 탐문하였다. 이를 통해서도 대마도경차관은 대마도뿐만이 아니라 일본 국내사정에 대해서도 정탐하여 보고하였음을 알 수 있다.

또한 성종 초에 막부장군의 사신이 계속해서 도항하자 그에 대한 답례의 사신을 파견하려 하였는데, 대마도주는 병란을 이유로 사행의 중지를 요청하곤 하였다. 이에 조선에서는 1476년(성종 7)에 선위사 김자정을 대마도에 파견하여 병란(응인의 난)의 발생원인과 사세, 승패 등에 대한 정보를 수집해오도록 하였다.[545] 그러나 대마도사행이 얻은 일본 국내정세에 대한 정보는 그들이 직접 보거나 경험한 것이 아니었기 때문에 정확하지 못하였던 것 같다. 결국 일본의 국내정세에 대한 정보가 부족하였기 때문에 대마도나 구주지방의 상인들이 일본국왕사를 사칭하고 통교하는 것

544) 『단종실록』 권14, 3년 4월 임오.
545) 『성종실록』 권64, 7년 2월 병술.

이 가능하였던 것이 아닐까.

한편으로 대마도에서의 정탐내용이 왜적의 침입 등 국방상 긴급을 요하는 경우에는 즉시 조정에 보고하여 그에 대한 대책을 세우도록 하였다. 즉 1454년(단종 2) 12월에

> 경상도·전라도·충청도·황해도 등의 관찰사·도절제사·처치사 등에게 유시하기를 "요사이 대마주경차관의 사목에 이르기를 '대마도 적왜 들이 전함 20여 척을 꾸미어 장차 4월에 중국을 침입하려 합니다.'고 하였다. 그러나 적들의 음모를 헤아리기 어려우니 만약 (그들이) 기근을 당하게 되면 혹시 우리 강토를 노략질할까 염려된다. 경등은 이 뜻을 알고 더욱 엄하게 방비하고 또 먼저 스스로 놀라서 소요하지 말라" 하였다.[546]

대마도 적왜들이 전함 20여 척을 준비하여 4월에 중국을 침입하려한다는 대마도경차관 원효연의 사목에 의거하여 하삼도 및 황해도의 관찰사, 도절제사 등에게 왜적의 침입에 미리 대비하여 엄히 경계하도록 하였다. 그리고 정탐내용이 중국과 관련이 있는 경우에는 이를 즉시 요동도지휘사에게 치보하여 명의 황제에게 아뢰고 적왜의 침입에 대비하게 하였다.[547] 또한 대마도사행은 도내의 풍속이나 도주의 거처·성곽·궁실 등을 살피기도 하였다.[548]

한편, 모든 대일사행은 사행 도중 발생하였던 일이나 또는 그곳에서 듣고 본 것을 기록하여 치계하거나 귀환하여 복명하여야 했다. 이들의 치계는 대체로 사행도중에 탐지한 대마도 및 일본의 정세와 사행과정을 날짜별로 기록하였다. 반면에 복명기는 사행을 마치고 귀환하여 왕에게 복명한 기록으로, 사행과정과 수행임무 및 성과 그리고 대마도주의 답서 등을 기

546) 『단종실록』 권14, 3년 4월 기묘.
547) 『단종실록』 권14, 3년 4월 임오.
548) 『세조실록』 권47, 14년 7월 정해.

록하였던 것으로 생각된다.549)

이상에서 살펴본 바와 같이 대마도사행은 사행도중에 대마도를 비롯하여 일본의 정세를 정탐하여 치계하거나 귀환하여 복명 시에 보고하였다. 그런데 치계나 복명기는 사행원이 대마도의 정치·경제·사회·문화를 직접 보거나 듣고 기록한 것이기 때문에 당시 대마도와 일본 내의 정세를 이해하는데 도움이 되었을 뿐만 아니라 조정에서 대일 외교정책을 수립하는데 참고자료로 이용되었을 것으로 생각된다.

4) 문물의 도입

조선시대 대외사절은 각 나라와의 외교적인 교섭뿐만이 아니라 그 나라의 문물을 들여오는데 많은 역할을 하였다. 대마도사행 역시 대외사절과 같이 그러한 임무를 수행하였다. 문물을 가지고 온 대표적인 예는 1418년(태종 18) 8월의 경차관 이예의 사행을 들 수 있다. 이예는 4개월간의 사행을 마치고 귀환하면서 대마도에서 수철로 만든 중국산 화통과 완구를 구해와 다음과 같이 주청하였다.

대마도경차관 이예가 아뢰기를 "火㷁·碗口는 오직 동철로 주조하는 것

549) 대마도사행이 사명을 마치고 귀환하여 올린 치계나 복명기가 남아있는 경우를 살펴보면, 복명기로는 1426년(세종 8) 5월 이예의 복명기와 1447년 3월 조휘의 복명기, 1452년(단종 즉위년) 윤10월의 이견의와 피상의의 복명기, 1468년(세조 14) 김호인의 복명기, 1474년(성종 7) 7월 김자정의 복명기, 1485년 6월 정성근의 복명기, 1494년 3월 권주의 복명기가 있다. 그리고 문견사건을 치계한 것은 1454년(단종 2) 12월 원효연의 치계와 1474년 7월 김자정의 치계, 1494년 3월 권주의 치계가 남아 있으며, 사행 후에 귀환하여 올린 계로는 1418년(태종 18) 이예의 계가 있다. 특히 대마도 선위사 김자정의 문견사건에 대한 치계는 부산의 지세포를 출발하여 대마도에 沙愁那浦에 도착한 1476년 5월 2일부터 사행을 마치고 귀환한 7월 5일까지의 교섭과정을 사행록과 같이 날자 순으로 자세히 기록하고 있다(『성종실록』 권69, 7년 7월 정묘).

인데, 동철이 우리나라에서 생산되지 않으므로 화통 완구를 주조하기가 쉽지 않습니다. 신이 대마도에 갔을 때 왜적의 집에서 중국에서 무쇠(수철)로 만든 화통 완구를 얻어 가지고 왔으니 청하건데 무쇠로 화통·완구를 주조하여 여러 주진에 나누어 배치하고 군기감에 명하여 이를 시험하게 하소서" 하였다.550)

즉 지금까지 화통과 완구는 동철로 주조하였는데 우리나라에서는 동철이 생산되지 않기 때문에 그것을 쉽게 주조하지 못하였음을 지적하고 우리도 수철로 화통과 완구를 만들어 이를 모든 주군에 분치할 것을 요청하였다.

당시 조선에서는 동철이 생산되지 않았지만 수철은 국내 도처에서 비교적 많이 생산되었다. 이 때문에 이예가 대마도에서 수철로 만든 중국산 화통과 완구를 구하여 온 것은 그 후 조선의 화통·완구의 주조에 매우 획기적인 것이었으며, 국방상 매우 중요한 일이었다. 그러나 당시 조선에서는 아직 수철을 연철로 만드는 주조기술이 발달하지 못한 단계였기 때문에 수철로 화통 완구를 대량으로 만들어 그것을 모든 주군에 배치하지는 못하였던 것 같다.551) 그럼에도 불구하고 수철로 만든 화통과 완구의 도입은 이후 조선의 무기 제조기술의 발달에 중요한 계기가 되었을 것으로 생각한다.

한편으로 대마도사행은 귀환할 때 동행한 왜사로부터 의술을 배우기도 하였다. 이는 1447년(세종 29) 4월 대마도경차관으로 파견되었던 조휘가 귀환할 때에 도주 宗貞盛의 서계를 받은 僧 崇泰와 동행하였는데, 그가 의술에 정통하였기 때문에 그를 홍천사에 머무르게 하고 의원 전순의·김지·변한산으로 하여금 의술을 배우도록 하였는데 그의 의술이 매우 효험이 있었다고 한다.552)

---

550) 『세종실록』 권1, 즉위년 8월 신묘.
551) 『세종실록』 권106, 26년 11월 병자.

그리고 사행원은 日本暦에 많은 관심을 가지고 있었던 것으로 생각된다. 그 예는 대마도경차관 원효연이 문견사건을 치계한 다음의 내용을 보면 알 수 있다.

> 초 10일에 要洒文이 일본국의 역서를 내어 보이는데 4월 6월이 작고, 4월의 윤달이 본국의 책력과 다르며 또 절일이 서로 틀리는 곳이 매우 많으며, 또 3월 초1일 신시에 四分日食이 있었고, 9월 15일 해시에 月食四分이 있었습니다.[553]

이에서 보면 원효연은 일본력과 조선력을 비교하여 달의 대소 및 윤달 그리고 절일에서 약간의 차이가 있음을 지적하고 아울러 일본에서의 일식, 월식등의 현상에 대해서도 관심을 가지고 기록하였음을 알 수 있다. 이와 같이 사행원들은 일본력에 관심을 가지고 이를 조선력과 비교해봄으로서 조선의 역법 발달에 기여했을 것으로 생각되며, 또한 일식·월식 등의 천문 관측에도 관심을 가지고 있었다.

5. 맺음말

이상에서 조선전기에 조선과 대마도와의 외교관계를 규명하기 위한 작업의 일환으로 대마도와 실질적인 외교교섭을 담당한 대마도사행의 종류와 역할 등에 대해서 고찰하였다. 이를 정리하면 다음과 같다. 조선초기의

---

552) 『세종실록』 권116, 29년 5월 병신.
對馬島敬差官前兵曹佐郎曹彙來復命---僧崇泰亦受貞盛書契而來 精於醫術 上欲試之 館於興天寺 待之甚厚 命醫員 全循義 金智 邊漢山 傳習其業 仍令有疾者就見治之 經三時 乃還 其術頗驗.

553) 『단종실록』 권14, 3년 4월 임오.

대일사행은 막부장군을 비롯하여 구주절도사·대내전·일기도주·대마도주 등으로 다원화되었으며, 이는 대일사행을 통해서 얻은 경험과 판단의 결과였다. 그러나 대마도정벌 이후의 왜구의 소멸과 국내정치의 안정으로 외교의 교섭대상이 대마도주와 막부장군에게 집중되었다. 그리하여 조선초기의 다원적인 외교체제는 계해약조 이후 막부장군과 대마도주를 축으로 한 이원적인 외교체제로 변화되었다.

대일사행의 명칭은 매우 다양하였으나 계해약조 이후 일본국왕에게는 통신사를, 대마도주에게는 경차관·치전관·치부관·수문사·선위사를 파견하였다. 조선에서 대마도에 파견한 사행은 대일사행의 절반 이상을 차지하고 있다. 특히 조선에서는 사행의 목적에 따라서 대마도와의 당면한 외교문제를 해결하기 위해서는 경차관을, 대마도주의 죽음에 대한 치제와 신도주의 습위를 축하하기 위해서는 치전·치부관(치위관)을, 그리고 부자간의 정상적인 습위가 아닌 반란에 의한 습위일 경우에는 수문사를 파견하였다. 또한 도주의 母나 子가 죽었거나 도주의 집이 화재를 당하였을 경우에는 선위사를 파견하였다. 그러나 치전·치부관과 선위사는 경차관과 혼용하기도 하였다. 그 중 경차관은 대마도사행 중에 가장 많이 파견되었으며, 그 역할 또한 매우 컸다.

대마도사행 중에 치전·치부관, 수문사는 대마도주의 요청에 의해서 파견하였다. 그러나 그 나머지 사행은 조선과 대마도 간에 처리하여야 할 외교적인 문제가 발생하였을 때 이를 해결하기 위해서 조선의 필요에 의해 임의적이고 자발적으로 파견하였다. 이는 조선전기의 대일외교가 적극적이고 능동적으로 행하여졌음을 단적으로 나타내는 것이라 할 수 있다. 또한 조선의 대지방관이었던 경차관·체찰사·선위사 등을 대마도지방에 파견하였다는 사실은 조선이 대마도를 자국의 영토로 인식하고 그곳을 조선의 외교질서 속에 편입시키려 하였음을 의미하는 것이라 할 수 있다.

대마도사행의 역할은 첫째는 조선과 대마도 간에 발생하였던 외교문제의 처리, 즉 ① 왜구의 금압과 피로인의 쇄환, ②급증하는 왜사를 통제하기 위한 문인제도와 계해약조의 정약, ③ 문인제도, 계해약조와 고초도조어금약의 준수와 위반자의 처벌 요청, ④ 왜인의 접대규정인 왜인접대사목을 대마도에 알리고 대마도주로 하여금 도항하는 왜인에게 이를 준수하도록 요청, ⑤ 삼포 항거왜인의 쇄환과 난동왜인의 치죄 요청, 그리고 ⑥ 대마도주에게 관직의 제수 등의 임무를 수행하였다. 둘째는 외교 의례적인 것으로 도주 및 도주 가의 문위, 즉 대마도주의 죽음에 대한 치제와 습위 축하 그리고 도주의 부모가 죽거나 도주 가의 화재에 대한 위로의 일도 수행하였다. 셋째는 대마도 및 일본 국내의 정세를 탐지하여 대일 외교정책을 수립하는데 기여하였으며, 넷째는 수철로 만든 중국산 화통·완구 등의 무기와 역법·의술 등을 들여오기도 하였다.

조선에서는 대마도사행을 통해서 조일간의 당면한 외교문제를 해결하는 한편 사행 중에 얻은 경험과 지식을 대일 외교정책에 반영함으로써 일본과의 외교관계를 원만하게 유지하려고 하였다. 그러나 삼포왜란 이후 대일사행의 파견이 급격하게 줄어들면서 대마도 및 일본의 국내정세에 대한 정보를 접할 기회를 상실하자 대마도지방을 중심으로 하여 위사가 성행하였고, 또한 도요토미 히데요시의 침략에도 미리 대비하지 못하고 임진왜란이라는 대전란을 맞이하게 되었다.

결 론

본 연구는 조선전기 대일외교의 구조와 특징을 규명하기 위한 작업의 일환으로 조선의 왜구대책, 일본의 통교자와 그에 대한 통제책과 회유책, 그리고 대마도사행의 역할 등에 대해 고찰하였다. 여기에서는 이상에서 얻은 연구 결과를 정리하고, 이어서 조선전기 대일외교의 특징과 대마도의 역할을 규명해보고자 한다.

조선초기의 대일관계는 왜구로부터 비롯되었다고 해도 과언이 아니다. 특히 왜구의 거점이며 경유지였던 대마도와 조선과의 외교관계는 더욱 그러하다. 따라서 조선초기 대일정책의 근간은 왜구의 침입을 저지하는 것이었다. 이를 위해 조선에서는 군비의 확충과 외교적인 교섭, 그리고 왜구에 대한 회유책을 실시하였다. 그 결과 왜구의 침입은 감소하고 일본으로부터의 통교자는 점차 증가하였다. 그 후 왜구의 소굴인 대마도를 정벌함으로써 왜구 문제는 일단락되었다.

대마도정벌은 왜구에게 커다란 타격을 주어 조선이 왜구에 대한 자신감을 갖고 대일 외교체제를 주도적으로 정비하고 운영하는 계기가 되었다는 점에서 그 의미가 매우 크다. 또한 대마도가 경상도의 속주로 편입됨에 따라 조선에서는 대마도를 동쪽의 울타리로 인식하는 대마번병의식 내지는 대마속주의식이 일반화되었다. 이러한 조선의 대마인식은 대마도를 조선 중심의 외교질서 즉 기미관계의 외교체제 속에 편입시키는 정신적인 기반이 되었다. 이러한 인식은 대마도주가 조일외교의 중간세력으로 급부상하는 하나의 요인이 되었다.

동북아시아 국제정세의 안정과 조선의 다양한 왜구대책의 실시에 따른 왜구의 변질, 그리고 통교자에 대한 교역상의 우대 등으로 대마도정벌 이후부터 일본으로부터 온 통교자는 급격히 증가하기 시작하였다. 일본의 대조선 통교는 대마지방이 가장 많았으며, 그 다음이 肥前·壹岐, 九州, 本州·四國地方 순이었다. 특히 대마도는 조선과 일본의 중간에 위치한 지리적인 조건과 농경지의 부족으로 섬 밖에서 식량과 생활필수품을 구해와야만 하는 자연적인 조건 그리고 조일외교에 있어서 역할을 인정받음으로써 조선과 활발하게 통교할 수 있었다.

조선시대 한일관계에 있어서 대마도를 지배하고 있던 대마 宗氏는 매우 특수한 위치를 차지하고 있었다. 대마 종씨 이전에는 在廳官人인 阿比留氏가 도내를 지배하면서 12세기 후반부터 약 1세기 동안 고려와 진봉선 무역을 행하였으나 여원연합군의 일본정벌로 중단되었다.

대마 종씨는 13세기 중엽에 도내의 세력을 장악하고, 공민왕 17년(1368)에 처음으로 고려와 통교하기 시작하였다. 그러나 宗盛國 이후 仁位 宗氏의 宗澄茂과 宗賴茂가 도주직을 찬탈하는 등 대마 종씨 내에서는 도주 가인 종씨 本宗과 서류인 인위 宗氏 간의 치열한 정권 쟁탈전이 전개되었다. 그 결과 1399년(정종 원년)에 宗貞茂가 도주직을 다시 되찾기 전까지 대마지방의 통교는 거의 단절되었다. 그 후에도 도주와 인위 종씨의 대립은 계속되었고, 이는 도주의 도내 지배권 확립에 커다란 장애가 되었다. 따라서 종정무를 비롯한 역대의 대마도주는 인위 종씨의 세력을 약화시키기 위하여 그들과 혼인관계를 맺는 한편 조선의 왜인통제책을 이용하여 그들의 대조선 통교를 제한하려 하였다.

그 후 宗貞國대에 이르러서 도주와 인위 종씨는 대립관계에서 협력관계로 전환하였고, 도주는 도내에서의 지배권을 확립할 수 있었다. 조선에서는 대마도의 정치적 안정이 남쪽 변방의 안정에 도움이 된다는 사실을 인식하고, 대마도주에게 여러 가지 통교상의 특권을 인정해주고 우대하였다. 그 결과 대마도주의 통교는 대마지방에서 가장 많았으며, 지속적이며 안정적이었다.

대마도의 통교자는 대마도주·도주의 일족·인위 종씨·조전씨·도주 관하 및 기타 중소 통교자로 구성되어 있었다. 이들에 의해 행해진 대조선 무역은 진상과 회사, 공무역, 사무역, 밀무역으로 나눌 수 있다. 이 중 밀무역을 제외한 나머지의 무역형태는 합법적인 무역이었다. 일본지방 통교의 절반가량이 대마지방의 통교라는 사실을 감안하면 조일 간의 무역에 있어서 대마도의 역할은 매우 컸다고 생각된다.

대마지방의 통교자들이 구청하거나 회사받은 물품은 미·두와 정포(마포)·저포·면포·면주 등의 생활필수품이 주를 이루었으며, 그 외에 인삼 등의 약재와 대장경·서적 등의 문화재도 있었다. 그중 대장경은 주로 대마도주의 구청에 대한 사급이 이루어졌다. 반면에 조선에서는 대마도인을 조선의 외교질서 속에 편입시키는 한편 통교자와의 교역을 통해서 국가에서 필요한 금은·동철·유황 등과 후추·단목·주홍·침향 등의 남방물산을 조달하였다.

대마도정벌을 계기로 왜구문제가 일단락된 후 대일정책의 근간은 일본으로부터의 통교자를 통제하는 것이었다. 이를 위해 조선에서는 여러 가지 통제책을 정비하였는데, 그 배경은 통교자의 증가에 따른 치안·경제상의 부담과 대마도정벌 이후 왜구에 대한 자신감, 그리고 일본의 국내정세에 대한 지식의 확대를 들 수 있다. 왜인에 대한 통제책은 그들이 조선에 도항하기 전과 후의 통제책으로 나눌 수 있다. 전자는 그들이 정박하는 포소의 제한과 서계·문인에 의한 통제, 세견선의 정약에 의한 통제가 있다. 이 중 서계·문인에 의한 통제는 대마도주를 통한 간접적인 통제였다. 후자는 왜인들이 삼포에 도착한 후부터 귀국할 때까지 조선으로부터 받는 접대와 교역상의 제한이다.

왜인에 대한 통제는 1407년(태종 7)에 흥리왜인에 대한 포소의 제한으로부터 시작되었다. 그러나 점차 사송왜인이 증가하면서 모든 통교자에게 확대되었다. 서계는 대마도정벌 이후부터 통교자에 대한 통제의 수단으로 이용되었다. 따라서 대마지방의 통교자는 도주의 서계를, 구주지방의 통교자는 구주절도사의 서계를 지참하도록 하였다. 특히 서계에 의한 통제는 조일관계에 있어서 대마도주의 역할을 공식적으로 인정해주는 것이었다. 그러나 서계에 의한 통제는 대마도의 정치적 불안정과 구주절도사의 지배력 약화, 조선조정의 불철저한 통제로 인하여 그다지 효과를 거두지는 못하였다. 따라서 서계에 의한 통제를 보완하기 위해서 문인에 의한 통제를 실시하였다.

문인(또는 행장·노인)은 조선 초부터 상인들에 대한 징세와 통제, 군사적인 목적으로 사용하던 것을 여진인 또는 왜인들에 대한 통제의 수단으로 변용한 것이다. 왜인의 경우는 국내와 같이 행장·노인·문인 순으로 사용되었으며, 혼용되는 경우도 있었다. 시기적으로는 태종~세종 초에는 행장이, 1434년(세종 16) 이후부터는 문인이 주로 사용되었다.

행장(문인)이 처음으로 왜인에게 적용된 것은 1408년(태종 8)이며, 1426년(세종 8)에는 노인이 도항증명서로 제도화되었다. 그리고 1434년에는 문인으로 바뀌어 사용되었으며, 1438년(세종 20)에 대마도경차관 이예가 대마도주와 문인제도를 정약함으로써 이후 강력한 왜인통제책이 되었다. 조선에서는 대마도주에게 문인발행권을 주어 관하인을 통제하였으며, 대마도주는 이를 이용하여 도내의 정치·경제적인 지배권을 장악하려 하였다. 문인제도는 조선과 대마도주의 의도가 서로 부합하였기 때문에 강력하게 시행될 수 있었다. 특히 호조와 병조·예조 등의 중앙관서와 도관찰사·도순문사·수령·만호 등의 지방관에게 주었던 문인발행권을 대마도주에게 준 것은 대마도를 조선의 지방으로 인식하는 대마속주의식 내지는 대마번병의식의 구체적인 표현이며, 대마도와 기미관계의 외교체제를 유지시켜주는 주요한 요소였다.

세견선의 제한은 중국의 外夷에 대한 조공의 횟수 제한과 고려시대에 일본과의 진봉선 무역체제와도 유사한 것이다. 세견선의 정약은 1424년(세종 6)에 구주절도사 源了俊과의 사이에서 처음으로 이루어졌으며, 대마도주와의 정약은 계해약조에 의해서였다. 계해약조는 1443년(세종 25) 8~10월경에 대마도에 체찰사로 파견되었던 이예가 주도하여 체결하였으며, 신숙주는 도주를 설득하여 조약을 체결하는데 일조하였다. 그 후 일본지방의 통교자는 대마도주처럼 세견선을 정약하여야만 도항하여 접대를 받을 수 있었다. 그 후 1470년(성종 원년)에는 심처왜와 세견선을 정약하였으며, 1477년에는 수도서인도 세견선을 정약하여야만 접대를 허락해 주었다. 이로써 세견선의 정약이 사송선의 통제원칙이 되었다. 계해약조는 대일외교체제를 형성하고 유지시키는데 커다란 역할을 하였으며, 이는 임진왜란 후에 체결된 기유약조에서 계속 유지되어 조선후기 대일외교의 근간이 되었다.

결국 문인제도와 계해약조는 조선과 대마도 간의 외교관계를 정례화함으로써 이후 대일 통교체제의 기본이 되었고, 또한 대마도주를 비롯한 일본의 지방호족들을 기미관계의 외교체제 속에 편입시키는데 크게 기여하였다.

수직제도는 조선초기 왜구회유책의 일환으로 실시되었으나 왜구문제가 일단락되면서 1444년(세종 26)에는 수직왜인의 범위가 일본에 거주하고 있는 왜인에게까지 확대되었다. 이는 조선의 왜구대책이 왜구의 회유→투항→수직이라는 방식에서 일본국내 거주자에게 관직을 제수하고 그들을 조선의 외교질서에 편입시켜 왜구의 침입을 미연에 방지하는 방식으로 변화하였음을 의미하는 것이다. 반면에 왜구는 수직을 통해서 독자적인 통교권을 확보할 수 있었다

수직왜인은 향화왜와 통교왜로 나눌 수 있다. 전자는 대부분 대마도인으로 태조~태종대에 수직하였다. 그 중 상당수는 일본으로 돌아가 후에 통교왜인으로 내조하였다. 반면에 후자는 주로 대마도에 거주하는 왜인이 많았지만, 壹岐島·筑前州·長門州에 거주하는 왜인도 있다. 이중에서 대마도와 일기도의 수직왜인은 왜구와 밀접한 관련을 가지고 있던 자가 많았으며, 축전주의 수직왜인은 博多의 상인이 많았다.

수도서제도는 원래 통교상의 공로자를 회유하기 위해서 실시하였으나 세종 초부터 도서의 사급 범위가 확대되면서 도항인의 통교를 제한하는 수단으로 변질되었다. 그리하여 대마도정벌 이후 도주에게 도서를 사급하고 이를 이용하여 도내의 통교자를 통제하려 하였다. 수도서왜인은 수직왜인과는 달리 비전·일기지방이 가장 많았으며, 그 대상도 대마·일기는 물론 九州나 本州의 거추사와 사송왜인·상왜에 이르기까지 광범하고 다양하였다.

수직제도와 수도서제도는 왜인에 대한 회유책으로 실시되었지만 양자는 그 성격상 약간의 차이가 있었다. 그 하나는 제도의 적용대상에 있어서 차이를 보이고 있다. 즉 수직제도는 왜구의 금지와 재발을 방지할 목적으로 주로 왜구의 두목이나 왜구와 밀접한 관련을 가지고 있는 자를 대상으로 하였기 때문에 수직왜인의 대부분은 대마도와 일기도지방의 왜인이었다. 반면에 수도서제도는 일본과의 원활한 외교관계를 유지하기 위한 목적으로 일본의 지방호족을 대상으로 하였다. 따라서 수직왜인보다는 지역적으로 그 범위가 매우 넓었다. 다른 하나는 수도서왜인은 사송왜인을 파견할 수 있었지만 수직왜인은 반드시 자신이 친조하여야 했다. 따라서 조선에서는 통제가 보다 용이한 수직제도를 적극적으로 활용하려 하였다.

수직왜인과 수도서왜인은 왜구의 토벌에 종군하였거나 조선에 침입하였던 적왜의 추포, 왜구 및 일본의 정세를 제공하여 조선이 미리 왜구의 침입에 대한 대책을 세우도록 하는 등 왜구의 침입을 사전에 방지하는데 커다란 역할을 하였다. 또한 사절의 왕래 및 사행의 호송, 삼포왜인의 총괄 및 쇄환, 피로와 표류인의 송환, 조선술 등의 기술을 전수하는 등 매우 다양한 역할을 수행하였다.

결국 조선에서는 수직제도와 수도서제도를 통해서 왜구와 일본의 지방호족을 조선의 외교체제 속에 편입시키고 일본과의 외교체제를 원만하게 유지하려 하였던 것이다. 특히 수직제도와 수도서제도는 문인제도·계해약조와 함께 조선전기 대일외교의 성격을 규정할 수 있는 주요한 요소이었다.

조선에서는 일본과의 외교현안을 처리하기 위하여 막부장군을 비롯한 지방호족에게 사신을 파견하였다. 조선초기의 대일사행은 막부장군·구주절도사·대내전·일기도주·대마도주 등으로 다원화되었으며, 이는 대일사행을 통해서 얻은 경험과 판단의 결과였다. 그러나 왜구의 소멸과 국내정치의 안정, 통교체제의 정비로 계해약조 이후에는 외교의 교섭대상이 대마도주와 막부장군으로 이원화되었다.

조선에서 대마도에 파견한 사행은 대일사행의 절반 이상을 차지하고 있다. 특히 조선에서는 사행의 목적에 따라서 대마도와의 당면한 외교문제를 해결하기 위해서는 경차관을, 도주 및 도주 가에 대한 문위를 위해서는 치전·치부관(치위관)과 수문사·선위사를 파견하였다. 그러나 치전·치부관과 선위사는 경차관과 혼용되기도 하였다. 그 중 경차관은 문인제도와 계해약조를 체결하는 등 대일 외교체제의 형성과 유지에 매우 중요한 역할을 담당하였으며, 다른 사행보다도 많이 파견되었다.

대마도사행 중에 치전·치부관, 수문사는 대마도주의 요청에 의해서 파견하였다. 그 나머지 사행은 조선과 대마도사이에서 처리하여야 할 외교적인 문제가 발생하였을 때에 이를 해결하기 위해서 조선의 필요에 의해 임의적이고 자발적으로 파견하였다. 이는 조선전기의 대일외교가 적극적이고 능동적으로 이루어졌음을 단적으로 나타내는 것이라 할 수 있다. 또한 조선의 대지방관이었던 경차관·체찰사·선위사 등을 대마도지방에 파견하였다는 사실은 조선이 대마도를 자국의 영토로 인식하고 그곳을 조선의 외교질서 속에 편입시키려 하였음을 의미하는 것이라 할 수 있다.

대마도사행의 역할은 조선과 대마도사이에서 발생하였던 외교문제의 처리와 외교 의례의 일종인 도주 및 도주 가에 대한 문위, 그리고 대마도 및 일본 국내의 정세탐지, 무기와 역법, 의술 등의 문물을 들여오기도 하였다. 조선에서는 대마도사행을 통해서 조일 간의 당면한 외교문제를 해결하는 한편 사행 중에 얻은 경험과 지식을 대일 외교정책에 반영함으로써 일본과의 외교관계를 원만하게 유지하려고 하였다. 그러나 삼포왜란 이후 대일사행의 파견이 급격하게 줄어들면서 대마도 및 일본의 국내정세에 대한 정보의 부족으로 대마도지방을 중심으로 하여 위사가 성행하였다.

이상의 연구를 토대로 조선전기 대일외교의 특징과 대마도의 역할을 규명해보자. 먼저 조선전기 대일외교의 특징은 다음 네 가지로 정리할 수 있다.

첫째, 조선의 대일교섭이 적극적이고 능동적이었다는 점이다. 이는 조선의 적극적인 왜구대책이나 통교자에 대한 통제책의 실시, 그리고 대마도사행을 통해서 확인할 수 있다. 조선에서는 대마도정벌을 계기로 대일 외교체제를 주도적으로 정비하고 운영하는 계기를 마련하였으며, 여러 가지 통제책을 통하여 일본의 지방호족을 기미관계의 외교체제 속에 편입시켰다. 또한 조선과 일본 간의 외교문제가 발생하였을 때 이를 해결하기 위하여 대마도에 사행을 파견하였다. 특히 대마도사행을 통해서 문인제도와 계해약조를 정약하는 등 통교체제의 정비에 매우 적극적이었다. 따라서 대일외교체제가 소극적이고 수동적이었다는 성격을 가진 교린외교 체제였다는 종래의 견해는 수정되어야 한다.

둘째, 조선에서는 대일외교에 있어서 대마도의 지리적 위치를 중시하여 막부장군보다는 대마도주를 적극 활용하였다는 점이다. 조선의 대일 외교창구를 대마도로 일원화하여 대마도주에게 여러 가지 통교상의 특권을 인정해주고 그를 통해서 일본의 통교자를 통제하였다. 따라서 대마도주는 조선시대 한일관계에 있어서 매우 특수한 위치를 차지하게 되었으며, 이는 조선후기까지 계속 유지되었다.

셋째, 조선과 대마도의 외교체제가 막부장군과는 달리 기미관계의 외교체제를 유지하고 있었다는 점이다. 특히 서계와 문인에 의한 통제, 세견선의 정약, 그리고 수직과 수도서제도는 대마도와의 기미관계의 외교체제를 형성하고 유지해주는 중요한 요소였다. 또한 이는 조선의 지방관인 경차관·체찰사·선위사를 대마도에 파견하였던 사실을 통해서도 확인할 수 있다.

넷째, 삼포왜란 후 대일관계는 붕괴되기 시작하였지만, 수직·수도서왜인의 통교권이 점차 대마도주에게 집중되는 현상이 나타났다. 특히 이 시기에 막부장군의 사신을 사칭하는 위사가 집중적으로 나타났다.

이어서 조선전기 한일관계에 있어서 대마도의 역할을 규명해보면 다음과 같다. 첫째는 조선의 남쪽 번병으로서의 역할을 들 수 있다. 대마도는 지리적으로 조선과 일본의 중간에 위치하고 있었다. 따라서 왜구가 조선의 연안을 약탈하기 위해서, 조선과 일본의 사신이 사행의 목적지에 도달하기 위해서도 반드시 이곳을 거쳐야만 하였다. 따라서 조선에서는 대마도의 지리적 위치를 중시하였으며, 그곳을 관할하는 대마도주에게 여러 가지 특권을 주고 왜구의 금지와 통교자의 통제를 통해서 남방의 안정을 꾀하려 하였다. 특히 문인의 발행권을 대마도주에게 주었다는 사실은 대마도를 조선의 번병으로 인식하고 대마도주를 통해서 왜사의 통제를 일원화하려 하였다는데 커다란 의의가 있다고 생각한다.

한편 대마도는 지리적 조건을 이용하여 조선의 남쪽 변방을 지키는 번병 또는 번신으로 자칭하면서 자기들의 이익을 추구하였던 것이다. 그리하여 대마도주는 조선의 번병 또는 번신으로 칭하면서 미두나 면포 등을 구청하기도 하고, 다량의 황금과 주홍·동철 등을 가지고 와서 공무역을 요청하기도 하였다.

둘째는 조일무역의 중개지로서의 역할을 들 수 있다. 대마도는 조선과 가장 활발하게 통교하였는데, 이 기회를 이용하여 조선에서 생산되지 않는 물품이나 필요한 물품을 일본의 본토나 유구 등 동남아시아로부터 공급하였다. 그리고 일본에서 필요로 하는 조선의 산물을 九州 등지의 본토에 공급함으로써 많은 경제적인 이득을 취하였다. 이러한 중개무역지로서의 역할은 조선후기까지 계속되었다. 그리하여 외교권은 막부가 장악하고 있었지만 대마번은 외교의 실무를 추진하면서 무역의 이윤을 독점하였던 것이다.

셋째로 대마도와 일본의 국내정세에 대한 정보수집 장소로서의 역할을 들 수 있다. 조선에서는 한일 간의 외교문제가 발생하였을 때 이를 해결하기 위해서 일본에 사행을 파견하였다. 이들은 사행 중에 일본의 정세에 대한 정보를 수집하기도 하였다. 그런데 막부장군에게 파견한 사행은 1443년(세종 25) 변효문의 사행을 끝으로 京都에 도달한 사행이 없었다. 따라서 일본 국내사정에 대한 정보는 대마도나 조선에 온 통교왜인을 통해서 얻을 수밖에 없었다. 그러나 통교왜인을 통해서 얻은 정보는 직접 견문한 것이 아니었기 때문에 부정확한 것이 많았다. 따라서 일본 국내에 대한 정보는 주로 대마도에 파견한 사행을 통해서 입수하였다. 뿐만 아니라 계해약조 이후 외교의 교섭대상이 막부장군과 대마도주로 집중되면서 대마도의 역할은 더욱 부각되었다. 그러나 삼포왜란 이후 일본과의 관계가 점차 쇠퇴하면서 일본에 대한 정보도 자연 부족하게 되었다. 그 결과 일본 국내정세에 대한 무관심과 무지로 이어져 일본의 침략에 미리 대비하지 못하고 임진왜란이라는 대전란을 맞이하게 되었다.

마지막으로 본 연구가 지니는 한계점과 앞으로의 연구 과제를 정리해보자. 한일관계사는 조선과 일본과의 관계를 규명하는 것이기 때문에 양측의 입장과 견해가 충분히 반영되어야 한다고 생각한다. 그러나 본 연구에서는 필자의 일본사에 대한 이해 부족과 일본 측의 사료 부족으로 이러한 점에 약간 소홀하였다고 생각한다. 또한 정치·외교적인 면에 치중하여 경제와 문화교류, 상호인식과의 유기적이고 종합적인 고찰이 이루어지지 못했다. 그 외에도 대마도의 대조선관과 대막부관, 대마도와 막부와의 세력관계 등은 앞으로의 연구과제로 삼고자 한다.

또한 조선과 일본과의 외교관계의 특징과 성격을 보다 명확하게 규명하기 위해서는 조선과 유구, 조선과 여진, 조선과 명과의 외교관계를 비교하여 연구할 필요성이 있다. 이에 대한 주제도 앞으로의 연구과제로 삼고자 한다.

별표 1. 조선전기 대일사행 일람표

	往還年月日	使行名	姓名(官職)	派遣 對象	使行目的 및 成果	기 타
1	태조 원/윤12 答書		覺鎚(僧)	征夷大將軍	왜구의 금지요청, 鎭西守臣에게 禁賊, 피로쇄환을 명함	『善隣國寶記』 상
2	태조 3/5 병인(28) 來	回禮使	金巨源	九州節度使 (源了俊)	왜승 梵明와 같이 귀환, 피로 659명(569명?) 쇄환	태조 3/7경술 659명 쇄환
3	태조 3/10 정축(11) 遣 4/7 신축(20) 來	回禮使	崔龍蘇(前工曹典書)	鎭西節度使 源了俊	피로쇄환 사의, 왜구 금지요청 피로 570명 쇄환	
4	태조 4/12 계묘(14) 還	回禮使	金積善(戶曹典書)	九州節度使 (源了俊)	兩藏經 호송	
5	태 조 6/3 무술(25) 來		朴仁貴(通事,前少監)	對馬島	知蔚州事 李殷 쇄환, 왜선10척 항복 요청	
6	태조 6/5 정사(6) 遣		朴仁貴(前司宰少監)	對馬島	항왜 상만호의 군선약탈 배신 책망, 화호요청	
7	태조 6/12 계묘(25) 遣 정종 원년/5 을유(16) 回	回禮使 (通信官)	朴惇之(前秘書監)	大內殿 義弘	수호, 왜구금지 요청, 대내전의 주선으로 막부 장군 접견, 피로100여명 쇄환	태종 2/7임진, 『문헌비고』(朴敦之)
8	정종 원년/8 계해(26) 遣	(報聘使)	崔云嗣(戶曹典書)	日本大將軍 (足利義滿)	보빙, 사행도중 표류로 인해 중지	태종 2/7임진
9	정종 2년	回禮使	尹銘	對馬·壹岐島	왜구의 금지, 피로쇄환 요청	세종 27/2정묘 이예졸기
10	태종 원년/봄		朴惇之(檢校參贊)	日本	수호, 備州守 源詳助로부터 일본지도 구해옴	세종 20/2계유
11	태종 원년/겨울		李藝	對馬·壹岐島	예물 사급, 피로 50명 쇄환	세종 27/2정묘 이예졸기

	往還年月日	使行名	姓名(官職)	派遣 對象	使行目的 및 成果	기 타
12	태종 2/7 임진(11)		(朝官)	日本大將軍	화호, 금적, 피로인 쇄환	致書 日本國大將軍
13	태종 4/10 계사(25) 遣	(報聘使)	呂義孫(典書)	日本國王 (源道義)	국왕사 周棠에 대한 보빙	태종 4/7기사
14	태종 6/2 신사(20) 遣	(報聘使)	尹銘(檢校工曹參議)	日本國王 (源道義)	국왕사 周棠에 대한 보빙	태종 5/12무진
15	태종 6/3 기사(29) 遣			對馬島守護	宗貞茂 父喪弔慰, 미두200석 사급	
16	태종 6/윤7 경신(3) 還	回禮官	李藝	日本	피로 70명 쇄환	
17	태종 7/10 기해(19) 遣		李臺貴(判禮賓寺事)	對馬島守護	米黃豆 각 150석 사급	
18	태종 8/3 계해(14) 還	通信官	朴和	日本	피로 100여명 쇄환	
19	태종 8/5 무오(10) 還	回禮官	金恕	日本國	피로 20명 쇄환	
20	태종 8/5 경신(12) 還	客人護送官	李春發	壹岐 志佐殿	志佐殿使 호송, 피로 28명 쇄환	
21	태종 8/5 경오(22) 遣	回禮官	崔在田	大內殿	피로 44명 쇄환, 일본의 형세보고	
22	태종 8/8 병자(1) 遣	(報聘使)	金洝(前書雲監正)	大內殿	보빙, 대장경 1부, 나옹화상 등 사급	
23	태종 8/11 경신(16) 還		平道全(護軍)	對馬島	피로쇄환	
24	태종 9/2 遣 10/4 경술(14) 還	回禮官	朴和(司直)	壹岐 志佐殿 (源秋高)	피로 29명 쇄환 억류당했다가 돌아옴	
25	태종 9/4 계사(21) 遣	(報聘使)	平道全(護軍)	對馬島	보빙	

	往還年月日	使行名	姓名(官職)	派遣 對象	使行目的 및 成果	기 타
26	태종 10/2 신축(4) 遣 11/1 정해(26) 還	回禮使	梁需(前海州牧使)	日本國王	보빙, 義滿 死 弔喪賻儀, 미두200석 사급	국왕치서 일본국왕 源義持 답서
27	태종 10/5 기묘(13 遣		李藝(前護軍)	對馬島主	미두 300석 사급, 화호, 왜구 금지 요청	
28	태종 11/9 기사(11) 遣		平道全(護軍)	對馬島主	미두 300석 사급, 화호, 왜구 금지 요청	
29	태종 13/6 계해(16) 遣 13/11 경자(24) 復命	通信官 回禮官	朴礎(前萬戶)	壹岐 志佐殿 對馬島主	피로쇄환 요청 두200석 사급	
30	태종 13/12 병오(1) 遣	通信官 回禮官	朴賁(檢校工曹參議)	日本國王	사행 도중 병으로 중지	태종 14/2읍사
31	태종 14/8 정미(7) 遣		池溫(降倭)	對馬島主	사송왜인의 난동 유시. 日本國王·對馬·大內·小貳·九州節度使 등 10곳 이외의 사송선 출선금지	
32	태종 16/7 임진(3)		平道全 ?	對馬島主	미두 각 100석	
33	태종 18/4 갑진(24) 遣 세종 즉/8 신묘(24) 啓	敬差官	李藝(行司直)	對馬島主	도주(종정무) 致祭, 賻儀 중국산 화통, 완구 가지고 옴	
34	세종 2/윤1 갑신(15) 遣 2/10 경신(25) 復命	回禮使	宋希璟(仁寧府少尹) 尹仁甫(通事)	日本國王	국왕사 亮倪 회례, 대장경 사급	송희경 『老松堂日本行錄』
35	세종 4/12 계묘(20) 發 5/12 신해(4) 復命	回禮使	朴熙中(典農寺尹) 李藝 (護軍)	日本國王	국왕사 圭籌에 회례, 대장경 하사	

	往還年月日	使行名	姓名(官職)	派遣 對象	使行目的 및 成果	기 타
36	세종 6/2 계축(7) 辭 6/12 무오(17) 復命	回禮使	朴安信(判繕工監事) 李藝 (大護軍) 孔達, 崔古音, 朴忱	日本國王	국왕사 회례, 대장경·金字經 사급 구류인 53명 송환, 회례선 구류	
37	세종 8/2 병자(12) 辭 8/5 갑인(21) 復命	賜物管押使	李藝(大護軍)	對馬島 石見州	표류인 송환에 사의, 宗貞盛 母喪弔慰 路引制	
38	세종 10/12 갑신(7) 發行 11/12 을해(3) 還	通信使	朴瑞生(大司成) 李藝 (大護軍) 金克柔(前副校理)	日本國王	국왕嗣位, 致祭(義持 死,義敎 嗣位) 일본국왕답서, 피로 6명 쇄환	
39	세종 14/7 임오(26) 遣 15/10 을묘(6) 啓	回禮使	李藝(上護軍) 金久冏(護軍) 房九成,金元	日本國王	국왕사 梵齡에 회례, 대장경 하사 국왕답서 예물, 귀국 도중에 해적 만남	
40	세종 20/4 갑자(11) 遣 20/9 기해(18) 启	敬差官	李藝(僉知中樞院事)	對馬島	왜사 통제요청 도주와 文引制度 정약	이예『鶴坡實記』
41	세종 21/4 갑진(27) 遣 ?	敬差官	?	對馬島	倭人接待事目 규정	
42	세종 21/7 정사(11) 辭 22/5 병인(25) 回	通信使	高得宗(僉知中樞院事) 尹仁甫(上護軍)	日本國王	교빙, 수호, 일본국왕 답서	

	往還年月日	使行名	姓名(官職)	派遣 對象	使行目的 및 成果	기 타
			金禮蒙(副司直)			
43	세종 25/2 정미(21) 辭 25/10 경자(19) 引見	通信使	卞孝文(僉知中樞院事) 尹仁甫(上護軍) 申叔舟	日本國王	일본국왕 嗣位, 致祭(義教死, 義勝嗣位), 피로 7명 쇄환, 일본국왕 답서	申叔舟 『해동제국기』
44	세종 25/6 정유(14) 遣		尹仁紹	對馬島	대마도 정세탐지	
45	세종 25/7 경오(18) 辭 25/11 병오(15) 復命	體察使	李藝(僉知中樞院事) 牟恂(護軍)	對馬島	서여서도에 침입한 적왜 13명 붙잡아 옴, 문인 제도 정약	
46	세종 25/8 갑신(2) 辭 26/4 기유(30) 回	招撫官	康勸善 皮尙宜(通事)	壹岐島	서여서도 사건 왜정탐지 적왜 4인 붙잡아 옴	
47	세종 29/3 무인(16) 遣 29/5 병신(6) 復命	敬差官	曺稟(前兵曹佐郞)	對馬島	島主家 화재에 대한 위로, 孤草島釣魚違約者 請罪, 수외 세견선 출선금지	
48	세종 30/2 병자(20) 遣 30/7 기축(5) 還		皮尙宜(司譯院判官)	壹岐島	표류인 莫金 쇄환	
49	단종 즉위/8 갑자(4) 遣 즉위/10 을사(17) 復命	致奠官 致賻官	李堅義(成均司藝) 皮尙宜(護軍)	對馬島	도주 宗貞盛 死 致祭 賻儀	
50	단종 2/12 계미(7) 遣 3/4 정해(12) 復命	敬差官	元孝然(僉知中樞院事) 皮尙宜(通事) 吳敬之(奉禮郞)	對馬島	세견선의 정수에 대한 논의(三著圖書特送船) 및 수직호군의 정수 포함	

	往還年月日	使行名	姓名(官職)	派遣 對象	使行目的 및 成果	기 타
51	세조 5/8 임신(23)	通信使	宋處儉(僉知中樞院事) 李從實(行護軍) 李覲(宗簿注簿)	日本國王	국왕사 秀彌 보빙, 대장경·註解諸經 사급, 사행 도중 조난으로 중지	세조 6/1신사
52	세조 7/4 임진(22) 遣	宣慰使	尙宜(上護軍)	對馬島	宗成職 母死 弔慰, 실화, 왜적의 동정보고 치하	
53	세조 7/7 기유(11)	敬差官	金致元(行上護軍)	對馬島	宗成職의 관직 제수 開諭	
54	세조 14/7 정해(30) 復命	敬差官	金好仁(行護軍)	對馬島	도주 종성직 死 弔慰(?)	성종 원/1계사 경차관 성종 10/4정해 선위관
55	성종 원년/9 병자(1) 辭	宣慰官	田養民(司譯院僉正)	對馬島	深處倭 세견선 정약, 수외 세견선 출선금지, 삼포항거왜인 쇄환, 유포일한 엄수	
56	성종 6/7 계해(16) 辭	通信使	裵孟厚(議政府舍人) 李命崇(弘文修撰) 蔡壽(吏曹正郞)	日本國王	수호, 일본의 내란으로 중지	성종 6/8정유
57	성종 7/2 병술(12) 辭 7/7 경오(19) 復命	宣慰使	金自貞(承文院判校) 徐有山,許得江(通事)	對馬島	삼포왜인 쇄환 요청, 적왜 사살 위로, 도주의 아들 醮禮 치하, 정세 탐지	
58	성종 10/4 경인(4) 辭 10/10 정유(15) 復命	通信使	李亨元(弘文館直提學) 李季仝(昌城都護府使) 金沂	日本國王	수호, 사행 도중 李亨元 死(거제도) 중지, 통신사사목	성종 10/9을축 중종 30/2신해
59	성종 18/3 병인(26) 辭 18/6 무인(10) 復命	宣慰使	鄭誠謹(直提學)	對馬島	官服之事를 포기한 것에 대응 처음에는 경차관	

	往還年月日	使行名	姓名(官職)	派遣 對象	使行目的 및 成果	기 타
60	성종 25/3 을묘(26) 辭 25/7 계축(27) 復命	敬差官	權柱(弘文館副應教)	對馬島	薺浦, 秋山島, 大脫島 난동왜인 처벌요청, 도주의 직무 관찰	
61	연산 2/윤3 정묘(20) 辭 2/6 무자(13) 復命	致奠官 致慰官	金硉 張珽(漢城判官)	對馬島	도주 宗貞國 死 致祭, 致慰 魚梁爭奪 왜인 처벌 요청	
62	중종 5/2 기축(3)	敬差官 (致慰官)	康仲珍(濟用監正) 李軾	對馬島	島主 宗材盛 死 致慰, 致奠, 加德·甫吉島 적왜 처벌 요청, 삼포왜란으로 중지	중종 4/4무진 출발, 도중에 島主 死로 중지
63	중종 17/5 신유(16)	垂問使		對馬島	島主 襲位 치위, 사행 여부 미상	
64	명종 12/1 갑술(20)	通信使		對馬島	왜정탐문, 사행 여부 미상	
65	선조 23/3 정미(6) 發 24/1 경술(13)	通信使	黃允吉 金誠一(禮賓寺正) 許筬	豊臣秀吉	왜정탐문 秀吉 사신 玄蘇, 平調信과 동행 귀환	金誠一『海槎錄』

* 위 표는『조선왕조실록』을 참조하여 작성하였다.

참고문헌

1. 기본자료

『高麗史』
『鶴坡實記』(李藝)
『老松堂日本行錄』(宋希璟)
『攷事撮要』
『邊例集要』
『增正交隣志』
『大明律直解』
『唐書』
『朝鮮送使國次之書契覺』
『宗左衛門大夫覺書』
『對州編年略』
『宗氏家譜略』
『長崎縣史』(史料編 1)
『朝鮮王朝實錄』(太祖-宣祖)
『海東諸國紀』(申叔舟)
『海槎錄』(金誠一)
『通文館志』
『交隣志』
『經國大典』
『善隣國寶記』
『元史』
『大永享祿之比御狀幷書狀之跡付』
『朝鮮通交大紀』
『島津紀事』
『十九公實錄』(唐坊長秋 撰)
『對馬人物志』

2. 저서 및 논문

가) 국내

*** 저서**

이현종, 『朝鮮前期 對日交涉史研究』, 한국연구원, 1964.
김병하, 『李朝前期 對日 貿易 研究』, 한국연구원, 1969.
서울신문사, 『日本對馬·壹岐島綜合學術調査報告書』, 1985.
장학근, 『朝鮮時代 海洋防禦史』, 창미사, 1987.
정 광, 『司譯院 倭學研究』, 태학사, 1988.
국방군사연구소 편, 『倭寇討伐史』, 국방군사연구소, 1993.

손승철, 『朝鮮時代 韓日關係史硏究』, 지성의 샘, 1994.
한일관계사학회, 『한일관계사 연구의 회고와 전망』, 국학자료원, 2002.
佐伯弘次 지음, 손승철·김강일 번역, 『조선전기 한일관계와 博多·對馬』, 경인문화사, 2010.
한문종, 『조선시대 한일관계사의 쟁점』, 흐름, 2018.

* 논문(저서에 수록되어 있는 것은 생략함)

신기석, 「高麗末期의 對日關係 -麗末倭寇에 關한 硏究-」『사회과학』1, 한국사회과학연구회, 1957.
신석호, 「麗末鮮初의 倭寇와 그 對策」『國史上의 諸問題』 3, 국사편찬위원회, 1959.
이현종, 「朝鮮初期倭人收稅考 -三浦恒居倭人과 釣魚倭人을 중심으로-」『사학연구』 9, 1960.
이현종, 「己酉約條成立始末과 歲遣船數에 대하여」『항도부산』 4, 부산직할시, 1964.
이재룡, 「조선전기의 수군」『한국사연구』 5, 1970.
이현종, 「己酉約條 內容의 史書別 綜覽檢討」『대구사학』 7·8, 1973.
이은규, 「15世紀初 韓·日交涉史硏究 -對馬島征伐을 중심으로-」『호서사학』 3, 1974.
손홍렬, 「高麗末期의 倭寇』」『사학지』 9, 단국대, 1975.
손홍렬, 「麗末·鮮初 被倭俘虜의 刷還」『사총』 19, 고려대, 1975.
손홍렬, 「麗末·鮮初의 對馬島征伐」『호서사학』 6, 1978.
정현재, 「朝鮮初期의 敬差官에 대하여」『경희사학』 1, 1979.
박경희, 「『海東諸國紀』에 나타난 申叔舟의 對日認識」, 이화여대 대학원 석사학위논문, 1981.
장학근, 「朝鮮의 對馬島 征伐과 그 支配政策-對外政策을 중심으로-」『논문집』 18, 해군사관학교, 1983.
이현종, 「여진관계」『한국사』9, 국사편찬위원회, 1984.
신기석, 「朝鮮王朝 初期의 對日關係」『學術院論文集』 24(인문사회과학편), 1985.
김한규, 「漢代의 天下思想과 <羈縻之義>」『中國의 天下思想』, 민음사, 1988,
김병하, 「乙卯倭變考」『탐라문화』 8, 제주대 탐라문화연구소, 1989.

한문종, 「朝鮮初期 李藝의 對日交涉 活動에 대하여」『전북사학』 11·12, 전북대 사학회, 1989.
하우봉, 「朝鮮初期 對日使行員의 日本認識」『국사관논총』 14, 국사편찬위원회, 1990.
홍성덕, 「朝鮮後期 問慰行에 대하여」『한국학보』 59, 일지사, 1990.
나종우, 「韓國中世對日交涉史硏究」 단국대 대학원 박사학위논문, 1992.
한문종, 「朝鮮前期의 對馬島敬差官」『전북사학』 15, 전북대 사학회, 1992.
하우봉, 「朝鮮前期의 對日關係」『강좌한일관계사』 현음사, 1994.
한문종, 「朝鮮前期 對馬島의 通交와 對日政策」『한일관계사연구』 3, 1995.
한문종, 「朝鮮前期의 受圖書倭人」『한일관계사연구』 5, 1996.
한문종, 「조선전기 일본의 大藏經求請과 한일간의 文化交流」『한일관계사연구』 17, 2002.
한문종, 「조선전기 일본국왕사의 조선통교」『한일관계사연구』 21, 2004.

나) 국외

* 저서

田中健夫, 『中世海外交涉史の硏究』, 東京大學出版會, 1959.
田中健夫, 『倭寇と勘合貿易』, 至文堂, 1963.
新對馬島誌編纂委員會 編, 『新對馬島誌』, 思文閣, 1964.
中村榮孝, 『日鮮關係史の硏究』(上·中·下), 吉川弘文館, 1965-69.
中村榮孝, 『日本と朝鮮』, 至文堂, 1966.
田村洋幸, 『中世日朝貿易の硏究』, 三和書房, 1967.
田中健夫, 『中世對外關係史』, 東京大學出版會, 1975.
長節子, 『中世日朝關係と對馬』, 吉川弘文館, 1987.
横山浩一·藤野保 編, 『九州と日本社會の形成』, 吉川弘文館, 1987,
村井章介, 『アジアのなかの中世日本』, 校倉書房, 1988.
村井章介, 『中世倭人傳』, 岩波新書, 1993.
閔德基, 『前近代 東アジアのなかの韓日關係』, 早稻田大學出版部, 1994.

* 논문(저서에 수록되어 있는 것은 생략함)

三浦周行, 「足利時代に於ける日鮮貿易に觀する一考察」『青丘學叢』 4, 1931

川口卯橘,「大藏經板求請と日鮮の交涉」『青丘學叢』3, 1931.
有光保茂,「博多商人宗金とその家系」『史淵』16호, 1937.
森克己,「中世末·近世初頭における對馬宗氏の朝鮮貿易」『九州文化史研究所紀要』1. 九州大學九州文化史研究所, 1950.
石原道博,「倭寇と朝鮮人俘虜の送還問題 一·二」『朝鮮學報』9.10, 1956.
長正統,「『朝鮮通信使國次之書契覺』の史料的性格」『朝鮮學報』33, 1964.
外山幹夫,「十五世紀大友氏の對鮮貿易」『史學研究』95, 廣島史學研究會, 1966.
長節子,「對馬島主の繼承と宗氏系譜」『史學雜誌』75-1, 1966.
黑田省三,「宗氏の承統と對馬守護の職稱」『朝鮮學報』55, 朝鮮學會, 1970.
長節子,「黑田省三氏「宗氏の承統と對馬守護の職稱」批判」『朝鮮學報』58, 1971.
田村洋幸,「日韓通交史の問題點 -十四～十五世紀の日韓關係を中心として-」『韓』8, 1972.
佐伯弘次,「中世後期の博多と大內氏」『史淵』121, 1980.
高橋公明,「外交儀禮よりみた室町時代の日朝關係」『史學雜誌』91-8, 1982.
有井智德,「李朝初期 向化倭人考」『村上四男博士 和歌山大學退官記念 朝鮮史論文集』開明書院, 1982.
三宅英利,「室町時代の朝鮮通信使 -通信使の初期形態-」『北九州大學文學部紀要』(B系列)16 1984.
有井智德,「十四·十五世紀の倭寇めぐる中韓關係」『高麗·李朝史研究』, 國書刊行會, 1984.
仲尾宏,「室町時代の朝鮮使節と京都」『木野評論』15, 1984.
高橋公明,「室町時代の外交姿勢」『歷史學研究』546, 1985.
佐伯弘次,「大內氏の博多支配機構」『史淵』122, 1985.
關周一,「15世紀における'日本海沿岸地域'の交流」『日本史學集錄』3, 筑波大學日本史談話會, 1986.
高橋公明,「朝鮮遣使ブ--ムと世祖の王權」『日本前近代の國家と對外關係』, 吉川弘文館, 1987.
田中健夫, 「足利將軍と日本國王號」『日本前近代の國家と對外關係』(田中健夫編), 吉川弘文館, 1987.
田中健夫,「倭寇と東アジア通商圈」『日本の社會史』1, 岩波書店, 1987.
村井章介, 「朝鮮に大藏經を求請した僞使について」『日本前近代の國家と對外關係』(田中健夫編), 吉川弘文館, 1987.
北島万次,「中世の日朝關係」『日鮮關係史を考える』, 歷史學研究會編, 青木

書店, 1989
長節子, 「孤草島釣魚の變容」『年報朝鮮學』 창간호, 1990.
長節子, 「孤草島釣魚禁約」『海と列島文化』 3. 小學館, 1990.
村井章介, 「15·16世紀の地域間交流と三浦の亂」『歷史科學』, 1990.
關周一, 「15世紀における朝鮮人漂流人送還體制の形成」『歷史學研究』 617, 1991.
關周一, 「壹岐·五島の交流と朝鮮」『年報 中世史研究』 16, 中世史研究會, 1991.
村井章介, 「室町時代の日朝關係における人の移動と相互認識」『アジア史からの問い』, 山川出版社, 1991.
有井智德, 「李朝實錄の日本關係史料の研究」『靑丘學術論集』제3집, 韓國文化研究振興財團, 1993
關周一, 「中世の日朝關係 -倭寇·朝鮮遣使ブ-ム·三浦-」『歷史と地理』 45, 山川出版社, 1993.
長節子, 「興利倭船の研究」『朝鮮學報』 146집, 1993.
佐伯弘次, 「室町時代における大內氏と小二氏」『史淵』 130, 1993.
李領, 「東ジナ海世界における麗·日關係史の研究」 東京大學 綜合文化研究科大學院 博士學位論文, 1995.
韓文鍾, 「朝鮮前期の受職倭人」『年報朝鮮學』 5, 九州大學 朝鮮學研究會, 1995.
田代和生·米谷均, 「宗家旧藏圖書と木印」『朝鮮學報』 156, 1995.

| 한문종 |

전북대학교 사학과 및 동 대학원 졸업(문학박사)

일본 규슈대학·도쿄대학 객원연구원 및 한일관계사학회장 역임

전북대학교 사학과 교수 정년, 현재 전북대학교 석좌교수

저서 『조선전기 향화·수직왜인 연구』(2001), 『조선시대 한일관계사의 쟁점』(2018), 「조선전기 일본의 대장경 구청과 한일 간의 문화교류」(2002), 「조선전기 일본 국왕사의 조선통교」(2004), 「임진왜란 시 降倭將 金忠善과 『모하당문집』」(2006), 「조선전기 倭使의 연향접대와 女樂」(2010), 「조선초기 향화왜인 皮尙宜의 대일 교섭활동」(2015) 등 다수의 조선시대 한일관계사 연구 논문이 있다.

조선전기 한일관계와 대마도

2025년 10월 24일 초판 인쇄
2025년 10월 31일 초판 발행

지 은 이　한문종
발 행 인　한정희
발 행 처　경인문화사
편 집 부　김지선 한주연 김한별 정효민
표지디자인　양은경
마 케 팅　하재일 유인순
출판신고　제406-1973-000003호
주 　 소　파주시 회동길 445-1 경인빌딩 B동 4층
대표전화　031-955-9300　팩 스　031-955-9310
홈페이지　http://www.kyunginp.co.kr
이 메 일　kyungin@kyunginp.co.kr

ISBN 978-89-499-6891-9 93910
값 21,000원